Pyramide

Brigitte Clarke and Ruth Wilkes

Longman

Edinburgh Gate
Harlow, Essex

Pearson Education Limited
Edinburgh Gate
Harlow
Essex
CM20 2JE
England and Associated Companies throughout the World

ISBN 0582 42705 3

First published 2000
Second impression 2000
Printed in Italy by G. canale & C. S.p.A. Borgaro T.se - Turin

The Publisher's policy is to use paper manufactured from sustainable forests.

Acknowledgements

We are grateful to the following for permission to reproduce copyright material:
Bayard Presse International for extracts from *PHOSPHORE* magazine website; *LE DAUPHINE* for an extract from the article 'Deux alpinistes se tuent dans le couloir Coolidge' in *LE DAUPHINE LIBERE* n. 16408 20.8.97; EF Education London for an extract from EF Publicity website; *LE FIGARO* for an adapted extract from the article 'PPDA: Degout et nausée' by Jean-Michel Decugis in *LE FIGARO* 2.9.97; IP Network-TSMS Ltd for an extract from the article 'Les Vacances, quel boulot!' by Christine Bravo in *DEPECHE MODE* No.110 July 1997; The New York Times Syndicate for an extract from the article 'Violence: la faute de la télé?' by Renaud Revel in *L'EXPRESS* 14.11.96; Le Nouvel Observateur for an extract form the article 'Ils ont tue la star de la BBC' by Sylvie V Ran in *NOUVEL OBSERVATEUR* © Le Nouvel Observateur; Le Parisien for from the article 'Le Secours catholique cherche des bénévoles' by Dorothee Werner in *LE PARISIEN* 18.11.95; Scoop Hachette for extracts from articles by Nathalie Dupuis and Barbara Theate in *ELLE* 30 June 1997.

We have been unable to trace copyright holders of extracts from the websites www.multimania.com & www.sport-sc.com and would appreciate any information which would enable us to do so.

We are grateful to the following for permission to reproduce the photographs:

Art Directors & TRIP pages 93 top right (B Gadsby), 93 bottom (B Gadsby), 117 (H Rogers); Axiom page 19; J.Allan Cash page 42 top left; Greg Evans International pages 17, 25 top, 85 centre, 85 bottom; Explorer pages 68 right, 73 (J Brun), 111 bottom (A Autenzio); Magnum pages 111 top left (Steve McCurry), 120 (Steve McCurry), Petit Jean page 90, Marco Polo pages 5, 42 centre, 79, PictureBank page 42 top right; Pictor International pages 22 bottom, 24 centre, 42 bottom, 58, 85 top; Sporting Pictures (UK) Ltd page 35; The Stock Market pages 6, 7, 39 below centre; Stone pages 13, 24 top right, 24 bottom, 25 bottom (Bob Torrez), 70, 71 bottom, 72; Telegraph Colour Library pages 22 top (V.C.L), 22 bottom right (F.P.G. c C.Mooney), 24 Top left (V.C.L), 29 (V.C.L), 39 above centre (Laurent Delhourme), 93 centre left (Steven W Jones), 111 top right (Benelux Press), 114 (Benelux Press); Topham Picturepoint page 99. Travel Ink page 68 left.

Contents

Introduction

Dear Student

Welcome to Pyramide! We are delighted that you have chosen to continue with your study of French and hope that you will enjoy using Pyramide to improve and enhance your knowledge of French language and life. We have taken great care to put together a course which builds on the skills you already have, whilst ensuring steady progress.

Each of the six chapters deals with themes which we hope will interest you and stimulate thought and discussion as you improve your ability to understand and to communicate in French. So that you can track your own progress and take a good deal of responsibility for your own learning you will find a set of objectives at the start of each chapter.

Each chapter has four clear stages:

Départ The first five pages of each unit begin with what should already be familiar to you.

Progression The ten pages of core materials and activities will help you to build on your existing skills and knowledge and provide a carefully structured route to greater linguistic knowledge and confidence.

Révision Two pages of tasks which provide you with a focus for revision and consolidation of the unit and give you and your teacher a chance to assess your progress.

Extra Two pages of materials and tasks which develop themes from the more concrete to the more abstract and allow for greater independence as you progress towards A Level.

Each chapter also has the following features:

Grammaire provides clear explanations of grammar points in English, with examples. There is plenty of grammar practice throughout the book and a grammar section at the back gives further assistance to you when working on your own. A grammar worksheet also accompanies each unit, providing further explicit practice.

Stratégie boxes will help you to develop the skills of a successful language learner.

Le saviez-vous? gives useful facts to help you build up your knowledge of French-speaking countries.

Glossaire highlights unfamiliar words you may encounter in the text extracts.

We sincerely hope that you will enjoy using Pyramide and that the course will provide a base for rewarding, exciting and successful study of French.

Bon courage!

Brigitte Clark

Ruth Wilkes

Chapitre 1: C'est la vie!

Pages	Thèmes	Grammaire	Compétences
2–6 Départ	La journée d'une lycéenne La vie d'un jeune couple Les activités de tous les jours	Le présent Depuis + présent Les adjectifs possessifs Verbes réfléchis au présent	Elargir son vocabulaire Chercher un mot dans un dictionnaire monolingue Chercher un mot dans un dictionnaire bilingue Manipuler les verbes au présent Paraphraser Se servir des expressions récemment apprises
7–16 Progression	La vie d'un sportif Les habitudes et les différences culturelles Questions de santé La vie familiale Les difficultés de la vie en couple	La forme négative Les questions L'article Les quantités	Ecouter en détail Faire une interview Traduire en anglais Donner son opinion personnelle Rédiger une dissertation
17–18 Révision	Vivre à l'étranger		Préparation à l'examen
19–20 Extra	Décrire les activités de tous les jours en détail		Comprendre et réagir à un texte littéraire Former des questions plus compliquées Donner une explication

Départ

1 «Je m'appelle Caroline»

Lisez et écoutez cette description de la semaine typique dans la vie d'une lycéenne française:

Je m'appelle Caroline et je suis en première au lycée Jacques-Prévert à Guérande en Loire-Atlantique. En semaine je me lève à six heures.

Je <u>prends</u> mon petit-déjeuner dans la cuisine. Je <u>bois</u> rapidement un verre de jus d'orange, je me lave puis je m'habille.

Je <u>porte</u> des vêtements décontractés. On n'a pas d'uniforme. Je me maquille légèrement et je me brosse les dents.

Je dois quitter la maison à sept heures trente pour <u>aller</u> à l'arrêt d'autobus où je <u>vois</u> souvent mes copines. On <u>parle</u> un peu en route et on arrive au lycée vers huit heures moins le quart.

Les cours <u>commencent</u> à huit heures. J'aime la plupart de mes profs et les matières que je prépare pour le bac, surtout les langues et j'aimerais étudier l'anglais à la fac. Je fais de l'anglais depuis cinq ans déjà et j'aime beaucoup cela. Les cours <u>finissent</u> à dix-huit heures.

Le week-end, je <u>me repose</u> un peu au lit et je fais ma toilette vers neuf heures. Souvent je dois chercher mes vêtements avant de m'habiller parce que ma sœur emprunte toujours mes affaires sans me demander la permission.

Je m'entends mieux avec mon frère. Il a le même caractère que moi, mais notre sœur est très différente. Mon frère fait beaucoup de sport. Il fait partie d'une équipe de football qui s'entraîne tous les dimanches.

Ma sœur préfère faire du cheval. Nos parents jouent au golf. De façon général, nous sommes une famille assez active.

Je passe le dimanche à réviser pour le lycée. Je <u>commence</u> à <u>travailler</u> le matin et je ne m'interromps que pour <u>parler</u> au téléphone.

Quelquefois en été je me promène en forêt près de chez moi. Je me couche assez tôt pour pouvoir me lever à six heures le lundi matin.

a Voici dix verbes que vous connaissez bien et qui sont mentionnés dans le texte.

1 prendre		**6** parler	
2 boire		**7** se reposer	
3 porter		**8** commencer	
4 aller		**9** travailler	
5 voir		**10** finir	

Pour élargir votre vocabulaire, regardez ces dix verbes, utilisez un dictionnaire monolingue et créez dix groupes de verbes associés en choisissant dans la liste suivante:

Exemple: 1 Prendre (food) goûter (to taste), grignoter (to snack)

chuchoter grignoter goûter se terminer bosser
se coucher se rendre à avaler bavarder dormir
s'entraîner s'habiller se diriger vers se mettre à
apercevoir sommeiller manger remarquer
pénétrer dans se décontracter s'approcher de

b Certains verbes dans le texte sont <u>soulignés</u>. Relisez le témoignage de Caroline en les remplaçant par d'autres verbes. Choisissez dans la liste.

Exemple: Les cours <u>finissent</u> à dix-huit heures.
Les cours <u>se terminent</u> à dix-huit heures.

2 A vous!

Essayez de décrire votre propre journée oralement. Evitez l'utilisation des verbes que vous connaissez très bien. Empruntez quelques idées de Caroline!

Grammaire

The present tense

The present tense in French is used when you want to express:

i what happens usually (**Caroline fait ses devoirs le dimanche** – Caroline does her homework on Sundays)

ii what's happening at the moment (**Son père est dans le jardin. Il lit le journal** – Her dad is in the garden. He's reading the paper)

iii what will happen in the near future (**Que fais-tu ce soir? Je joue au tennis** – What are you doing this evening? I'm playing tennis)

iv after **depuis** to say how long or since when something has been happening (**Je travaille à Paris depuis 8 ans** – I've been working in Paris for eight years)

The present tense is formed by dropping: -er, -ir or -re from the infinitive and adding endings as follows:

-er

jouer	to play
je joue	I play
tu joues	you play
il / elle / on joue	he / she / one plays
nous jouons	we play
vous jouez	you play
ils / elles jouent	they play

-ir

finir	to finish
je finis	I finish
tu finis	you finish
il / elle / on finit	he / she / one finishes
nous finissons	we finish
vous finissez	you finish
il / elles finissent	they finish

-re

vendre	to sell
je vends	I sell
tu vends	you sell
il / elle / on vend	he /she / one sells
nous vendons	we sell
vous vendez	you sell
ils / elles vendent	they sell

There are a few minor exceptions to this general rule (see page 131 of the grammar notes).

Grammaire

Exercice 1

Choisissez la forme correcte du verbe:

Exemple: Je allez / vais en vacances avec mes parents   vais

1 Je rangez / range ma chambre le week-end.
2 Nous remplissez / remplissons nos verres de vin rouge.
3 Ils prennent / prend beaucoup de photos.
4 Mon ami et moi vais / allons en ville.

Exercice 2

Mettez les verbes entre parenthèses à la personne qui convient:

Exemple: Je (aller) en Espagne cette année
Je vais en Espagne cette année

1 Vous (vendre) des magazines d'informatique?
2 Mon ami (être) plus intelligent que moi.
3 Ils (acheter) une nouvelle voiture.
4 Est-ce que tu (vouloir) venir chez moi ce soir?
5 Ma mère et moi (aimer) les mêmes couleurs.
6 Vous (devoir) corriger ces phrases.
7 Mon père (avoir) toujours trop chaud en été.
8 Nous (sortir) ensemble depuis huit mois.
9 Nous, on (faire) de la planche à voile au lac.
10 Elles (être) dans la cuisine.

Depuis quand?

Depuis + present tense in French expresses has been (and still is) and is often used with a date or length of time:

• Je <u>suis</u> professeur depuis dix ans
  I <u>have been</u> a teacher for ten years
• Mon grand-père <u>habite</u> cette maison depuis toujours
  My grandad <u>has lived</u> in this house all his life
• Tu achètes cette marque depuis combien de temps?
  How long <u>have you been</u> buying this brand?

Exercice 3

Mettez les mots dans le bon ordre.

Exemple: depuis deux j'habite ans en France
J'habite en France depuis deux ans.

1 depuis j'habite ici an un
2 mes sont en vacances deux semaines depuis parents
3 le collège depuis vingt existe ans
4 suis là je hier depuis
5 le français apprends depuis combien -tu de temps?

3 Salut! (la vie des stars!)

Lisez cet extrait du magazine *Salut!*

Salut!

Salut! rend visite à la famille Dufour. Christophe est un footballeur professionnel qui va jouer en Angleterre. Avec sa femme Béatrice et leurs deux enfants, Philippe et Guillaume, ils cherchent une maison britannique qui va leur offrir le même niveau de style et de confort qu'ils ont dans la maison de campagne qu'ils ont achetée dans le nord de la France. Découvrez le mode de vie et les goûts de Béatrice pendant qu'elle nous montre leur belle maison qu'elle va devoir quitter.

"Pendant la semaine je me réveille à six heures pour avoir le temps de prendre ma douche et de m'habiller et me maquiller avant que les enfants se réveillent d'habitude à sept heures. Christophe se réveille un petit peu plus tard et il aime passer du temps avec les garçons avant de devoir quitter la maison à neuf heures pour aller au stade.

Nous aimons passer de bons moments ensemble dans la grande cuisine. C'est ici que nous mangeons le petit déjeuner et que les enfants jouent ensemble. J'essaie de maintenir leur routine. Souvent le matin je bavarde au téléphone avec les autres femmes de l'équipe. On s'entend toutes très bien. Quelquefois on se rencontre en ville pour prendre un café ou pour faire des achats. J'ai une femme de ménage qui vient m'aider à la maison. Elle repasse les vêtements des enfants et elle passe l'aspirateur et nettoie la salle de bains mais c'est moi qui fais tout dans la cuisine parce que j'aime beaucoup ça! J'ai aussi une jeune fille au pair qui fait du baby-sitting et qui m'aide à surveiller les enfants.

Le soir nous restons généralement à la maison et nous mangeons ensemble à sept heures ou à sept heures et demie. Mes enfants se couchent à huit heures et demie et mon mari et moi passons notre soirée à discuter des événements de la journée, surtout en ce moment car il y a beaucoup de choses à organiser pour le déménagement en Angleterre. Nous sortons ensemble de temps en temps. Moi, j'adore le théâtre, mais Christophe préfère le cinéma, surtout les films d'action. Quelquefois nous mangeons dans un petit restaurant du coin. J'ai une vie heureuse et bien rangée et je m'inquiète un peu pour l'avenir. Je ne sais pas comment la vie va changer quand on sera en Angleterre. Vous devez revenir dans six mois pour voir si je suis aussi heureuse!"

a Toutes les phrases ci-dessous sont fausses. Pouvez-vous les corriger?

Exemple: Béatrice se lève à sept heures.
          Non, *elle se lève à six heures.*

1 Christophe se réveille plus tôt que sa femme.
2 Ils sortent tous les soirs.
3 En général il passe la journée à la maison.
4 Christophe est passionné de théâtre.
5 La famille prend le petit déjeuner dans le salon.
6 Béatrice n'est pas très contente actuellement.
7 Béatrice n'a pas de contact avec les autres femmes de l'équipe.
8 Elle n'a pas d'inquiétudes pour l'avenir.

b Jeu de rôles

Voici une liste de questions et de réponses possibles.
La personne A joue le rôle d'un journaliste qui interview Béatrice pour la radio.
La personne B joue le rôle de Béatrice. Inventez si vous ne savez pas!

Questions possibles
- Où habitez-vous?
- Vous habitez là depuis longtemps?
- A quelle heure vous levez-vous?
- Faites-vous beaucoup d'exercice ensemble en famille?
- Est-ce que vous avez beaucoup d'amis dans la région?
- Décrivez la journée typique de votre mari.
- Est-ce que vous partagez les mêmes goûts?
- Comment s'appellent vos enfants?
- Quel âge ont-ils?
- Qui fait le ménage chez vous?
Merci beaucoup, Béatrice Dufour!

Stratégie

Béatrice is talking about herself and so uses the phrases below on the left. When reporting on her life, change to the phrases on the right, i.e. from 1st to 3rd person.

Original text	Reporting
Je (fais / prends)	Elle (fait / prend)
Mon	Son
Ma	Sa
Mes	Ses
Nous …	Ils …
Mon mari et moi passons …	Son mari et elle passent …

See possessive adjectives on p. 129.

4 Une page à vous!

Choisissez une personne célèbre (acteur / actrice / sportif / sportive / homme / femme politique) et créez une page sur sa vie quotidienne et sa famille. Inspirez-vous de magazines comme *Salut!* ou *Hello!*

24 heures dans la vie …

5 Jean-Guillaume, danseur classique 🔲

Lisez cette description de Jean-Guillaume pour savoir comment il décrit 24 heures de sa vie.

Jean-Guillaume, 25 ans, premier danseur à l'opéra national de Paris.

10 heures Dans sa maison de la proche banlieue parisienne, Jean-Guillaume Bart vient à peine de se lever. Quand il danse le soir, les représentations se terminent souvent tard et il ne rentre guère chez lui avant 1 heure du matin.

11 heures Le premier danseur pénètre dans l'Opéra Garnier par une porte discrète. Au troisième étage, il entre dans la petite loge qu'il partage avec un autre danseur.

11 heures 30 Jean-Guillaume enfile ses chaussons de danse et rejoint la salle de répétition pour s'entraîner un peu. Comme un sportif de haut niveau, il doit travailler et travailler encore pour entretenir son physique et

améliorer son niveau technique.

13 heures 30 Après une petite pause, les répétitions commencent pour de bon, sous l'autorité d'un maître de ballet. Il s'agit maintenant de travail chorégraphique.

16 heures Les répétitions sont terminées pour aujourd'hui. Après une douche, il prend son repas de midi. «Nos horaires sont décalés. Il n'y a rien de pire que de danser le ventre plein.» Une bonne sieste suit le repas.

21 heures Jean-Guillaume quitte sa loge et prend le métro pour se rendre à l'Opéra Bastille. En coulisse, il enfile calmement son costume. Il faut une demi-heure à la maquilleuse pour fixer une perruque sur la tête des danseurs. Jean-Guillaume s'échauffe une dernière fois et entre en scène. La concentration est totale.

23 heures Derniers saluts au public enthousiaste et le rideau tombe. La pression aussi. Jean-Guillaume se décontracte, se change et rentre chez lui. «Impossible de dormir avant plusieurs heures. L'adrénaline est

Glossaire

la proche banlieue	the inner suburbs
les représentations	performances
enfiler	to thread / lace up
les chaussons de danse	ballet shoes
la loge	dressing room
en coulisse	in the wings

a Copiez la liste et trouvez les définitions dans un dictionnaire bilingue. Vous avez un maximum de 5 minutes! (N'oubliez pas le contexte!)

Exemple: améliorer (vb) *to improve*

- améliorer (vb)
- s'échauffer (vb)
- partager (vb)
- la répétition (nom. f)
- la perruque (nom. f)
- le niveau (nom. m)
- plein (adj)
- décalé (adj)
- pire (adj)
- à peine (adv)
- ne … guère (adv)
- il s'agit de … (expr)

b Remplissez chaque blanc dans ce résumé du texte avec un mot pris dans la liste ci-dessus. Il y a plus de mots que de blancs et, si vous choisissez un verbe ou un adjectif, attention à sa forme!

Exemple: 1 *s'échauffer*

1 Il faut toujours … avant de danser.
2 Les horaires d'un danseur sont …
3 Jean-Guillaume est … levé à dix heures.
4 Danser juste après avoir mangé, il n'y a rien de …
5 … de travailler sur la danse.
6 Plus on s'entraîne, plus on … son niveau.
7 Il doit porter … pendant le spectacle.
8 Il a un très haut … en danse classique.
9 … commence à une heure trente.
10 Il … son appartement avec un collègue.

c Ecoutez le témoignage de Jean-Guillaume. Il y a plusieurs différences entre le texte écrit et le témoignage que vous venez d'entendre. Réécoutez, relisez et essayez de remplir le tableau ci-dessous. Pouvez-vous trouver les différences?

écrit (dans le livre)	parlé (sur la cassette)
à peine	juste
représentations	
s'entraîner	
	professionnel
	finies
repas de midi	
	en retard
	je dors un peu après
le rideau tombe	

6 Michelle, infirmière

a Recherchez d'abord le vocabulaire ci-dessous, puis écoutez le témoignage de Michelle, infirmière à l'hôpital Necker-Enfants-malades. Copiez, trouvez la définition et cochez les mots quand vous les entendez.

Exemple: la sonnerie   alarm clock

déposer   des soins intensifs
l'aîné   claquer
rompre   décompresser
donner un coup de main   franchir
craquer   la sonnerie
la tournée   les consignes
l'état   parfois
relativiser   la relève
réveiller   se diriger
se reposer   se réveiller

b Essayez de remplir brièvement l'agenda type de Michelle.

5h 00	L'heure du réveil
6h 30	Son fils à la crèche
6h 45	
7h 30	
8h 15	
10h 30—12h 30	
12h 30	
14h 00	La relève
15h 00	

Grammaire

Reflexive verbs

Reflexive verbs are generally used to describe actions done to yourself. They are easy to recognise in French since there is always a pronoun (me, se, nous, etc.) between the subject and the verb.

Exemples:

- **Je me lève**   I get up
- **Christophe et sa femme se reposent le soir**
  Christophe and his wife rest in the evenings
- **Nous nous habillons dans la salle de bains**
  We get dressed in the bathroom
- **Il s'entraîne régulièrement** (note apostrophe before a vowel)   *He trains regularly*

Look at the chart below to help you form reflexive verbs correctly:

Subject	Reflexive pronoun	Verb	Translation
je	me (m')	lève	I get up
tu	te (t')	laves	You wash
il / elle / on	se (s')	entraîne	He / she / one trains
nous	nous	voyons	We see each other
vous	vous	rencontrez	You meet each other
ils / elles	se (s')	réveillent	They wake up

Exercice 1

Mettez les mots dans le bon ordre:

Exemple: me lève je huit à heures   *Je me lève à huit heures*

1 nous réveillons à huit nous heures
2 avec je entends bien lui très m'
3 on depuis se connaît longtemps
4 mon et de bonne heure mari moi nous toujours levons nous
5 que nous on nous ressemblons dit

Exercice 2

Regardez les symboles ★ dans les phrases 1–5. Décidez si il faut un pronom réfléchi ou pas.
Si oui, lequel?

Exemple: Je ★ douche ou je ★ prends un bain
        Je me douche ou je prends un bain

1 Ma mère ★ réveille à sept heures, puis elle ★ réveille mon père.
2 Je ★ mange beaucoup de poulet. Ça ★ mange avec du riz.
3 Je ★ occupe de mon petit frère quand mes parents ★ travaillent.
4 Je ★ lave dans la salle de bains et des fois je ★ lave aussi le chien … mais dans le jardin!
5 Mon frère et moi, nous ★ aimons bien, mais je ne ★ aime pas quand il fume dans la maison.

Progression

1 Christophe Dufour – un Français en Angleterre 🔲

Christophe Dufour (voir page 4) est un footballeur professionnel français qui joue maintenant pour une équipe anglaise de deuxième division. Ecoutez et lisez la description de sa vie quotidienne.

a Complétez les blancs dans le texte.

★ Je suis footballeur professionnel depuis longtemps. J'ai de la chance car mon père était ... 1 ... et il m'a beaucoup aidé à savoir comment ... 2 ... pour un match et comment ... 3 ... pour ... 4 ... les blessures graves. Pourtant je ne joue pas pour le moment car je ... 5 ... suis froissé un muscle à l'aine! Comme tous les sportifs, je n'aime pas ... 6 ... joueur en réserve!

★ Je viens de ... 7 ... ici et ça me plaît beaucoup. J'aurais pu aller ... 8 ... en Espagne et j'étais sur le point de le faire mais j'ai décidé de venir ici car j'aime la façon de jouer ... 9 ... . On me considère comme ... 10 ... très combatif et donc l'agressivité du jeu ... 11 ... me convient. Le jeu continental est trop lent à mon gré.

★ Ma femme s'appelle Béatrice et nous avons deux enfants qui ... 12 ... Philippe et Guillaume. Pour le moment ils ... 13 ... en France mais nous sommes ... 14 ... de nous retrouver ici car ... 15 ... trouver une maison à louer. J'espère qu'elle va lui plaire.

★ Je ne ... 16 ... que très peu l'anglais. Je ... 17 ... beaucoup plus que je ne ... 18 ...; mais je me débrouille plus ou moins bien pendant l'entraînement à mon club. Les autres ... 19 ..., eux, ne ... 20 ... pas très bien français! Pendant les matchs on parle par gestes mais ... 21 ... plus personnellement, je trouve ça assez difficile.

★ J'aime beaucoup l'ambiance des stades ici. Ils sont plus petits et donc plus intimes. On ... 22 ... bien ce que ... 23 ... les spectateurs. Nous ... 24 ... vraiment pour les spectateurs qui sont passionnés par le jeu.
(Je viens de ... Consultez «venir de ...» Grammaire p. 132.)

b Liez les questions suivantes avec la bonne réponse, puis lisez les questions et les réponses à haute voix avec votre partenaire:

Exemple: 1 a

Questions
1 Où Christophe préfère-t-il jouer?
2 Pourquoi est-ce qu'il ne joue pas pour le moment?
3 Quel est son niveau en anglais?
4 Comment est le jeu continental, selon Christophe?

5 Qu'est-ce qu'il n'aime pas en tant que joueur professionnel?

Réponses
a En Angleterre.
b Trop lent.
c Il est blessé.
d Il se débrouille.
e Etre en réserve.

Grammaire

Questions

There are four main ways of forming questions (the first three require a 'yes' or 'no' answer; the fourth asks for specific information).

1 Familiar
- Mainly used in speech and with the **'tu'** form
- Tone rises at the end

Exemple: Tu es sportif?   Are you sporty?

2 Normal conversation, spoken or written
- Add **'Est-ce que ... ?'** to the start of a sentence

Exemple: Est-ce que tu es sportif?   Are you sporty?

3 Formal style
- Mainly used in writing
- Change the word order (i.e. inversion of subject and verb)
- **Es-tu sportif?**

Exemple: Es-tu sportif?   Are you sporty?

4 For other interrogatives (question words) see list in grammar notes on page 136.

Exercice 1
Ajoutez un mot interrogatif à ces questions:

Exemple: ... est la profession de votre père?   Quelle ...

1 ... évitez-vous les blessures graves?
2 Vous avez froissé ... partie de votre corps?
3 ... espérez-vous trouver une maison à louer?
4 ... est plus enthousiaste pour le déménagement en Angleterre?
5 ... aimez-vous l'ambiance dans les stades ici?

Exercice 2
Imaginez que le discours de Christophe fait partie d'une interview que vous avez faite avec lui pour la radio. Réécoutez-le, mais cette fois-ci, à chaque fois que vous voyez le symbole ★ pensez à une question à lui poser.

Exemple: ★ Vous êtes footballeur professionnel depuis combien de temps?

2 Christophe et Béatrice en Angleterre 🔲

Après quelques semaines sa femme arrive, mais elle n'est pas contente. Elle regrette beaucoup sa vie en France et elle a du mal à s'adapter aux habitudes des Anglais. Vous allez écouter Christophe au téléphone et vous allez lire des extraits d'une lettre de Béatrice à son amie Nicole.

a **Avant d'écouter ce que dit Christophe au téléphone, essayez de trouver les verbes qui manquent dans les phrases ci-dessous (1 à 15). Choisissez parmi la liste ci-dessous. Attention! Il y a plus de verbes que de blancs! Puis écoutez la conversation pour vérifier votre choix.**
L'appel est de Christophe à son père.

Exemple: 1   *fais*

1 Je … beaucoup de progrès en anglais.
2 Les Anglais … très faciles à vivre.
3 Ils … beaucoup rire.
4 Je … à avoir l'habitude de conduire à gauche.
5 Les Anglais sont plus polis sur la route. Ils te … passer.
6 On … beaucoup moins vite ici.
7 On … beaucoup plus de bonnes émissions à la télé.
8 Le football … de plus en plus populaire.
9 Je … une fois par semaine avec une équipe de jeunes.
10 Les autres joueurs … complètement.
11 Je … que c'est une fausse impression.
12 On … de très bonnes choses à manger.
13 Nous … au restaurant tous les dimanches midi.
14 Elle n' … pas si contente que moi, c'est certain.
15 Béatrice … s'y habituer.

fais	avoir	vont	vivent
aime	trouve	commence	deviennent
sens	sert	m'acceptent	peuvent
roule	passe	devient	font
laissent	va	aller	vivre
m'entraîne	semble	est	
aiment	rentrer	peut	
sont	mangeons	faire	

Lisez ces 10 phrases, qui sont extraites d'une lettre de Béatrice en réponse à son amie, Nicole. Elle décrit les difficultés de sa nouvelle vie et elle répond aux questions de Nicole:

1 Ils parlent trop vite.
2 On dit ça, oui, mais je ne comprends pas leur sens de l'humour.
3 C'est mieux pour lui. Il connaît les autres joueurs …
4 Conduire à gauche, je trouve ça très difficile.
5 Ils mangent très tôt. Je trouve ça un peu bizarre.
6 Les Anglais, oui, ils sont obsédés par le foot. C'est fou!

7 La nourriture ne me plaît pas beaucoup, il faut le dire …
8 Je ne trouve pas de bon fromage au supermarché, pas du tout.
9 On aime bien aller au restaurant, mais c'est cher.
10 Nicole, je te jure que vivre à l'étranger, c'est trop difficile!

b **Traduisez phrases 1 à 10 en anglais.**

Exemple: 1   They *speak* too quickly.

3 Une lettre à écrire

Imaginez et écrivez la lettre que Béatrice aurait pu recevoir de Nicole. Commencez:

Ma chère Béatrice,
Tu me manques beaucoup! J'ai beaucoup de questions à te poser sur ta vie en Angleterre. Par exemple …

4 Jeu de rôles

Personne A
Vous êtes un journaliste français qui prépare un article sur le profil des sportifs français qui ont décidé de vivre à l'étranger. Posez leur des questions concernant leurs impressions sur le mode de vie en Angleterre.
Questions possibles:
Quelles sont vos impressions sur … ?
Qu'est-ce que vous aimez?
Est-ce qu'il y a des choses que vous n'aimez pas?
Quelles sont les différences entre … ?
Quand est-ce que … ?
Comment sont les … ?

Personne B
Vous êtes sportif professionnel français qui joue en Angleterre. Vous êtes interviewé pour une station de radio en France.
Réponses possibles:
J'ai l'impression que …
Ce que j'aime bien c'est …
Ce qui me manque c'est …
Les habitudes sont différentes. Par exemple, on …
J'ai envie de …
J'ai l'intention de …

5 Travail de vocabulaire

Rafraîchissez et élargissez le vocabulaire dont on se sert quand on parle de nourriture en lisant les mots de la case et en créant des listes sous les titres ci-dessous. Trouvez les traductions. Attention! Il y a quelques imposteurs!

sain	pas sain	verbes	autre
les vitamines (vitamins)	les graisses (fat)	grignoter (to snack)	salé (salty / savoury)

ajouter   la cuillérée   la cuisson   les légumes
avaler   l'antivol   le furoncle   les hors-
bouillir   l'apéritif   le hors-bord   d'œuvre
cuire   l'assiette   le plat   mâcher
goûter   la caféine   les additifs   sucré
la cellulose   le couvert   les additions   mordre
végétale   le cuir   les cafards

Stratégie

To talk about food, which article should you use?
(Le / la / l' / les? Un / une? Du / de la / des? De?)
J'aime + le / la / l' / les
Je mange + du / de la / des or **un / une**
Je voudrais + du / de la / des or **un / une**
To avoid repetition of a food or drink item where you would have used '**du**', '**de la**', '**des**' or '**de**', use '**en**' as a pronoun to replace the original word(s).

Exemple:
Tu aimes les légumes? Oui, mais je n'en mange pas assez (de légumes).
J'adore les céréales. J'en mange tous les matins (des céréales).
Tu veux encore de la crème? Non, merci, j'en ai assez (de la crème).

For more information on use of 'en', see p. 134.

For information on articles, see p. 121.

6 Sondage

a Imaginez que vous êtes diététicien(ne) et que vous faites un sondage auprès des parents au sujet de la nourriture de leurs enfants. Essayez d'abord d'inventer des questions à partir des idées ci-dessous.

Exemple: 1 g

1 Qui …   a … votre enfant mange au petit déjeuner?
2 Qu'est-ce que …   b … faites-vous la viande d'habitude?
3 Est-ce que …   c … faites-vous quand votre enfant ne veut pas manger?
4 Comment …   d … que votre enfant doit éviter les sucreries?
5 Pourquoi …   e … de fois par jour est-ce que votre enfant boit de l'eau?
6 Pensez-vous …   f … est le repas le plus important de la journée, selon vous?
7 Quel …   g … prépare à manger pour votre enfant d'habitude?
8 Que …   h … votre enfant est particulièrement difficile pour la nourriture?
9 Combien …   i … la nourriture d'un enfant est-elle tellement importante?

b Imaginez une conversation entre le / la diététicien(ne) et le / la parent. Utilisez les questions et les expressions suivantes pour exprimer votre opinion. Jouez le dialogue avec votre partenaire.
Nous essayons de …
On mange / il mange / elle mange …
Mon enfant boit … (il ne boit pas …)
Je pense que …
Je prépare …
C'est moi qui … (fais / suis / prépare … etc.)
Nous évitons …

7 Sain ou pas sain?

Ecoutez ces trois jeunes gens qui parlent de ce qu'ils mangent et boivent pendant une journée.

a Prenez des notes et décidez si leur régime est très sain, assez sain ou pas trop sain. Donnez une justification.

b Discutez de votre propre régime avec votre partenaire. Faites un reportage de 60 secondes sur les habitudes de votre partenaire. N'oubliez pas de dire s'il / elle suit un régime sain ou pas. A-t-il / elle une faiblesse?

8 Pourquoi le végétarisme?

Sylvain, que vous venez d'entendre sur la cassette, a remarqué qu'il y a de plus en plus de gens en Angleterre qui ont adopté un régime végétarien.

Lisez ce texte qui parle des raisons qu'on peut avoir de devenir végétarien(enne) et faites des recherches de vocabulaire:

Plusieurs raisons motivent les gens à adopter le végétarisme. Voici ci-dessous les raisons principales:

Raisons environnementales

La consommation de viande contribue à la détérioration de notre écosystème.

Par exemple, la superficie nécessaire pour produire 250 kg de bœuf peut produire 40,000 kg de pommes de terre.

Les pays en voie de développement exportent souvent leur viande aux pays industrialisés.

Pour alimenter les animaux, ces pays doivent couper des forêts vierges. On voit bien les ravages faits dans la forêt amazonienne du Brésil ainsi que la famine et pauvreté dans plusieurs autres pays.

Raisons éthiques et morales

La majorité des animaux de ferme sont traités avec des hormones et nourriture artificielle assurant la compétitivité de l'entreprise. Les végétarien(enne)s n'aiment pas contribuer à ces pratiques.

Par exemple, la maladie de la vache folle s'est propagée à cause de la pratique consistant à nourrir des animaux avec les carcasses d'autres animaux.

Le traitement des animaux dans les abattoirs en est une autre explication.

Raisons de santé

La maladie de la vache folle a incité beaucoup de gens en Europe à repenser les liens qu'il y a entre la consommation de viande et leur état de santé.

Eviter le cancer: Plusieurs recherches médicales établissent que les personnes consommant très peu ou pas de viande peuvent diminuer de plus de quatre fois les risques de certains cancers (sein, ovaire, prostate …)

Eviter les maladies cardio-vasculaires: La consommation d'aliments de source animale est la cause principale de taux élevé de cholestérol et donc de maladies cardio-vasculaires.

Eviter les infections: Les aliments de source animale sont connus pour le transport de bactéries telles que la salmonelle.

Raisons religieuses

Certains sont végétariens à cause de leurs croyances religieuses.

Cela fait des siècles que certaines religions imposent une alimentation végétarienne. Pour cette raison, des centaines de milliers de personnes sont végétariennes.

---

a Répondez «vrai» ou «faux» aux questions suivantes:

1 La consommation de viande pose un problème pour notre écosystème.
2 Les pays du Tiers-Monde n'exportent pas leur viande.
3 Beaucoup de forêts sont détruites en Amérique du Sud.
4 La maladie de la vache folle a tué beaucoup de végétariens.
5 Certaines religions insistent sur un régime végétarien depuis cent ans.

Ecoutez les jeunes gens sur la cassette qui parlent du végétarisme. Prenez des notes et puis faites les exercices suivants:

b Lesquels suivent un régime végétarien? Quelle est leur motivation principale?

Exemple: Jean-Luc est végétarien pour des raisons de santé.

Nom	Oui / non	Raison de son choix
1 Jean-Luc		
2 Laure		
3 Thierry		
4 Jérémy		
5 Julie		

c Réécoutez la cassette et essayez de lier les débuts et les fins de phrases.

Exemple: 1   b

Débuts

1 Je ne mange ni viande …
2 A mon avis manger …
3 Je suis un régime végétarien …
4 Voilà pourquoi …
5 Saviez-vous que les Etats-Unis seuls …
6 Les animaux sont …

Fins

a … de la viande et du poisson est assez naturel.
b … ni poisson depuis trois ans.
c … pour des raisons de santé.
d … importent près de 300 millions de livres de viande?
e … je ne mange jamais de viande.
f … souvent très perturbés.

9 Le végétarisme. Pour ou contre?

Ecrivez sur le sujet du végétarisme en utilisant quelques-unes de ces expressions. Etes-vous pour ou contre? Pourquoi? Justifiez votre opinion.

10 Comment arrêter de fumer?

Vous allez chez votre médecin et vous trouvez ce dépliant de conseils pour ceux et celles qui souhaitent cesser de fumer. Lisez les conseils:

Vous souhaitez arrêter de fumer. Bravo!

Vous pouvez arrêter de fumer seul, mais dans certains cas nous vous indiquerons quand recourir à un médecin. Pour arrêter de fumer, vous devez envisager successivement trois étapes:

1 Motivez-vous avant d'arrêter.
2 Agissez avec les méthodes de votre choix.
3 Pendant de longs mois il faut prendre garde aux rechutes!

Pour arrêter de fumer, il n'existe aucune recette miracle mais des stratégies que vous pouvez suivre seul ou bien avec l'aide de votre médecin. Certains moyens sont à éviter. D'autres sont plus efficaces.

Motivation → Action
Gare aux rechutes!

★ ★ ★

Vous ne vous sentez pas assez motivé?

Lisez ces listes d'avantages et d'inconvénients de la cigarette et trouvez votre motivation la-dedans:

Les avantages de la cigarette: les raisons de continuer à fumer
• Plaisir • Détente: risques • Convivialité
• Timidité • Gestion du stress – «tension nerveuse»
• Stimulation générale («anti-déprime»)
• Régulation du poids, de l'appétit • Solitude – ennui
• Pour faire comme les autres

Les inconvénients de la cigarette: les bénéfices de l'arrêt
• Santé à long terme • Santé à court terme
• Toux • Forme physique (sport)
• Aspect physique: rides, odeur, haleine
• Economie d'argent • «Esclavage» (dépendance)

Dr Marcel Boulanger: (spécialiste en probèmes du tabagisme au Canada) parle des statistiques. *«Les statistiques nous révèlent que parmi les adolescents qui commencent à fumer aujourd'hui, et qui prétendent tous s'arrêter d'ici 5 ans, 70% seront encore fumeurs dans 5 ans et que 35% le seront dans 20 ans.*
Avec la baisse des taxes suite à la contrebande on a vu une augmentation très nette du tabagisme chez les jeunes 15 ans et moins en particulier. Phénomène qui s'est accentué, surtout chez les filles, qui maintenant sont plus nombreuses à fumer. Pour un grand nombre d'ados qui commencent aujourd'hui en croyant qu'ils arrêteront quand ils voudront, ils s'engagent dans un contrat à long terme, car près de 50% d'entre eux risquent d'être encore fumeurs dans 20 ans.»

a Pouvez-vous relier les expressions françaises et leur définition anglaise?

Exemple: 1 détente j relaxation

1 détente		**a**	resort to
2 gare aux rechutes!		**b**	cough
3 recourir à		**c**	breath
4 toux		**d**	weight control
5 étapes		**e**	slavery / dependency
6 régulation du poids		**f**	effective
7 haleine		**g**	ways / means
8 esclavage		**h**	stages
9 moyens		**i**	watch out for relapses!
10 efficaces		**j**	relaxation

b Complétez ces phrases en choisissant a ou b.
1 La motivation est très importante quand on
 a décide de commencer à fumer.
 b veut arrêter de fumer.

2 Beaucoup de gens fument
 a pour faire comme les autres.
 b pour devenir dépendant.

3 Tousser souvent est
 a un avantage de la cigarette.
 b un inconvénient de la cigarette.

4 Le Dr Boulanger prétend que les adolescents qui fument
 a arrêtent facilement dans cinq ans.
 b trouvent que c'est difficile d'arrêter.

5 Les jeunes de moins de 15 ans qui fument sont
 a de plus en plus nombreux.
 b de moins en moins nombreux.

6 Les jeunes filles fument
 a moins que les garçons.
 b plus que les garçons.

11 Je fume depuis l'âge de 14 ans …

Ecoutez ces trois témoignages de fumeurs. Parmi les gens qui expliquent leurs attitudes il y a:
• un jeune qui fume depuis trois ans
• un homme de 40 ans qui aimerait arrêter, mais qui ne peut pas
• une femme de 50 ans qui est très malade à cause de la cigarette
Attribuez les attestations à chacune de ces personnes.

12 Vous n'êtes pas seuls!

Lisez ce sondage que vous avez trouvé aussi dans le cabinet de votre médecin. Faites-le si vous êtes fumeur!

Sondage: Quelle est votre motivation?

Evaluez sur une échelle de faible à fort votre motivation en répondant aux questions suivantes.

Test de motivation

1 Aimeriez-vous arrêter de fumer si vous pouviez le faire facilement?
- ☐ non (0 point)
- ☐ oui (1 point)

2 Avez-vous réellement envie de cesser de fumer?
- ☐ pas du tout (0 point)
- ☐ un peu (1 point)
- ☐ moyennement (2 points)
- ☐ beaucoup (3 points)

3 Pensez-vous réussir à cesser de fumer dans les deux semaines à venir?
- ☐ non (0 point)
- ☐ peut-être (1 point)
- ☐ vraisemblablement (2 points)
- ☐ certainement (3 points)

4 Pensez-vous être un ex-fumeur dans six mois?
- ☐ non (0 points)
- ☐ peut-être (1 point)
- ☐ vraisemblablement (2 points)
- ☐ certainement (3 points)

Interprétation:

0–3 points	motivation faible
4–6 points	motivation moyenne
8–9 points	motivation assez forte
10 points	motivation forte

Voici encore six questions que l'on pourrait poser à quelqu'un qui fume pour estimer son degré de dépendance. Complétez les questions 1–6 avec les mots a–f qui manquent et puis traduisez-les en anglais.

1 … après le réveil fumez-vous votre première cigarette?

2 …-vous difficile de ne pas fumer dans les endroits interdits?

3 … cigarette trouvez-vous la plus indispensable ?

4 … de cigarettes fumez-vous par jour ?

5 …-vous de façon plus rapprochée dans les premières heures après le réveil que pendant le reste de la journée?

6 …-vous même si une maladie vous oblige à rester au lit (fièvre, grippe, angine …)?

a combien de temps
b quelle
c trouvez
d fumez
e fumez
f combien

13 Jeu de rôles

Le partenaire A est un médecin qui aide quelqu'un qui fume et qui veut arrêter.

Le partenaire B est fumeur.

Utilisez les phrases de la grille et ce que vous avez déjà lu sur ce sujet pour préparer votre discussion:

Partenaire A	Partenaire B
Sachez qu'il n'est jamais trop tard pour arrêter!	Je fume depuis …
Aidez-vous …	Je trouve que c'est très difficile de…
• en le discutant avec votre entourage familial,	Ce qui est le plus difficile c'est de …
• en le discutant avec votre entourage professionnel,	Je n'arrive pas à …
Considérez ces risques …	Je sais que je dois …
+ les questions de l'exercice C et du sondage	Quels sont les plus grands dangers de la cigarette?
	Que me proposez-vous?

14 L'arrivée d'un autre bébé dans la famille

Lisez ce que dit cette jeune mère de famille au sujet de l'arrivée de son nouveau bébé, Clothilde.

Lorsque Clothilde nous a annoncé sa présence, Ludovic n'avait que quatorze mois. Nous lui avons tout de suite dit qu'il aurait un petit frère ou une petite sœur dans un certain temps qui lui semblerait bien long. Mon ventre s'arrondissant au fur et à mesure que les mois avançaient, nous avons lu des livres avec lui sur l'arrivée d'un autre bébé à la maison, et nous avons regardé le dessin animé: Pingu a une petite sœur.

Il a commencé à s'intéresser aux petits bébés qu'il voyait, et nous lui avons parlé des enfants de son entourage qui avaient des frères et sœurs en lui expliquant que cela serait une personne de plus pour l'aimer, et qui pourrait jouer avec lui.

Lorsque l'on a eu la possibilité de le savoir, nous avons dit à Ludovic que nous allions avoir une petite fille et nous lui avons dit son prénom. C'était pour lui une part d'inconnu qui disparaissait.

Nous lui avons dit qu'au début elle serait trop petite, mais qu'ensuite ils pourraient jouer ensemble. Nous lui avons expliqué son rôle de grand frère, nous lui avons dit que cela ne changeait rien dans nos sentiments pour lui et nous lui avons dit comment cela se passerait pour lui lorsque je serais à la maternité. Nous avons essayé de conserver son rythme (garderie, maison ...) pendant mon absence et il a eu la possibilité de faire des choses «entre homme» avec son papa: manège, Mac Do ... . Il est venu me voir tous les jours à la maternité et a pu faire la connaissance de sa sœur trois heures après sa naissance.

Je dois dire que tout s'est bien passé, il n'y a pas eu de véritable conflit, il a toujours une pensée pour sa sœur (et réciproquement) et aujourd'hui, c'est une joie de les voir jouer et rire ensemble. Il y a une véritable complicité entre eux. Je souhaite à tout le monde de pouvoir assister à un tel spectacle de bonheur. Il réclame à présent d'autres frères et sœurs que nous aurons la joie de lui donner.

a Répondez à ces questions en anglais:
1 How soon after knowing she was pregnant did the mum tell Ludovic about his new brother or sister?
2 Give two examples of things the parents did to help him to understand.
3 What did the parents do once they knew the sex of the new baby?
4 Give two examples of things his dad did to reassure Ludovic.
5 What could Ludovic do three hours after the birth of his sister?
6 Describe the relationship so far between brother and sister.

b La maman présente une image très positive des relations entre frère et sœur. Lisez les mots et les expressions ci-dessous et classez-les:

positif	négatif
Exemple: la joie	Exemple: cela me rend triste
aimer	jouer ensemble
le bonheur	sévères
ça m'énerve	monopoliser
jaloux (jalouse)	on ne s'entend pas bien
la joie	gentil (gentille)
avoir une pensée pour ...	cela me rend triste
une complicité	l'atmosphère est bizarre
nous pouvons lui faire confiance	être inquiet

15 Une famille comme toutes les familles! 🔲

a Ecoutez la description de ces relations familiales. Lisez les 10 phrases en anglais que vous trouverez en français dans les témoignages. Notez-les avec leurs équivalents en français.

Stratégie

Don't worry when you don't understand everything on the first hearing. In order to write down what you hear as in exercise A (transcription) be prepared to listen several times to the same material with frequent pauses. By the time you come to exercise B, you should be very familiar with what each person has said.

Exemple. I don't like the things she does.
Je n'aime pas ses manières.

1 She takes my things.
2 ... it's not always easy at home.
3 They fall out over nothing.
4 ... I can talk to her about everything.
5 ... without asking my permission.
6 ... we like to make her happy.
7 We think we can trust her.
8 My parents aren't strict and let me do what I want.
9 We don't get on well.
10 I have a very nice relationship with them.

b Résumez aussi la situation de chaque personne.

Exemple: 1 Julien est un garçon de 17 ans qui a des problèmes dans ses relations avec ... etc.

16 Tout commence en 1980 …

Lisez ce que dit Sandrine, 26 ans, au sujet de la séparation de ses parents et des conséquences pour les enfants.

'A l'époque, j'avais 7 ans et mon petit frère en avait cinq. Mes parents se divorcent au bout de 5 ans de mariage, à la demande de mon père, qui veut s'installer avec sa maîtresse. Notre garde est accordée à ma mère avec un droit de visite accordé à mon père un week-end sur deux et la moitié des vacances.

Et c'est là que commence le cauchemar pour moi. Ma mère, sous l'influence de sa propre mère, commence à nous manipuler pour que l'on croie que notre père est un monstre et qu'il <u>n'a jamais</u> aimé ses enfants. Je commence à croire les belles paroles de ma mère et à penser qu'effectivement mon père nous a délaissé et <u>ne pense plus</u> à nous.

Mon frère est plus jeune, et va passer les week-ends en visite chez mon père; mais moi, je refuse d'y aller. Je fais une crise de larmes.

Ma mère, est heureuse: son plan a bien fonctionné. Mon frère, lui, continue à aller régulièrement chez mon père. Puis l'inévitable arrive: mon frère, pendant un week-end, à la demande de ma grand-mère, «se sauve» de chez mon père lors d'un petit moment d'inattention, et se rend au point de rencontre que lui ont donné ma mère et ma grand-mère. Celles-ci le déposent au commissariat du quartier afin de faire constater sa fugue. Suite à cet événement, le juge décide de retirer définitivement la garde de mon frère à mon père. Plusieurs années passent. A l'âge de 12 ans, mes grand-parents paternels font la démarche de contacter ma mère et l'implorent de les laisser nous voir. Ma mère accepte de nous laisser aller chez eux, mais je dois préciser qu'elle le fait car ces derniers <u>ne voient plus</u> leur fils depuis le divorce. Il <u>n'y a donc aucune</u> chance pour que mes grands-parents nous mettent en présence de mon père. Mais ce qu'elle <u>ne sait pas</u>, c'est que mes grands-parents, très neutres dans l'affaire du divorce, vont nous apprendre la vérité sur les circonstances du divorce et nous ouvrir les yeux quant aux mensonges qui nous ont été racontés sur le comportement de notre père.

Le temps passe, mon frère, à l'adolescence, commence à avoir de mauvaises fréquentations. Ma mère <u>n'ayant plus</u> d'emprise sur lui, décide de le confier à ma grand-mère maternelle. Elle continue à dénigrer sans cesse mon père, et l'inévitable arrive. Mon frère fait une grave dépression et se trouve placé dans un hôpital psychiatrique. Cela est dur pour moi à vivre car sous l'emprise des cachets, il est réduit à l'état de légume. Depuis, il s'en est sorti, a construit une famille, mais reste affectivement très fragile.

Moi, j'ai réussi à surmonter ces épreuves, mais depuis peu le cauchemar recommence. J'ai renoué le contact avec mon père, un grand moment de ma vie, mais alors que j'ai 26 ans, ma mère me demande encore de choisir entre elle et mon père. Mon seul souhait est de garder les deux, car leur histoire ne me concerne pas. Tout ce que je demande c'est l'affection des deux afin d'avoir une vie harmonieuse et équilibrée.'

a Complétez ces 10 phrases avec un seul mot pour expliquer simplement le sens de la première partie du texte:

Exemple: Mes parents restent ensemble pendant cinq …   *ans*

1 Mon père quitte ma mère pour vivre avec sa …
2 Mon père a le droit de nous voir tous les deux …
3 La situation devient très difficile pour moi et mon …
4 Ma mère nous dit des mensonges sur mon …
5 Je refuse de le …
6 Pour mon frère c'est plus …
7 Après l'incident de la fugue, mon père ne peut plus voir mon …
8 A 12 ans je commence à voir mes grand-parents …
9 Ils ne sont plus en contact avec mon …
10 Ils nous expliquent les détails du …

b En mettant les phrases qui suivent dans le bon ordre, vous aurez un résumé de la deuxième partie du texte:
1 Il est toujours très sensible.
2 A l'hôpital il est presque comme un légume.
3 Maintenant il a sa propre famille.
4 Je recommence à voir mon père.
5 Une vie heureuse, c'est ce que je veux.
6 Il a beaucoup de problèmes psychologiques.
7 Ma mère me demande de choisir entre les deux.
8 Mon frère commence à avoir de mauvaises fréquentations pendant son adolescence.

17 Et ma famille?

Pensez à votre famille et décrivez par écrit les relations que vous avez avec ses différents membres. N'oubliez pas les grand-parents, les oncles et les tantes! Choisissez entre cinq et sept personnes.

Phrases utiles:
On s'entend bien / mal
Ce qui m'énerve, c'est que …
Ce qui est bien, c'est que …
Les relations sont bonnes / mauvaises parce que …
Il / elle a tendance à …
Je trouve ça insupportable.
… accepte que … / … n'accepte pas que …
Ce que je demande à ma famille c'est …

Grammaire

Negatives

Look at the negative phrases underlined in the text on p. 14. The negative either changes a positive statement into a negative statement, or the negative can express such ideas as 'never', 'no one', 'no longer' 'nothing' 'not ever', 'nowhere' etc.

In French, many negatives involve placing 'ne ... ' and another negative word around a verb.

You are already very familiar with 'ne ... pas':

Exemple: **Je fume – Je ne fume pas** – I don't smoke (**fume** is the verb)

Negatives	Translation	Examples	Translation
ne ... pas	not	Je <u>ne</u> mange <u>pas</u> de viande	I don't eat meat
ne ... jamais	never	Tu <u>ne</u> repasses <u>jamais</u> tes vêtements	You never iron your clothes
ne ... personne	no one (not anyone)	Je <u>ne</u> connais <u>personne</u> en Angleterre	I know no one in England
ne ... rien	nothing	Tu <u>ne</u> fais <u>rien</u> pour m'aider	You do nothing to help me
ne ... plus	no longer (no more)	Je <u>ne</u> fume <u>plus</u>	I no longer smoke
ne ... ni ... ni	neither ... nor ...	Je <u>ne</u> mange <u>ni</u> poisson <u>ni</u> viande	I eat neither fish nor meat
ne ... que	only	Je <u>ne</u> sors <u>que</u> le mercredi	I only go out on Wednesdays
ne ... nulle part	nowhere	Je <u>ne</u> vais <u>nulle part</u>	I'm going nowhere
ne ... aucun(e)	no (not any)	Je <u>ne</u> bois <u>aucune</u> boisson alcoolisée	I drink no alcoholic drinks

When **ne ... pas / ne ... jamais / ne ... plus** are followed by a noun, **du / de la / des** all become **de**.

Exemples:
* **Je ne mange pas <u>de</u> beurre** – I don't eat butter
* **Mes parents ne boivent jamais <u>de</u> bière** – my parents never drink beer
* **Je ne fume plus <u>de</u> cigarettes** – I don't smoke cigarettes any more.

We may say: I don't eat either fish or meat OR I don't smoke any more OR I don't go out except on Wednesdays etc. instead of the more formal versions in the chart. The

Grammaire

more formal version, however, is more similar to the French so it usually helps to think of it when translating.

More than one negative in a sentence? (See negatives, p. 125.)

Are you replying to a question with a negative and no verb? Drop 'ne'.

Exemples:

Qui fume ici? Personne.	Who smokes here? No one.
Que fait votre fils? Rien!	What does your son do? Nothing.
Vous mangez de viande? Jamais.	Do you eat meat? Never.

Your sentence begins with a negative? Follow this pattern:
* Personne ne ... • Rien ne ... • Aucun ... ne ...

Exemples:

Personne ne fume	no one smokes
Rien ne m'inquiète	nothing worries me
Aucun plat ne manque	no dish is missing

Exercice 1
Choisissez un négatif convenable pour compléter ces phrases:

Exemple: Les Anglais ne conduisent ... à droite   pas

1 Les bébés ne boivent ... vin ... bière.
2 Mon père ne fume ... de cigarettes.
3 J'ai beaucoup de livres que j'aimerais lire, mais je ne lis ...
4 ... ne veut m'aider à faire le ménage.
5 Les Français ne boivent ... très peu de thé.

Exercice 2
Répondez à ces questions négativement. Une expression négative vous est proposée!

Exemple: 1   Non, je n'aime pas les maths

1 Est-ce que vous aimez les maths? (ne ... pas)
2 Est-ce que vous préférez les maths ou les sciences? (ne ... ni ... ni ...)
3 Est-ce que les autres dans la classe aiment les maths? (personne ... ne ...)
4 Est-ce que vous parlez une langue étrangère? (ne ... que ...)
5 Est-ce que vous voyez souvent vos amis? (ne ... plus ...)
6 Buvez-vous du vin rouge? (ne ... jamais ...)
7 Préférez-vous le vin blanc? (ne ... ni ... ni ...)
8 Vous aimez une autre boisson alcoolisée? (ne ... aucune ...)
9 Est-ce que votre frère regarde souvent la télévision? (ne ... jamais)

Vivre ensemble

18 Olivier et Nathalie

Attirés l'un vers l'autre, il devient presque naturel de vouloir aller plus loin: ne plus se quitter, avoir enfin le temps de se voir sans compter et puis aussi vivre ensemble, fonder une famille …
… mais vivre en couple ce n'est pas toujours facile.

Ecoutez cette dispute entre Olivier et Nathalie, qui sont ensemble depuis trois ans, et faites les exercices ci-dessous.

a Qui a dit ça? Nathalie ou Olivier? Lisez les paraphrases et décidez, puis essayez d'en trouver d'autres.
1 Tu ne fais pas assez pour aider à la maison.
2 Tu ne t'entends pas avec mes copains.
3 Tu ne veux jamais sortir ensemble.
4 Tu regardes trop la télé.
5 Tu dépenses trop d'argent.

b Quels sont les problèmes du couple? Dressez une liste de quatre plaintes pour chacun.

Exemples:
Selon Nathalie:
Olivier est rabat-joie
il veut toujours rentrer
avant minuit

Selon Olivier:
Nathalie est gaspilleuse
elle laisse allumé son
ordinateur pendant des heures

19 Que de plaintes!

a Remettez le verbe qui convient dans les phrases suivantes pour avoir une liste de plaintes:

Exemple: Il ne … jamais la vaisselle. Il est paresseux!
fait

1 Il ne … pas assez d'argent. Il est avare!
2 Il ne … pas sortir le week-end. Il est rabat-joie!
3 Elle ne … jamais que je plaisante. Elle est trop sensible!
4 Il ne … que des bêtises à la télé. Il est bête!
5 Elle n'… jamais personne à la maison. Elle n'est pas très sociable!

b Qu'est-ce qu'il ou elle ne fait pas?
Donnez une justification possible aux opinions suivantes:

Exemple: Il est paresseux
parce qu'il ne fait pas la vaisselle

1 Elle est sale!
2 Il est pénible!
3 Elle est gaspilleuse!

4 Il est trop stressé!
5 Elle est trop bavarde!

20 Dissertation

Titre: Vivre heureux ensemble. Est-ce possible?

Paragraphe 1	Introduction: 50 mots Présentation de l'idéal. Le couple / la famille	Essayez d'utiliser beaucoup d'expressions avec l'infinitif: vivre ensemble; s'aimer pour toujours; se marier; accepter les défauts de l'autre; s'amuser ensemble; partager les intérêts.
Paragraphe 2	Développement / exemples : 75 mots Présentation de la réalité et des difficultés	Essayez d'utiliser une variété de verbes au présent + le négatif on se dispute à propos de … ; on ne se comprend plus; la femme commence à … ; l'homme n'arrête pas de … ; on devient … ; ils ont tendance à … .
Paragraphe 3	Conclusion: 50 mots Comment réussir une vie de couple? Èst-ce possible?	Essayez d'utiliser ces expressions: Pour réussir une vie de couple … Pour vivre heureux ensemble … A mon avis … Selon les statistiques … D'après mon expérience personnelle … Il faut … On doit …

Révision

1 Une Anglaise en France

Ecoutez comment Suzie, jeune Anglaise qui habite en France, décrit sa vie quotidienne. Remplissez les blancs. *(20 points)*

Je ... 1 ... depuis maintenant cinq mois. Je ... 2 ... mes parents comme tous les vendredis soir et je trouve ça toujours un peu difficile car ... 3 ... et je crois que je leur manque aussi. J'aime assez mon travail d'assistante d'anglais dans un lycée à Savenay, à côté de Nantes dans l'Ouest de la France.

Les élèves sont très gentils et ils... 4 ... souvent chez eux, à rencontrer leur famille et ... 5 ... J'en mange beaucoup depuis le début de mon séjour! Heureusement j'aime bien ça, mais j'ai peur de grossir! En effet la nourriture est très bonne et je ... 6 ... à cuisiner à la française, ce qui n'est pas toujours très facile parce que j'ai une toute petite cuisine dans l'appartement que ... 7 ... avec une autre assistante allemande ... 8 ... dans l'ensemble mais parfois la musique qu'elle passe ... 9 ... .

Je trouve que le rythme français est beaucoup plus rude que le rythme anglais. En Angleterre, ... 10 ... des «petites journées» alors qu'en France les journées scolaires ... 11 ... J'ai toujours du mal à ... 12 ... tôt le matin car en Angleterre je ... 13 ... huit heures. Jamais avant huit heures de toute façon, et maintenant ... 14 ... à six heures et demie pour avoir le temps ... 15 ... avant de partir au lycée. Les élèves ont parfois neuf heures de cours par jour et ... 16 ... encore faire leurs devoirs pour le lendemain. Ils sont souvent très fatigués et je le comprends ... 17 ... un système juste?

Mes collègues au lycée sont sympas, mais, ... 18 ... à midi et qu'ils commencent à parler très vite entre eux j'ai toujours des difficultés à ... 19 ... et surtout à participer à la conversation. Ils ne le font pas exprès, mais ... 20 ... un peu isolée. Pourtant, j'ai l'impression de progresser relativement rapidement en français, ce qui me fait plaisir. C'est en partie pour cela que je suis venue et je veux rentrer avec un niveau en français nettement plus élevé que celui que j'avais avant.

Quand je rentre le soir, je passe une heure à préparer mes cours et j'écris beaucoup de lettres à mes amis en Angleterre. Je prépare à manger pour moi et pour Birgit et nous discutons ensemble les événements de la journée. On regarde un peu la télé avant de nous coucher vers onze heures. Je dors bien, mais je pense souvent à ma famille et à mes amis.

La vie, loin de mon pays, n'est pas facile, mais c'est quand même une bonne expérience.

b Répondez à ces questions en anglais:
1 What does Suzie do each Friday evening?
2 What does she fear from eating pancakes?
3 With whom does she share her flat?
4 What does this person do to annoy her sometimes?
5 Name one difference in the typical school day of English and French schools. *(5 points)*

c Répondez à ces questions en français:
1 Que font les élèves en France à la fin de la journée scolaire?
2 Comment se sentent-ils souvent le lendemain?
3 Quelle est la difficulté pour Suzie quand les profs parlent entre eux?
4 Pourquoi est-elle venue en France? Donnez une raison.
5 Que fait-elle avec sa copine le soir? *(5 points)*

d Trouvez un mot du texte pour compléter ces phrases. Vous devrez peut-être changer sa forme:
1 Je travaille comme assistante ... le mois d'octobre.
2 Je ... la récréation à discuter avec les gens.
3 Manger beaucoup de chocolat, ça va me faire ...
4 J'aime la ... française. Je trouve qu'on mange bien.
5 J'aimerais avoir un bon... en français à la fin de l'année.
6 J'écoute un peu la radio avant de ... à onze heures.
7 Les journées scolaires sont longues en France et je trouve que cela n'est pas très ... pour les élèves.
8 J'ai ... que je parle mieux le français qu'au début.
9 J' ... mes parents tous les vendredis soir.
10 J'aime bien ... avec mes collègues pour améliorer mon français. *(5 points)*

2 Interview!

Avec un partenaire, imaginez que vous êtes Suzie et un(e) de ses élèves et que vous faites une interview avec elle pour un article du journal de votre collège. Parlez pendant un minimum de deux minutes. *(10 points)*

3 Dissertation

Titre: Vivre à l'étranger n'est pas du tout facile. Discutez!
Tout d'abord, préparez un plan comme celui que vous avez suivi à la p. 16, en faisant une liste de phrases et d'idées utiles, et rédigez une dissertation sur ce sujet. Ecrivez 200 mots environ.

(40 points – 20 points pour le contenu /
20 points pour la qualité de la langue)

4 Laurent: ma vie comme … ?

Lisez ce que dit Laurent sur son métier:

Je suis vétérinaire. Les études pour devenir vétérinaire durent six ans minimum. J'aime beaucoup mon métier, même si la routine quotidienne est très exigeante. Je dois me lever très tôt le matin pour commencer mes visites. Je ne prends que rarement mon petit-déjeuner à la maison. Il est trop tôt pour moi et je préfère manger plus tard le matin. Donc je m'arrête souvent dans le café d'un des villages pour prendre un casse-croûte. Souvent j'en ai grand besoin!

Quand je me suis installé il y a quatre ans, nous faisions la moitié de notre exercice en milieu rural. Mais désormais, 80% de notre temps est consacré aux bêtes de campagne. Après plusieurs années de remplacement, je me suis installé en cabinet, en m'associant avec quatre autres. Cela nous permet de partager les contraintes: les gardes, les vêlages en pleine nuit … Je n'ai jamais deux jours pareils. Nous conseillons les nouveaux propriétaires, pratiquons des opérations «de convenance» (stérilisations, castrations), opérons les yeux ou l'abdomen, réparons les membres des accidentés.

En médecine rurale, nous sommes appelés dans les fermes pour les coups de cornes, les vêlages difficiles. Nous faisons aussi de plus en plus d'inséminations artificielles, de transplantations embryonnaires, de césariennes, et nous donnons des conseils en alimentation. Certains jours, je suis un peu las de faire des vaccins, mais ça ne dure jamais longtemps. Le métier évolue beaucoup et nous devons sans cesse nous tenir au courant des nouvelles techniques. En rentrant à la maison le soir j'ai souvent des documents à lire pour me tenir au courant de tout ce qui se passe dans le monde vétérinaire. Je mange seul normalement car je ne suis pas marié, mais j'ai une amie qui habite à côté et on essaie de manger ensemble une ou deux fois par semaine. Elle est vétérinaire aussi et végétarienne pour des raisons éthiques, mais moi je peux assez facilement séparer mon boulot de ce qu'il y a dans mon assiette! Après le repas du soir je m'endors souvent devant la télé, mais je monte et je me couche d'habitude vers onze heures.

Quand j'étais petit, je voulais aller soigner des lions en Afrique, comme Daktari. Je n'échangerais mon métier contre rien au monde, même s'il est très différent de ce que j'avais imaginé!

a **Lesquelles des phrases suivantes s'appliquent au texte? Corrigez celles qui ne sont pas vraies.**
1 Laurent est content de son métier.
2 Il travaille dans un groupe de cinq personnes.
3 Il travaille en ville.
4 Le métier n'est pas si différent de ce qu'il avait imaginé.
5 Il a fait quelques semaines de remplacement.
6 Il travaille en Afrique.
7 Son amie habite tout près.
8 Il prend son petit déjeuner très tôt le matin.
9 Laurent et son amie sont tous les deux végétariens.
10 Il s'endort en regardant la télévision au lit.   *(17 points)*

b **Choisissez la bonne réponse (a ou b) aux questions suivantes.**
1 Depuis combien de temps Laurent fait-il ce métier?
   a six ans
   b quatre ans

2 Qu'est-ce que c'est le remplacement?
   a faire le travail d'un collègue absent
   b travailler dans un milieu rural

3 Combien de personnes travaillent dans le cabinet en tout?
   a quatre
   b cinq

4 Avec qui mange Laurent une ou deux fois par semaine?
   a un collègue
   b une amie

5 Que faut-il faire en tant que vétérinaire?
   a se coucher de bonne heure
   b se tenir au courant des nouvelles techniques
   (5 points)

c **Complétez ces phrases avec un seul mot pour résumer le témoignage de Laurent:**
1 Il faut … pendant au moins six ans.
2 50% des activités se font à la …
3 On doit souvent … pendant plusieurs années avant de trouver un poste.
4 Pendant son enfance il rêvait de travailler en …
5 Il ne regrette jamais d'avoir choisi ce …   *(5 points)*

Extra

1 *Bonjour Tristesse*

Françoise SAGAN (pseudonyme de Françoise Quoirez) est une romancière et auteur dramatique française née en 1935 à Carjac (Lot). Fille d'un industriel, elle passe son enfance et son adolescence à Paris. Adolescente, elle lit Gide, Camus, Sartre, Rimbaud, Proust; en 1951, bachelière, elle commence à la Sorbonne des études de lettres qu'elle ne poursuivra pas. A 18 ans, en 1954, elle envoie à l'éditeur René Julliard le manuscrit d'un roman, *Bonjour Tristesse*.

L'action du roman se passe pendant les vacances sur la Méditérranée dans la magnifique villa de Cécile (17 ans) et de son père, Raymond, qui est veuf. Tout commence bien et Cécile accepte sans trop de difficulté la présence d'Elsa, une amie de son père, mais leur vie heureuse est bouleversée par l'arrivée d'Anne, femme intelligente et calme, qui risque de troubler le délicieux désordre de leur existence. En même temps, Cécile aussi est en train de découvrir l'amour pour la première fois.

Elle rencontre Cyrile et ces trois (Cécile, Cyrile et Elsa) décident, de se débarrasser d'Anne, avec des conséquences très graves.

Lisez cet extrait du livre.

Extrait 1

Quand nous nous retrouvons mon père et moi, nous rions ensemble, nous parlons de nos conquêtes. Il doit bien se douter que mes relations avec Philippe ne sont pas platoniques et je sais bien que sa nouvelle amie lui coûte fort cher. Mais nous sommes heureux. L'hiver touche à sa fin, nous ne relouerons pas la même villa, mais une autre, près de Juan-les-Pins.

Seulement quand je suis dans mon lit, à l'aube, avec le seul bruit des voitures dans Paris, ma mémoire parfois me trahit. L'été revient et tous ses souvenirs. Anne, Anne! Je répète ce nom très bas et très longtemps dans le noir. Quelque chose monte alors en moi que j'accueille par son nom, les yeux fermés: Bonjour Tristesse.

a Traduisez ces phrases en anglais:

1 nous parlons de nos conquêtes
2 je sais bien …
3 L'hiver touche à sa fin …
4 à l'aube …
5 j'accueille par son nom …

Lisez ce deuxième extrait du livre:

Extrait 2

Cet été-là j'avais dix-sept ans et j'étais parfaitement heureuse. Les «autres» étaient mon père et Elsa, sa maîtresse. Il me faut tout de suite expliquer cette situation qui peut paraître fausse. Mon père avait quarante ans, il était veuf depuis quinze; c'était un homme jeune, plein de vitalité, de possibilités, et à ma sortie de pension, deux ans plus tôt, je n'avais pas pu ne pas comprendre qu'il vécût avec une femme …

Elsa, c'était une grande fille rousse, mi-créature, mi-mondaine, qui faisait de la figuration dans les studios et les bars des Champs-Elysées. Elle était gentille, assez simple et sans prétentions sérieuses …

Nous passions des heures sur la plage, écrasés de chaleur, prenant peu à peu une couleur saine et dorée, à l'exception d'Elsa qui rougissait et pelait dans d'affreuses souffrances. Mon père exécutait des mouvements de jambes compliqués pour faire disparaître un début d'estomac incompatible avec ses dispositions de Don Juan. Dès l'aube, j'étais dans l'eau, une eau fraîche et transparente où je m'enfouissais, où je m'épuisais en des mouvements désordonnés pour me laver de toutes les ombres, de toute les poussières de Paris.

b Les remarques suivantes sont-t-elles vraies pour l'extrait 1 ou pour l'extrait 2?

Exemple: Cécile est en vacances   Extrait 2

1 Elle utilise le présent.
2 Elle décrit des événements du passé.
3 C'est l'été.
4 Son père est avec Elsa.
5 C'est le début du roman.
6 C'est la fin du roman.
7 Cécile n'a aucune inquiétude.
8 Elle ne pense pas à Anne.
9 Elle a un petit copain.
10 Elle connaît la tristesse.

c Imaginez deux personnages d'un livre. (Une maman divorcée et sa fille / un frère et sa sœur / un Français et son correspondant anglais …)
Ecrivez le premier paragraphe du livre dans lequel vous décrivez la vie quotidienne des deux personnes.

2 Dis Papa …, dis Maman …

Les petits enfants posent souvent des questions très difficiles à leurs parents. Ils veulent tout savoir sur leur vie et comment fonctionnent les choses. Voici une liste de questions souvent posées par les petits à Maman ou à Papa:

a Remettez les mots dans le bon ordre pour trouver les 10 questions.

Exemple: 1 Pourquoi les gens parlent-ils des langues différentes?

1 gens parlent des langues -ils différentes pourquoi les?
2 des pourquoi yeux a-t-on?
3 bébés fait-on comment les?
4 attrape-t-on le pourquoi hoquet?
5 les au mouches pourquoi peuvent marcher plafond?
6 comment sous l'eau poissons pour font les respirer?
7 -on comment fait les sur le dentifrice lignes?
8 que pourquoi est-ce je les mains avec me lave mieux du savon?
9 Egyptiens pyramides comment construire faisaient les pour des?
10 fait-on des pourquoi cauchemars?

b Traduisez les questions en anglais.

3 Les réponses 🔲

Ecoutez comment répond un parent à quelques-unes de ces questions, avec l'aide d'une encyclopédie! Il y a quatre réponses sur la cassette.

a Parmi ces parties du corps humain, lesquels ne sont pas mentionnées sur la cassette? Copiez la liste et cochez quand vous entendez le mot. Créez un glossaire (français / anglais) de ces termes.

la tête	la bouche
le cerveau	le menton
les aisselles	les coudes
les mains	les mollets
les cellules	les cordes vocales
le diaphragme	le dos
les poumons	les ongles
le nez	

b Remplissez les blancs dans ces 12 extraits des réponses. Ecoutez encore pour vérifier vos réponses.

Réponse A
1 L'homme a … vital de … c'est facile à …
2 Le sommeil … découpé en cinq stades … sa profondeur.

3 … la période proche de l'éveil, nos muscles … aux stimulations du …

Réponse B
1 Dans le cas de l'homme, … est d'environ … ans.
2 Les accidents, … et autres petits déboires … définitivement contrarier les belles statistiques.
3 … plutôt de … que nous sommes … les artisans du futur.

Réponse C
1 Le diaphragme … sous les poumons et … dessus en permanence.
2 Il … alors à … , … et appuie sur les poumons, … du même coup un peu d'air.
3 … , boire avec une cuillère dans le verre, … sa salive … de nous faire peur ou de nous … dans le dos.

Réponse D
1 Il … aussi … pour le reste du corps.
2 Si … de plus près, il est … composé de petits vermicelles.
3 … est maintenant … , on évitera toutefois le pull-over, le pantalon ou tout autre tissu … à cet effet.

c Quelle réponse correspond à quelle question?

Exemple: Réponse A Question 10

4 Jeu de rôles

Utilisez les questions ci-dessous (ou celles que vous avez inventées) et imaginez une scène avec votre partenaire où vous jouez le rôle d'un parent et son enfant qui discutent des choses de la vie!

L'enfant
Utilisez beaucoup de questions qui commencent avec «comment» et «pourquoi» et n'acceptez aucune réponse facile!
«Mais, non, Papa / Maman …»
«Le prof nous a dit que …»
«Ce n'est pas ce que mon copain … m'a dit!»

Le parent
Utilisez ces expressions pour essayer de gagner du temps:
«Voyons …»
«Ce n'est pas très facile …»
«C'est très intéressant …»
«Il me semble que …»
«Demande à ton professeur!»

Chapitre 2: Vivent les loisirs!

Pages	Thèmes	Grammaire	Compétences
22–26 Départ	Les loisirs des Français	Le passé composé: • les verbes construits avec avoir • les verbes construits avec être	Lire plus rapidement en s'aidant du contexte Améliorer son vocabulaire Exprimer des opinions Prendre des notes à l'écoute Résumer ce que l'on a entendu
27–36 Progression	Les sports en vogue Les sports de glisse Les deux roues Les problèmes: le dopage	Le passé composé: • la forme négative • la forme interrogative • les verbes pronominaux Le participe présent	Chercher des mots à sens multiple dans le dictionnaire Les synonymes Les familles de mots Exprimer des opinions: pour ou contre Parler plus longuement Exprimer ses opinions par écrit Planifiez son travail écrit Ne pas laisser de fautes à l'écrit Ecrire une lettre
37–38 Révision	Les sports nautiques Le dopage		Préparation à l'examen
39–40 Extra	La télé La violence à la télé	Le passé composé	Les opinions

Départ

Le snowboard est à mon avis le plus grisant de tous les sports.

Plus vite, plus haut, plus «fun», faites comme moi: chaussez vos rollers.

Quand j'ai un moment de libre, j'enfourche mon vélo tout terrain.

1 Les passe-temps

a Ecoutez et prenez des notes sur ce que dit chacun de ces trois sportifs.

	sport?	entraînement?
Jean-François		
Anne		
Jean-Claude		

b Ces phrases sont-elles vraies ou fausses?

Exemple: 1 Vrai.

1 Jean-François a commencé à faire du vélo à 5 ans.
2 Son père lui a offert un VTT pour Noël.
3 Il s'entraîne deux heures par jour.
4 Anne a tout de suite aimé le patin à roulettes.
5 Elle en fait tous les jours.
6 Jean-Claude a commencé le ski à 5 ans.
7 Il a essayé le snowboard avec un de ses copains.

2 Conversations

Remettez ces conversations dans l'ordre par écrit et enregistrez-vous avec un(e) partenaire.

1 a Tu en fais souvent?
  b Je m'appelle Jean-François.
  c Qui t'a offert ton premier VTT?
  d Oui, mon père faisait du cyclisme en amateur.
  e Comment t'appelles-tu?
  f Environ une heure et demie tous les jours.
  g Tes parents faisaient du vélo?
  h A cinq ans.
  i A quel âge as-tu eu ton premier vélo?
  j C'est mon père.

2 a Tu avais quel âge quand tu a chaussé ta première paire de patins?
  b Je m'appelle Anne.
  c Tu t'entraînes sérieusement?
  d Mes parents.
  e Qui a eu l'idée de t'inscrire dans un club?
  f Sept ans.
  g Comment t'appelles-tu?
  h Deux heures par jour.

3 a Et pour ta première compétition, tu avais quel âge?
  b Un copain.
  c A quel âge as-tu commencé le ski?
  d J'avais cinq ans.
  e Tu t'appelles comment?
  f Trois ans.
  g Qui t'a fait essayer le surf des neiges?
  h Je m'appelle Jean-Claude.

3 Mon sport préféré

Jeu de rôles: A deux: Faites une interview.
A Posez des questions à votre partenaire sur son sport favori.
B Répondez aux questions. (Si vous n'êtes pas sportif, inventez!)
Puis changez de rôle.
N'oubliez pas d'utiliser des expressions comme celles-ci:
A Quel sport fais-tu quand tu as du temps libre?
B Quand j'ai du temps libre, j'aime bien faire de la planche à voile.

A Depuis quand en fais-tu?
B J'en fais depuis l'âge de 15 ans.

A Où en fais-tu?
B J'en fais au lac.

A Quand en fais-tu?
B J'en fais le week-end.

A Tu fais partie d'un club?
B Oui. Il y a un très bon club.

4 Bonjour!

Ecrivez une lettre à votre correspondant(e) (un paragraphe). Posez-lui des questions sur son sport préféré et parlez-lui de votre sport préféré.

> Londres
> Cher Sébastien,
> Merci de ta lettre. Tu me demandes si j'aime le sport. Moi, je suis très sportif(ve). J'aime bien le hockey et le foot.

5 Les loisirs

Lisez les commentaires de ces jeunes sur l'évolution des loisirs. Qu'en pensez-vous?

A Aujourd'hui les gens ont beaucoup plus de temps libre et je pense que c'est une bonne chose.

B Moi, je suis plutôt casanier: j'adore rester chez moi. Je suis comme la plupart des Français. Je passe bien six heures par jour à écouter soit la radio, soit la télé ou à regarder un bon film au magnéto.

C Personnellement, je pense que le sport est excellent pour la santé et, comme beaucoup de Français, je fais du jogging régulièrement.

D Pour moi ce qui est important c'est de me relaxer et de dépenser mon énergie. Le sport, et en particulier le tennis, me permet de me détendre.

Stratégie

To make your written or spoken French more authentic use expressions such as:

> pour moi, c'est ... / ce qui est important ...
> Moi, je pense que ...
> Je trouve que ...
> A mon avis ...

Exemple: Moi, je pense que le sport est important et c'est bon pour la santé ...

6 Les loisirs des Français

a   Lisez le texte.

Le temps libre a augmenté de façon considérable depuis le début du siècle. L'accroissement du temps libre est une donnée historique majeure, conséquence directe de la réduction du temps de travail. Cette augmentation du temps de loisirs s'est poursuivie au cours des dernières années, et de nos jours les loisirs représentent probablement la dépense principale des foyers.

Les dépenses consacrées à l'audiovisuel sont celles qui ont le plus progressé. Télévision et radio sont entrées dans les mœurs et absorbent environ six heures par jour du temps des Français. On constate une progression remarquable de l'écoute de la musique, sur disques, cassettes, ou à la radio. La diffusion des chaînes hi-fi, des postes de radio FM, des autoradios et des baladeurs a largement favorisé le mouvement.

D'autre part, l'intérêt porté au corps a poussé les Français à la pratique d'un sport. Les sports individuels (tennis, jogging, marche ...) ont pris le pas sur les sports collectifs, qui ne sont pas très pratiqués par les femmes. Le nombre des activités sportives s'est lui aussi accru et il est de plus en plus fréquent d'en pratiquer plusieurs. Des sports nouveaux ou récents comme le snowboard, le golf, le canoë-kayak, le tir à l'arc ou le vol libre ont de plus en plus d'adeptes. Le sport-plaisir a remplacé le sport-souffrance: les gens veulent de plus en plus entretenir leur forme et se perfectionner sur le plan physique.

Glossaire

le début	the beginning
au cours de	during
foyers	families
consacré	given over to
entrer dans les mœurs	to become normal practice
accru	increased
le tir à l'arc	archery
le vol libre	hang-gliding

Stratégie

It is important when reading a text not to focus on individual words but to to see them in the context of their meaning within the text.

b Relevez les expressions suivantes:

a	increased	**d**	carried on	**g**	several
b	century	**e**	stereo	**h**	to maintain
c	increase	**f**	interest	**i**	to improve

c Vrai ou faux?
Ces phrases sont-elles vraies ou fausses? Corrigez les trois phrases qui sont fausses.
1 Le temps de travail a beaucoup réduit.
2 Ce que les Français dépensent en audiovisuel a augmenté.
3 Les sports collectifs sont plus populaires que les sports individuels.
4 Il n'y a pas tellement de nouveaux sports.
5 Quand ils pratiquent un sport les Français s'intéressent plus à leur forme qu'à leurs performances.

d La plupart des verbes du texte précédent sont au passé composé. Mettez les verbes au passé composé dans la bonne colonne:
Avoir / Etre / Verbes pronominaux.

Exemple:

Avoir	Etre	Verbes pronominaux
j'ai choisi	il est devenu	ils se sont accrus

7 Travail de vocabulaire

Les cinq verbes suivants sont extraits du texte précédent.
Accroître constater pratiquer entretenir se perfectionner

Ci-dessous, vous avez une liste de ces verbes et de certains de leurs synonymes. A vous de trouver les verbes qui ne peuvent pas être associés par leur sens.

Exemple: accroître, se multiplier, réagir, élargir,
          augmenter, accentuer.
Réponse: *réagir.*

a constater, réduire, noter, observer, remarquer, voir
b pratiquer, s'adonner à, jouer à, s'exercer, se livrer à, se rendre compte
c entretenir, conserver, se rendre à, maintenir, garder, soigner
d se perfectionner, parfaire, aller mieux, s'améliorer, faire des progrès, se détendre

8 Chez nous

a Ecoutez ces deux Françaises qui vous parlent des loisirs chez elles.

b Répondez à ces questions en anglais.
a How many children has Madame Honorat?
b What sport do they do?
c Does Madame Kirsch do any sport?
d What is her main interest?
e What does she spend her money on?
f And Monsieur Kirsch? What is his main interest?

Grammaire

The perfect tense

Use the perfect tense to describe a completed action in the past. It is made up of two parts:

The present tense of **avoir** or **être** + the past participle

Avoir: The majority of verbs use the present tense of **avoir** + the past participle:

-er verbs → é	-ir verbs → i	-re verbs → u
j'ai progressé	j'ai choisi	j'ai attendu
tu as progressé	tu as choisi	tu as attendu
il/elle/on a progressé	il/elle/on a choisi	il/elle/on a attendu
nous avons progressé	nous avons choisi	nous avons attendu
vous avez progressé	vous avez choisi	vous avez attendu
ils/elles ont progressé	ils/elles ont choisi	ils/elles ont attendu

Etre: Some verbs use the present tense of être + the past participle. These are:

monter rester venir / devenir arriver naître sortir tomber rentrer / revenir / retourner aller mourir partir entrer descendre

Verbs which take '**être**' follow this model:

je suis entré(e)	tu es entré(e)
il est entré	elle est entrée
on est entré	nous sommes entré(e)s
vous êtes entré(e)(s)	ils sont entrés
elles sont entrées	

With all these verbs, the past participle of the verb must agree with the subject.

Exemple: La télévision est devenue très populaire.
La télévision et la radio sont entrées dans les mœurs.

Exercice 1: Fabienne décrit ses vacances sportives. Certains verbes sont soulignés. Mettez-les au passé composé.

Samedi. J'appelle (1) ma copine Nathalie et on décide (2) d'aller faire du canoë-kayak. Elle vient (3) me retrouver chez moi et nous commençons (4) à nous préparer. Nous allons (5) au garage pour prendre tout le nécessaire. Nous rassemblons (6) de quoi manger et enfin nous partons (7). Sur la route, nous voyons (8) un lapin blessé et nous faisons halte (9). Nathalie le ramasse (10) et nous l'amenons (11) chez un vétérinaire. Nous attendons (12) cinq minutes et le vétérinaire arrive (13) enfin. Il examine (14) l'animal et déclare (15): «ce n'est pas grave.» Nous repartons (16) et le reste de la journée est (17) très agréable.

9 Les vacances et les loisirs

a Lisez ce que ces jeunes disent de leurs vacances et de leurs loisirs.

A

Pendant les vacances, j'ai beaucoup regardé la télé à cause du temps. Il ne faisait pas très beau et j'ai pu voir mes émissions préférées, en particulier les dessins animés. Je suis une fana des Simpsons.
Cédric

B

Moi, pendant les grandes vacances, j'ai beaucoup dormi. J'ai fait la grasse matinée jusqu'à 11 heures et ensuite je suis allée à la plage me faire bronzer au soleil. J'ai beaucoup aimé cela, mais j'ai aussi fait du sport comme le ski nautique, qui est mon sport favori. Des vacances formidables.
Laure

C

Moi, je suis resté chez moi et j'en ai profité pour rencontrer mes copains. Nous sommes sortis en boîte et nous avons vu pas mal de films parce que pendant l'année scolaire, nous n'avons pas beaucoup le temps d'aller au cinéma.

Philippe

b Ces phrases sont-elles vraies ou fausses?
1 Pendant les vacances de Cédric, il a fait très beau.
2 Cédric a regardé beaucoup de dessins animés.
3 Laure est allée à la plage de bonne heure.
4 Laure a passé de bonnes vacances.
5 Philippe est allé chez des copains.
6 Philippe et ses copains sont allés danser.
7 Philippe et ses copains ont vu beaucoup de films.

10 Les loisirs contre le stress 🔊

Ecoutez maintenant ces jeunes Français qui vous parlent de certains des passe-temps mentionnés dans le texte de la p. 23.

a Vous avez entendu les mots de gauche en écoutant la cassette. Trouvez leur synonyme dans la liste de droite.

1	fana	a	le repos
2	petit écran	b	persuadé
3	à mon avis	c	adepte
4	se détendre	d	j'estime
5	je me suis servi	e	aimer beaucoup
6	je considère	f	je pense
7	convaincu	g	se délasser
8	la détente	h	j'ai utilisé
9	se régaler	i	la télévision

b Ecoutez de nouveau ce passage et faites un résumé de ce que vous avez entendu à votre partenaire.

	Idées / Thèmes	Détails
Virginie	beaucoup révisé regardé la télé	avec copine à la maison passe-temps préféré: télé permis de me détendre
Céline		
Manu		

Résumé:
Virginie a beaucoup révisé avec une copine. Le soir, elles ont regardé la télé. C'est son passe-temps préféré. C'est bon pour se détendre.

11 Et vous, que faites-vous?

Mettez les verbes entre parenthèses au passé composé.

a Pendant les vacances de Pâques, je (passer) mon temps à l'ordinateur. Je le (utiliser) pour mes études.

b Le soir, je (regarder) la télévision avec une amie qui (venir) reviser avec moi.

c Mon sport préféré est le surf des neiges. C'est un sport relativement nouveau. Il (devenir) très populaire dans les années 90.

d Mon grand-père me (donner) un vélo pour Noël.

e Je (commencer) à skier à l'âge de cinq ans.

f La semaine dernière, je (rester) à la maison et je (réviser).

g Hier, elle (aller) au centre sportif et elle (faire) du patin à roulettes.

Le saviez-vous?

*   95% des foyers sont équipés d'au moins un téléviseur couleur.
*   37% disposent de plusieurs postes.
*   69% des foyers disposent d'un magnétoscope.
*   L'internet a fait son apparition en France en 1996.
*   Il y a maintenant plus de 3 millions d'internautes en France.

Progression

1 Le snowboard

a **Le snowboard est un sport qui a de plus en plus d'adeptes. Serge Cornillat fait du snowboard en compétition. Ecoutez son interview et remplissez les blancs.**

Journaliste: Alors, Serge, que penses-tu de ta dernière saison?

Serge: Je pense que c'etait une bonne saison. Elle … bien … (1) … : bonne neige, forme super. Malheureusement à l'Alpe d'Huez j' … (2) … notre ennemie principale, l'avalanche. J'étais en super forme, mais l'accident .. tout … (3) … Ça m' … (4) … prendre du recul et m' … (5) … de pratiquer de nouveaux sports comme la natation et le VTT.

Journaliste: Penses-tu participer à nouveau aux compétitions de Freeride? Quelle est ton attitude face aux risques?

Serge: Je ne sais pas encore. J' … toujours … (6) … une belle et grosse montagne avec une pente bien raide et de la bonne neige pour les sauts.

Journaliste: Cet hiver, dans le massif du Mont-Blanc, il y … (7) … pas mal d'accidents?

Serge: A plusieurs reprises, j' … vraiment … (8) … peur. Mais je … (9) … Personne n'est à l'abri. Même les meilleurs … (10) … au moins une fois dans leur vie. La peur n'est pas mauvaise en soi, mais si on a trop peur il vaut mieux changer de sport.

Glossaire

Freeride	off-piste
être à l'abri	to be safe
en soi	in itself

b **Comment dit-on en français?**

Exemple: 1 Que penses-tu de … ?

1 What do you think of … ?
2 It made me stand back.
3 to take part in
4 a steep slope
5 several times
6 It is better to change.

Stratégie

When you look up a verb in the dictionary, you need to ask yourself certain questions.

For example, is it a verb? If it is:

a Is it transitive (vt)? e.g. followed by a direct object (no '**à**' between the verb and the object).

Exemple: **regarder la télé.**

b Is it intransitive (vi)? followed by an indirect object ('**à**' between the verb and the object).

Exemple: **parler à quelqu'un.**

c Is it reflexive (vpr): **se passer.**

Exemple: **passer**

1 **Passer** (with **être** in the perfect tense): to pass, go or come past.

Exemple: **Je suis passé la chercher.**

2 **Passer**: vt (with **avoir** in the perfect tense):
(a) **rivière, frontière**: to cross.

Exemple: **Il a passé la frontière la semaine dernière.**

(b) **examen**: to sit.

Exemple: **Elle a passé le bac l'année dernière.**

2 Et maintenant à vous

Entraînez-vous à utiliser un dictionnaire en remplissant les blancs dans les phrases suivantes.

1 Last year she spent three weeks in France.
2 They went through customs.
3 The accident happened on a ski slope.
4 The snowboarder took too many risks.
5 He took part in his first competition.
6 She took up snowboarding.
7 He did not take 10 minutes to go down.
8 They did not take him skiing.

L'année dernière elle … … trois semaines en France.
Ils … … à la douane.
L'accident … … sur une piste.
Le snowboarder a … trop de risques.
Il a … … à sa première compétition.
Elle s'est … au surf des neiges.
Il n'a pas … 10 minutes pour descendre.
Ils ne l'ont pas … skier.

3 Les sports de glisse

a En France, les sports de glisse comme le snowboard sont de plus en plus à la mode. Lisez le texte suivant «La glisse du XXIᵉ siècle» et trouvez dans le texte les expressions qui veulent dire:

1 les gens de la montagne ont refusé
2 une civilisation de citadin avec eux
3 ils ont commencé une lutte semblable
4 nous sommes allés

Snow boarding, freeride, skwal, half-pipe … . La révolution du sport d'hiver a commencé. A l'origine, il y a eu le snowboard, petite planche plébiscitée par les jeunes mais que les montagnards n'ont pas accepté tout de suite. Ils se sont sentis menacés par le succès de ce nouveau sport. Les snowboarders ont été accusés de pervertir la pure notion de glisse. Il faut dire qu'ils sont arrivés dans les alpages avec leur culture urbaine sous le bras. Malgré cela, la cohabitation n'a pas mis longtemps à s'installer. Skateurs, rappeurs et snowboarders ont entrepris le même combat. On est passé de l'ère de la performance à celle des sensations. En inventant le snowboard, les jeunes ont poussé les fabriquants à inventer de nouvelles glisses comme le skwal. Les jeunes savent ce qu'ils veulent et les stations de sports d'hiver n'ont pas tardé à écouter les désirs de ces citadins. Confrontées à cette révolution démographique et sociale, les stations se sont mises à satisfaire ces 35% de 15–35 ans qui plébiscitent les sports de glisse en général. En fait, on a transposé un peu la ville à la montagne. Le plaisir immédiat, de grosses sensations mais de petits risques, c'est ce que recherchent les jeunes.

Glossaire

les sports de glisse	sports which involve sliding or gliding (skiing, surfing …)
skwal	similar to snowboarding, but the feet are placed one behind the other
half-pipe	slope
plébisciter	to ask
les alpages	high mountain

b Reliez chaque question à sa réponse:

Exemple: 1   c

1 Qu'est-ce que c'est?
2 Qu'est-ce qui est venu s'installer à la montagne?
3 Pourquoi est-ce que les montagnards n'ont pas accepté le snowboard tout de suite?
4 Qu'est-ce qui a commencé?
5 Les stations, qu'ont-elles écouté?
6 Qu'est-ce qui a obligé les fabriquants à faire autre chose que des skis?

a Ce sont les jeunes.
b La révolution des sports d'hiver a commencé.
c C'est une petite planche.
d Parce qu'ils se sont sentis menacés par ce sport.
e Elles ont écouté les désirs des snowboarders.
f La ville.

Grammaire

The perfect tense in the negative

In the previous text some of the verbs are used in the negative.

– **Les montagnards n'ont pas accepté:**
  The people living in the mountain did not accept
– **Les stations de ski n'ont pas tardé …**
  The ski resorts were not long …

In the perfect tense the negative 'ne … pas' is placed around the auxiliary verb, e.g. the part of **avoir** or **être**.

Other negatives – **ne** + **jamais**, **ne** + **rien** – follow the same model. But be careful as **ne** + **personne** is not placed around the auxiliary. **Personne** is placed after the past participle.

Je n'ai rien vu: I did not see anything but **Je n'ai vu personne:** I did not see anybody.

Exercice 1
Mettez ces phrases à la forme négative. Utilisez le mot entre parenthèses:

Exemple: J'ai regardé la télévision. (pas)
Réponse: Je n'ai pas regardé la télévision.

a Je suis allé à la piscine. (pas)
b Elle a skié. (jamais)
c Ils ont vu tout Paris. (rien)
d Tu es resté chez toi. (pas)
e Nous avons tout pris. (rien)
f Elles ont passé d'excellentes vacances. (pas)

4 Quel loisir?

Posez des questions à votre partenaire. Puis changez de rôle.

Partenaire A
Qu'est-ce que tu as fait le week-end dernier?

Quand as-tu commencé le ski?

As-tu essayé le surf des neiges?

Avec qui es-tu allé skier?

Et tu es rentré à quelle heure?

Tu as passé une bonne journée?

Partenaire B
Je suis allé(e) skier.

J'ai commencé il y a trois ans.

Non, je n'ai jamais essayé.

Avec un copain.

A cinq heures et demie.

Oui, super.

Grammaire

The perfect tense in questions

There are three ways of forming questions:

1 Familiar (mainly used in speech and with the '**tu**' form):
No inversion (the order of the words is the same as in statements):
Tu as essayé le surf des neiges? Have you tried snowboarding?

2 Normal conversation (spoken and written)
Use '**est-ce que**' on the front of statements.
Est-ce que tu as essayé le surf des neiges? Have you tried snowboarding?

3 Formal conversation: (mainly used in writing)
Inversion of the subject/verb.
As-tu essayé le surf des neiges?

4 Other interrogatives (question words) which go at the start of the sentence: **qu'est-ce que/qui, quel/lequel, pourquoi, où, quand, comment, combien** …
Qu'est-ce que les gens de la montagne ont reproché aux snowboarders?
What did people in the mountain have against snowboarders?
Quels ont été leurs sentiments?
What were their feelings?

Grammaire

Exercice 1
Réécrivez ces questions en utilisant le style formel.

a Pourquoi est-ce que tu as choisi de faire partie d'une équipe?

b Tu as toujours préféré le ski?

c Comment est-ce que tu es tombé?

d Qu'est-ce que vous avez trouvé de bien?

e Vous avez su nager à quel âge?

f Il a aimé?

Exercice 2
Remplissez les blancs avec un des mots entre parenthèses.

Stéphanie:	… (1) … a changé dans les stations de ski? (Qu'est-ce que / Qu'est-ce qui)
Christophe:	Les pratiques de glisse ont beaucoup évolué et surtout se sont multipliées.
Stéphanie:	Le ski, … (2)… mort face à la révolution du snowboard? (il est / est-il)
Christophe:	Le snowboard a pas mal fait bouger les choses mais le ski n'est pas mort. Il a retrouvé une certaine jeunesse. Le snowboard n'a pas remplacé le ski.
Stéphanie:	… (3) … est l'attrait du snowboard? (Lequel / quel)
Christophe:	C'est moins monotone.
Stéphanie:	… (4) … est-ce que vous avez abandonné le ski? (Pourquoi / lequel)
Christophe:	J'ai toujours préféré les sensations fortes.
Stéphanie:	… (5) … de ces deux sports a le plus de licenciés? (Lequel / quel)
Christophe:	C'est quand même le ski.

5 Un autre sport de glisse: le roller

Pour le sport, la balade, ou même pour aller au boulot, des centaines de milliers de Français chaussent les patins «en ligne».

a Regroupez ces mots par groupes de deux synonymes. Comparez avec votre partenaire et vérifiez dans le dictionnaire si nécessaire:

Exemple: 1   b

1 bondissant	**a** se rendre à
2 partisan	**b** sautant
3 aller	**c** maintenir
4 pratiquer	**d** pratique
5 participants	**e** promenade
6 bahut	**f** exercer
7 voir le jour	**g** adepte
8 entraînement	**h** forme
9 assister à	**i** lycée
10 entretenir	**j** concurrents
11 ligne	**k** être présent à
12 randonnée	**l** naître

Emmanuel Barre nous parle de sa vie en roller!

Moi, j'habite à Paris et j'ai découvert les rollers comme beaucoup de Parisiens grâce aux grèves. Je me souviens qu'un jour, coincé dans ma voiture, j'ai regardé avec envie ces patineurs d'un nouveau genre glissant d'un trottoir à l'autre. Pour eux, les embouteillages, pas de problèmes!

Je suis un adepte des sport de glisse depuis une bonne dizaine d'années, mais avec les rollers c'est autre chose. Avec les rollers «en ligne» on peut se balader entre amis, se faire peur en sautant à trois mètres de hauteur, jouer au hockey des rues, entretenir sa ligne ou occuper son petit frère le mercredi après-midi ... . Quant à mes copains, beaucoup ont adopté les rollers pour se rendre au bahut, et beaucoup de citadins se sont mis au roller sans long entraînement.

En septembre, je suis allé à Rennes où a eu lieu comme chaque année un grand rassemblement. Il y avait 3 500 participants. Nous avons pris part à une grande randonnée et nous avons assisté aux démonstrations des meilleurs spécialistes.

Mon père a un magasin de sport et il dit que les ventes ne cessent d'augmenter. Les temps changent et plusieurs espèces de rollermaniaques ont vu le jour. La plus nombreuse est constituée de ceux qui pratiquent le «fitness» au quotidien, bref qui s'occupent de leur corps en partant au boulot sans avoir à s'enfermer dans une salle de gymnastique.

b Quelles sont les questions à ces réponses?

Exemple: Emmanuel habite à Paris.
Réponse: *Où habite Emmanuel?*

1   Il a découvert les rollers parce qu'il y avait des grèves.
2   Il a regardé les rollers avec envie.
3   Les copains d'Emmanuel ont choisi les rollers pour aller au collège.
4   Emmanuel est allé à Rennes.
5   Il a participé à une randonnée.
6   Emmanuel et ses copains ont vu les meilleurs spécialistes.

c Vous êtes rédacteur du magazine de votre école et on vous a demandé d'interviewer un roller. En vous inspirant de votre travail précédent sur la forme interrogative vous rédigerez l'interview d'un roller sur une compétition récente.

Mots interrogatifs à utiliser:
Qu'est-ce que? Quand? Qui (avec)? Où? Quel/lequel? Comment?

Vous pouvez commencer ainsi:
Journaliste: J'ai posé quelques questions à un rollermaniaque sur son sport préféré et sur la compétition qu'il a remportée la semaine dernière.

Grammaire

The present participle

1   The present participle (which often corresponds to the English 'ing' on the end of a verb) is used:
   – on its own to convey the idea of 'because' or 'since'
   – after the preposition **en** to express 'in/by/whilst doing something'

   Example: **Il s'est blessé en faisant du roller.**
   He injured himself whilst rollerskating.

2   To form the present participle, take the **nous** form of the present tense, remove -**ons** and add -**ant**:

   Example: **faire   fais<u>ons</u>   fais<u>ant</u>**

3   Exceptions: **avoir   ayant**
   être   étant
   savoir   sachant

6 Quelle sorte de sportif/ve êtes-vous?

a **Lisez le quiz ci-dessous et selectionnez vos réponses:**

1 Pendant les vacances comment avez-vous entretenu votre forme?
   a Je l'ai entretenue en faisant 10 km à pied par jour.
   b J'ai essayé de faire au moins 15 minutes de gym par jour.
   c Je n'ai rien fait.

2 Avez-vous regardé la télé?
   a Je l'ai regardée cinq heures par jour.
   b J'ai préféré entretenir ma forme que de regarder la télé.
   c Je l'ai regardée avec modération.

3 As-tu déjà essayé les sports de glisse?
   a Je n'ai pas l'intention d'essayer.
   b Je les ai essayés il y a deux ou trois ans.
   c L'occasion ne s'est pas présentée.

4 Les cours de gym à huit heures du matin:
   a Je les ai suivis régulièrement.
   b Vous plaisantez!
   c A cette heure-là, je dors. J'ai préféré y aller le soir.

5 Comment avez-vous trouvé la piscine?
   a Je l'ai trouvée super pour m'entraîner.
   b J'y ai passé la plupart du temps sur une chaise longue.
   c J'ai horreur de l'eau.
   d Il n'y avait pas de piscine dans ce village.

6 Vous vous êtes baigné(e) de préférence:
   a dans un lac.
   b à la mer.
   c à la piscine.

7 Vous vous êtes reposé(e)
   a rarement.
   b une heure par jour.
   c tous les après-midi.

b **Traduisez les expressions suivantes le plus vite possible à l'aide du quiz ci-dessous:**
1 I did not do anything.   4 I found it.
2 I watched it.   5 You had a swim.
3 It did not occur.   6 You rested.

c **Ecoutez les commentaires que Patrice a faits sur les questions du quiz. D'après vous quelles ont été ses réponses?**

Exemple: 1 c

Grammaire

Reflexive verbs in the perfect tense
To form a reflexive in the perfect tense, you take a pronoun (**me, te, se, nous, vous, se**) + present tense of **être** + the past participle.

je me suis reposé(e)   I rested
tu t'es reposé(e)
il / elle / on s'est reposé(e)
nous nous sommes reposé(e)s
vous vous êtes reposé(e)(s)
ils / elles se sont reposé(e)s

The perfect infinitive:
Formation: **avoir** or **être** + past participle

Examples:
avoir regardé: having looked
être resté(e)(s):   having stayed
s'être levé(e)(s):   having got up

Usage: **Elle est tombée après s'être blessée.** She fell after getting hurt.

Exercice 1
Traduisez les verbes suivants au passé composé.

Exemple: 1 *je me suis levé(e)*

1 I got up
2 you (singular) swam
3 he went for a walk
4 she enjoyed herself
5 we rested
6 you (plural) went to bed
7 they (masculine) stopped
8 they (feminine) started

Exercice 2
Réécrivez le texte suivant en mettant les verbes qui sont au présent au passé composé.

Exemple: Dimanche dernier, je me suis levé(e) vers huit heures.

Le dimanche, je me réveille vers huit heures et je me lève tout de suite parce que je m'occupe des animaux de mon voisin. Je me douche et je m'habille aussi vite que possible. Je me prépare un petit déjeuner copieux et je me rends chez mon voisin pour soigner ses animaux. Ensuite, je reviens chez moi et avec mon frère, nous nous préparons pour aller au centre d'équitation. Là-bas, on s'éclate: on s'y amuse toujours. L'après-midi, on se repose et on se promène en famille dans la forêt. Le soir, nous nous couchons assez tôt et nous nous endormons rapidement.

7 Le VTT

Si les sports de glisse sont très en vogue, le VTT est, lui aussi, un sport qui monte.

a Lisez la lettre d'Adrien à son correspondant. Avant de commencer cherchez le sens en anglais des mots soulignés.

> Salut,
>
> Cet été, je suis allé dans les Alpes pour ma première, et sans doute dernière expérience en VTT. <u>La veille</u> de la randonnée, nous nous sommes rendus sur les lieux pour reconnaître <u>le parcours</u>. Et enfin, le jour <u>tant</u> attendu est arrivé! Nous nous sommes levés de très bonne heure et après avoir pris un petit déjeuner très copieux, nous nous sommes mis en route. Le VTT est un sport assez dur, je le savais, et je n'ai pas été déçu! C'était un parcours difficile avec beaucoup de <u>montées</u> et de <u>pentes</u> raides. Au début, ce n'était pas trop difficile et je me suis bien amusé. Mais malheureusement, après une dizaine de kilomètres, j'ai <u>dérapé</u> sur une pierre et j'ai perdu l'équilibre. Je suis tombé très lourdement et je me suis cassé le bras. J'ai fini à l'hôpital où on m'a <u>plâtré</u> le bras. Ensuite, je suis rentré chez moi et je me suis couché car j'étais épuisé. Quelle fin de vacances!
>
> Amitiés
> Adrien

b Ecrivez les six verbes pronominaux du texte et donnez leur infinitif.

Exemple: nous nous sommes rendus → se rendre.

c Vrai ou faux? Corrigez les phrases fausses.

Exemple: Adrien est allé dans les Pyrénées. Faux.
Il est allé dans les Alpes.

1 Adrien est parti en vacances au printemps.
2 Il s'est rendu sur les lieux pour voir son ami.
3 Adrien s'est levé tard.
4 Le matin, il a beaucoup mangé.
5 Il s'est amusé à la fin de la journée.
6 Il s'est cassé la jambe.

8 Expériences de VTT

a Ecoutez les interviews de Cédric et de Laurent et remplissez les blancs:

Journaliste:	Il y a un peu partout en France des clubs de … (1) … et, tous les dimanches, les … (2) … de ce sport se retrouvent et partent en … (3) … J'ai rencontré deux fanas de ce sport et ils m'ont raconté leur week-end. Tout d'abord Cédric.
Cédric:	Ce week-end je suis parti faire une … (4) … en Bourgogne. J'ai choisi le … (5) … de 156 km. Je … (6) … avec mon club. Nous avons loué une camionnette et nous avons installé les … (7) … derrière. L'avantage de faire parti d'un club c'est qu'on fait du … (8) … Par exemple ce week-end, j'ai découvert la source de la Seine. Nous sommes arrivés à Dijon, où nous avons consulté nos cartes de route pour l' … (9) … du lendemain. J'ai beaucoup aimé cette … (10) … : facile au début, parcours exigeant dans l'ensemble, mais qui n'a pas demandé trop d'endurance.
Journaliste:	Laurent, tu as passé un week-end intéressant, je crois?
Laurent:	Oui, moi, je me suis rendu dans le massif de l'Esterel. Malheureusement cette … (11) … a failli tourner au drame. L'organisateur n'avait pas reconnu le … (12) … C'était beaucoup trop difficile: dénivelé trop important, trop de difficultés techniques, descentes incroyables, et pentes trop raides. Résultat: on a dû porter les … (13) … sur l'épaule. C'est ça aussi … (14) … : il faut reconnaître le parcours. Certains sentiers sont plus faits pour la randonnée pédestre que … (15) … Donc notre endurance a été mise à rude épreuve, mais les 10 km de descente à la fin ont permis à tout le monde de ne pas mettre en vente … (16) … !

Glossaire	
terrain facile	easy ground
l'endurance	stamina
un dénivelé	difference in height
pédestre	hike

b Réécoutez ces interviews et trouvez des expressions synonymes:

Interview 1	Interview 2
se rejoignent	je suis allé
ils ont fait le récit	elle a presque
j'ai donné mon nom	elle a été éprouvée
nous avons mis	
des fanatiques	
difficile	
résistance	

c Ecrivez un résumé du week-end de Cédric et un résumé du week-end de Laurent.

Exemple: **Le week-end dernier, Cédric s'est rendu en Bourgogne pour faire du VTT ...**

Stratégie

When checking your written work make sure you have checked the following:
* Verb endings
* The agreements of past participles and adjectives
* After a verb, always use the infinitive of a verb (exceptions: **avoir** and **être**)
* After a preposition (**à**, **de**, **pour** ...), always use the infinitive of a verb
* Genders.

9 Le dopage

Le sport, oui ... mais ... De nombreuses personnes utilisent le sport comme un moyen de relaxation, de détente, alors que d'autres veulent améliorer leurs performances et pour cela se dopent. Le dopage a defrayé la chronique lors du Tour de France cycliste. Le rugby et le judo ont suivi.

a Avant de lire les textes qui suivent faites correspondre 1–10 et leurs synonymes a–j

Exemple: 1   j

1	nocif	**a**	tromperie
2	sain	**b**	journalier
3	dopé	**c**	responsable
4	tricherie	**d**	exploit
5	quotidien	**e**	guérisseur
6	subir	**f**	en bonne santé
7	dirigeant	**g**	passer
8	soigneur	**h**	record
9	prouesse	**i**	drogué
10	performance	**j**	dangereux

a **Sébastien Lévicq: N.1 du décathlon français**

C'est fou ce que les gens sont capables de faire pour avoir un peu de gloire. Tout le monde sait maintenant à quel point les produits dopants sont nocifs et pourtant certains prennent toujours cette voie dangereuse pour améliorer leurs performances.

Je crois que pour avoir un corps sain, il faut avoir des sanctions exemplaires et lourdes. On devrait retirer les médailles à tous sportifs reconnus dopés. Le sport doit garder une image saine et non de tricherie.

En quatre ans d'entraînement bi-quotidien à l'INSEP je n'ai jamais subi de contrôle inopiné. Il n'y a que dans les compétitions importantes qu'on m'a fait des tests ...

b **David Douillet, judoka français**

Le dopage c'est comme la drogue. La drogue est une tricherie face à la dureté de la vie. Le dopage est une tricherie face à la concurrence sportive.

c **Susan O Neill, nageuse australienne**

Les Chinoises trichent; elles n'ont plus rien d'humain. Ce sont des machines. Cette affaire est trop grave. Il ne faut plus se taire!

d **Patrick Cluzaud, responsable de la Fédération française de cyclisme**

Il faut sensibiliser les gens sans pour autant croire aux miracles. Il faut informer les jeunes en particulier des dangers du dopage, les rendre conscients des risques qu'ils courent.

e **Jacques Piasenta, entraîneur national d'athlétisme**

Je ne crois pas aux simples menaces sur la santé comme action de prévention du dopage. Mais je pense que l'on peut trouver les mots ou expliquer les risques encourus et les prévenir. Car il existe des entraîneurs, des dirigeants, des parents ou des soigneurs qui puisent dans la pharmacie pour que les sportifs réalisent des prouesses. Mais ces personnes n'assument pas les effets secondaires.

b **Quel texte parle:**
   1 de sportives asiatiques?
   2 de mieux informer les sportifs?
   3 d'avoir de meilleurs résultats?
   4 des inconvénients de prendre des stimulants?
   5 des solutions à ce problème?

c **Relisez les textes ci-dessus et répondez aux questions suivantes:**
   a Pourquoi est-ce que certains sportifs se dopent?
   b Citez des mesures à prendre pour lutter contre le dopage.
   c Sébastien a-t-il déjà passé beaucoup d'examens?
   d Pourquoi est-ce que le dopage est comparé à la drogue?
   e Comment peut-on informer les jeunes?

10 Le dopage (suite)

a **Ecoutez les extraits suivants et notez les expressions qui pourront vous être utiles pour parler du dopage.**

Exemple: le contrôle anti-dopage.

Glossaire	
le fossé	the gap
s'accroître	to increase
grâce à	thanks to
enlever	to take away
un enjeu	stake

b **Répondez aux questions à choix multiples:**

Exemple: 1 *a*

1 La première personne pense que le dopage:
   a existe dans toutes les disciplines.
   b n'existe que dans le cyclisme.

2 Il dit que:
   a le dopage rend les performances passionnantes.
   b le dopage permet de réaliser de meilleures performances.

3 Il n'est pas contre le dopage:
   a si le spectacle est meilleur.
   b si le spectacle est ennuyeux.

4 Il déclare que:
   a le public ne veut pas s'ennuyer.
   b le public ne veut pas de dopage.

5 La deuxième personne croit que:
   a le dopage n'enlève rien aux performances.
   b le dopage est la cause des contre-performances.

6 La troisième personne est:
   a contre le dopage.
   b tout à fait pour.

7 Il déclare que:
   a le public veut du spectacle à tout prix.
   b le public veut du spectacle sans produits illicites.

11 Le sport est-il pourri?

Préparez un exposé de trois minutes sur ce thème. Servez-vous des idées et du vocabulaire.
Pensez-vous que certains sports sont à l'abri du dopage?
   le judo, la natation, le cyclisme
   dans toutes les disciplines.
   tous les sports sont touchés.

Que vous inspirent les sportifs dopés qui se disent victimes d'un système, de la recherche de l'exploit ou d'un devoir de réussite?
   je pense que / je crois que
   A mon avis / selon moi …
   Mon opinion est que …
   Il me semble que …
   je les plains
   la honte

Peut-on tolérer le dopage pour garantir le spectacle?
   meilleures performances
   passionnant
   gagner de l'argent
   le spectacle
   le problème des sportifs
   rien à dire
   condamner
   inadmissible

Le dopage et ses records truqués ont-ils tué le sport?
   plus de sport
   pas moral
   tricher
   mauvais exemple pour les jeunes

12 Le Tour de France

a **Les extraits ci-dessous constituent un article de journal sur le Tour de France et le dopage. Malheureusement, ils sont dans le désordre. Pouvez-vous les remettre dans l'ordre?**

Quelle section:
– introduit le texte?
– introduit une idée?
– développe une idée?
– donne un exemple?
– conclut le texte?

A Cette affaire a frappé de plein fouet l'une des équipes favorites de l'épreuve qui est considérée depuis quelque temps comme la meilleure formation du monde. Créée voilà cinq ans, elle est réputée pour son professionnalisme. Lundi matin, au départ de la deuxième étape, ses coureurs semblaient très affectés par l'ampleur de ce qu'il convient d'appeler, désormais, l'affaire Festina.

B Tout a commencé le mercredi 8 juillet lorsqu'il a embarqué sur un ferry en direction de France. Les douaniers, renseignés sur son itinéraire et le contenu de son véhicule, l'ont arrêté. En inspectant le coffre, ils ont trouvé toutes sortes de produits pour améliorer les performances.

C Malheureusement, cette année, le dopage est venu ternir cette épreuve.

D Le tour de France est un des évènements sportifs les plus suivis et la course cycliste la plus prestigieuse du monde. Tous les ans au mois de juillet, et pendant trois semaines, les meilleurs cyclistes du monde s'affrontent sur les routes de France.

E Malgré la joie et le sourire des vainqueurs et malgré la ferveur des habitants qui accueillent le Tour de France, cette édition de la Grande Boucle a débuté d'une bien étrange manière. En effet, un soigneur de l'équipe Festina a été mis en examen et incarcéré à la prison de Loos dans la banlieue de Lille.

Glossaire

s'affronter	to compete
ternir	to tarnish
La Grande Boucle	another name for the Tour de France
incarcéré	to imprison
désormais	from now on

b **Reliez les débuts et les fins de phrases suivants:**

1 Chaque année, les meilleurs cyclistes du monde viennent
2 Cette année, le Tour a
3 Un soigneur a été
4 Les coureurs d'une des meilleures équipes du monde sont tous

a impliqués dans cette affaire.
b arrêté en possession de stupéfiants.
c commencé de façon bizarre.
d parcourir environ 4 000 kilomètres.

c **Lequel de ces extraits mentionne:**

Exemple: 1 b (le 8 juillet)

1 une date?
2 deux mois? (deux extraits)
3 le nom d'une équipe? (deux extraits)
4 la partie d'un véhicule?
5 une ville?

13 Nos lecteurs nous écrivent

Lisez cette lettre parue dans le journal *Le Dauphiné Libéré*, et faites les exercices qui suivent. Cherchez tous les mots que vous ne connaissez pas dans un dictionnaire.

Le rédacteur en chef
Le Dauphiné Libéré

Monsieur,

Je viens de lire l'article sur le Tour de France paru dans votre journal. Sachez que je suis un fervent supporter du Tour de France et j'estime que c'est mon devoir de m'exprimer à ce sujet.

Personnellement, je pense que le Tour est le plus grand évènement sportif. Il est vrai que les coureurs cyclistes se sont toujours dopés, mais j'ai l'impression qu'avec les progrès scientifiques le dopage <<s'est amélioré>>. Mais on doit quand-même se rendre compte d'une chose: il est impossible de faire suivre un traitement à l'insu de l'athlète. L'athlète est donc tout à fait d'accord pour recevoir injections et autre traitement.

En voulant progresser, le sportif atteint un niveau où sans l'aide de médicaments il ne pourra pas progresser. Mais à quel prix? Mesurent-ils vraiment les conséquences de la consommation de ces produits dopants sur leur santé?

Par ailleurs, il existe une pression trop grande due à une volonté d'être le meilleur, une passion aveuglante encouragée par les sponsors et autres personnages alimentant le porte-monnaie du sportif. Je crois qu'il est nécessaire de faire comprendre aux sportifs et à ceux qui travaillent avec eux le véritable but du sport: se faire plaisir, vivre sa passion. Se doper, c'est devenir l'esclave de sa passion.

Je vous prie, Monsieur, d'agréer l'expression de mes sentiments distingués.

A. Amar

a **Trouvez l'expression qui veut dire:**
1 je considère que
2 quant à moi
3 d'en parler
4 il me semble
5 il faut prendre conscience

b **Trouvez le nom correspondant à ces verbes:**

Exemple: lire → la lecture

lire estimer exprimer penser améliorer progresser encourager

Trouvez le verbe correspondant à ces noms:
Exemple: **un coureur → courir**
un coureur   un traitement   une injection
la consommation   la passion   un sponsor

c **Choisissez les phrases ci-dessous qui décrivent les opinions de Monsieur Amar:**
1 Il pense qu'il doit faire connaître ses opinions.
2 Heureusement que le dopage est là.
3 Il pense qu'on doit informer les sportifs.
4 Il pense que les sportifs devraient avoir le choix de se doper ou non.
5 Les sportifs qui se dopent sont passionnés.

d **En vous inspirant de cette lettre et de votre travail sur le dopage, écrivez une lettre au *Dauphiné Libéré* dans laquelle vous donnerez vos opinions sur le dopage.**

Dissertation
Titre: Est-il possible de se passer du dopage, tricherie du monde moderne?

Paragraphe 1	Introduction? (50 mots) Qu'est-ce que le dopage? Qui se dope? Exemple.	les athlètes, les produits illicites, se doper
Paragraphe 2	Développement? (75 mots) Raisons pour lesquelles les sportifs se dopent et ce que vous en pensez.	les performances, l'argent, le spectacle je pense / trouve / estime que… je suis d'accord / ne suis pas d'accord personnellement / quant à moi
Paragraphe 3	Inconvénients/effets sur la santé (75 mots)	il me semble que … il est vrai que je suis sûr(e) / certain(e) que
Paragraphe 4	Conclusion (50 mots) Le dopage vaut-il la peine?	Le dopage vaut / ne vaut pas la peine. A mon avis … / d'après moi … / selon les statistiques

Révision

1 Les sports aquatiques

On a beaucoup parlé des sports de glisse mais certains sports aquatiques ont aussi la cote auprès des jeunes.

a   Lisez ces trois extraits de lettres publiés par un magazine français.

b   Fournissez les questions aux réponses suivantes:
1   Virginie s'est rendue dans les Hautes-Alpes.   (2)
2   Elle a essayé la nage en eau vive.   (2)
3   Son équipement l'a fait ressembler à une tortue.   (2)
4   Ce qu'elle a fait une fois équipée.   (2)
5   Marc a fait du canyoning.   (2)
6   Il est descendu attaché à une corde.   (2)
7   Il a aimé l'atmosphère, les sauts et les toboggans.   (2)
8   Il a eu peur.   (2)
9   Frédéric a préféré l'esprit d'équipe.   (2)

Total: 18 points

2 Mon sport préféré

Ecrivez un paragraphe similaire aux extraits de lettres précédents: vous parlerez d'un sport que vous avez pratiqué pendant les vacances, pourquoi vous l'avez aimé ou pas. Vous pouvez inventer.

Total 12 points

3 Travail de recherche

Comme vous l'avez vu dans les pages précédentes, il y a de nouveaux sports qui font fureur: le surf des neiges, le roller, la nage en eau vive ou encore le canyoning.

a   Renseignez-vous sur ces nouveaux sports à l'aide de l'Internet par exemple.

b   Choisissez un de ces sports ou un sport de votre choix et préparez-vous à en parler devant la classe.
– équipement nécessaire?
– qualités requises
– en quoi ça consiste

Pendant les dernières vacances je suis allée dans les Hautes-Alpes pour faire de la nage en eau vive. Le centre nous a prêté l'équipement: un casque, une combinaison renforcée verte, un gilet de sauvetage orange et des palmes. Nous avions l'air de vraies tortues ninjas. Une fois équipés nous nous sommes jetés à l'eau et nous avons descendu la rivière, enfin le torrent, sur le ventre! Nous l'avons descendue en essayant d'éviter les rochers! C'est un sport qui m'a tout de suite séduite: expérience passionante.

Virginie

Moi, je suis allé dans les Alpes-Maritimes, où j'ai fait la descente de canyon. J'aime le risque et j'ai été servi. Quel bonheur de rester suspendu à une corde sous le regard de vos amis! Rien que pour l'ambiance, les sauts, et les toboggans dans les petits bassins, ça vaut le coup de se lancer! Mais il faut bien le dire, j'ai quand même eu un peu peur.

Marc

Il y a longtemps que je voulais essayer le rafting et lorsque l'occasion s'est présentée, j'ai sauté dessus. Ce que j'ai préféré dans ce sport c'est l'esprit d'équipe et la convivialité. Nous sommes donc partis, les intrépides à l'avant, les plus relax au milieu et les plus techniques à l'arrière. Le rafting nous a permis de vivre les émotions de la descente de rivière!

Frédéric

4 Stop dopage! 🔊

a Flash d'actualité
Ecoutez ce flash, puis remplissez les cases avec les détails nécessaires.

(15 points)

1	Ce qui s'est passé	(2)
2	L'âge de la personne	(1)
3	Lieu	(1)
4	Heure	(1)
5	Causes de la mort	(4)
6	Santé passée	(4)
7	Santé présente	(2)

b Lisez le texte suivant.

c Pour le dernier paragraphe, choisissez dans la liste qui suit les mots qui donnent le mieux le sens de ceux qui manquent dans le texte.

a	mettre fin	**b**	loi	**c**	affaires
d	dopage	**e**	affaire	**f**	unir
g	finir	**h**	obligé	**i**	demandé
j	sportifs	**k**	cyclisme	**l**	sportives
m	solutions	**n**	mesures	**o**	drogue

(7 points)

d Répondez en français aux questions suivantes, en utilisant le plus possible vos propres mots.
1 En général, pourquoi est-ce que les médecins prescrivent-ils le Nandrolone? *(2 points)*
2 Pourquoi certains athlètes utilisent-ils le Nandrolone? *(4 points)*
3 Quels sont les effets de ce médicament sur les sportifs? *(5 points)*
4 Quelle solution est suggérée par les scientifiques pour lutter contre la fraude? *(2 points)*

(13 points)

Total: 20 points

Le dopage mis en cause ...

Six sportifs de haut niveau viennent d'être impliqués lors d'un contrôle anti-dopage. D'après les spécialistes, le dopage devient de plus en plus courant.

En l'espace de quelques jours, six sportifs (deux footballeurs, un judoka et un coureur cycliste) ont avoué qu'ils s'était dopé au Nandrolone. On utilise, en principe, ce médicament pour lutter contre le rachitisme. Mais, chez les sportifs, certains symptomes se manifestent: développement de la musculature, disparition des douleurs (en particulier les douleurs articulaires) et récupération plus rapide après l'effort, ce qui permet d'augmenter le nombre des entraînements.

C'est pourquoi le Nandrolone est un produit illicite de même que 181 autres produits interdits par le Comité International Olympique. De manière à faire face à la pression croissante d'un public toujours plus exigeant, des sponsors et des financiers, certains athlètes se servent de ces produits. Les performances du sportif vont s'améliorer. Mais, hélas, il n'y a pas que des avantages. Des maladies telles que le cancer, l'hypertension et des accidents cardiaques ou vasculaires pourront s'ensuivre. Dans des cas extrêmes, une mort prématurée pourra survenir ...

Dans toute compétition sportive, les responsables choisissent au hasard des sportifs qui doivent passer un test: deux flacons d'urine analysés dans l'un des 24 laboratoires reconnus par le CIO. Mais cette technique n'est pas toujours infaillible. Les flacons d'urine sont en effet manipulés à plusieurs reprises et il est impossible d'écarter la fraude. D'autre part, si un athlète se dope, mais que le produit qu'il a utilisé n'est pas sur la liste des 181 produits, il ne court aucun risque. Et pour finir, les spécialistes déclarent que certains médicaments ou autres boissons peuvent donner des tests anti-dopage positifs.

Les scientifiques cherchent une autre solution et pensent qu'il serait peut-être possible d'analyser non plus l'urine des sportifs, mais leurs cheveux. On éviterait, de cette manière, les manipulations. D'autre part, les cheveux gardent leurs substances indéfiniment tandis que l'urine se transforme au bout de quelques jours. Mais on n'en est pas encore là et les avis sont assez partagés.

En dépit de cela, les ... (1) ... qui ont eu lieu récemment ont ... (2) ... les fédérations ... (3) ... à se ... (4) ... aux gouvernements de différents pays afin d'introduire des ... (5) ... infaillibles qui permettront peut-être un jour de ... (6) ... au ... (7) ...

Extra

1 Accros ou pas accros?

Pour se détendre certaines personnes délaissent le sport et se tournent plutôt vers la télévision. De même que l'on peut devenir accros ou dépendant de drogue ou de stimulants, on peut être totalement dépendant de télévision. Ecoutez ces jeunes et faites les exercices qui suivent:

a Qu'est-ce que ces jeunes pensent de la télé? Ont-ils une opinion plutôt positive ou plutôt négative?

b Vous avez entendu certains de ces mots / expressions en écoutant la cassette. Ils sont associés à d'autres mots par leur sens. Trouvez les intrus.

Exemple: snowboard, surf des neiges, planche à voile.
Answer: planche à voile.

1 se passer de télé, ne pas regarder la télé, regarder la télé
2 en panne, en retard, casser
3 se remuer, bouger, s'entraîner
4 faire le tri, sélectionner, faire du triathlon
5 débile, stupide, inintéressant
6 à mon avis, à mon égard, je pense

2 Sondage

Lisez le sondage qu'un magazine a fait récemment auprès de jeunes Français.

Pour beaucoup de gens, la télé, c'est la solution de facilité. Ils allument la télé pour un oui pour un non! Quand ils ne savent pas quoi faire, quand ils sont désœuvrés, ils regardent la télé. Moi, je ne la regarde vraiment que quand il y a quelque chose qui m'intéresse: un bon film de science-fiction, par exemple. Autrement on devient vite une épave.   Bruno

Moi, je pense qu'il y a beaucoup trop de violence à la télé. On voit souvent des gens se tuer et ça peut donner des idées aux enfants et à certains jeunes qui sont plus influençables que d'autres.

Claire

A mon avis, la télé a quand même un rôle éducatif. Mais, encore une fois, il faut savoir faire le tri et regarder justement les émissions qui peuvent apporter quelque chose.

Stéphanie

Certains attribuent les échecs scolaires à la télé. Mais en fait, si les enfants regardent trop la télé et ne réussissent pas en classe, ce n'est pas la faute de la télé mais des parents qui doivent faire preuve de plus d'autorité.   Bastien

a Trouvez le synonyme.

Exemple: 1   b

1 solution   **a** mettre
2 facilité   **b** moyen
3 allumer   **c** insuccès
4 désœuvré   **d** simplicité
5 autrement   **e** inactif
6 échec   **f** sinon

b Vrai ou faux?
1 Selon Bruno, de nombreuses personnes regardent la télé parce qu'elles n'ont rien d'autre à faire.
2 Selon Claire, la télé ne joue aucun rôle dans la montée de la violence.
3 Selon Stéphanie, la télévision joue un rôle éducatif.
4 Bastien pense que la télé est responsable des échecs scolaires.

c Pour ou contre la télévision? En vous servant de votre travail précédent, préparez un exposé. Parlez pendant 3–4 minutes devant la classe. N'oubliez pas d'utiliser des expressions comme:
A mon avis   il est vrai que   on a tendance à croire que
quant à moi, je pense que   cependant   en revanche
par contre   toujours est-il que

Introduction	bonne et mauvaise chose
Pour	rend les jeunes conscients de ce qui se passe dans le monde
	rôle éducatif
	une compagnie pour les vieux et les malades
Contre	empêche de sortir; encourage la passivité
	moins de communication
	moins de vie sociale
	influence néfaste de la violence

3 La violence à la télé

Lisez le texte: «Violence: la faute de la télé».

a Remplissez le tableau ci-dessous.

Noms	Verbes	P. passés
massacre		
fusil		
	déclencher	
comportement		
viol		
	agresser	
		abattu
	percevoir	

b Répondez aux questions suivantes en français:
1. Qu'est-ce qui s'est passé à Nantes?
2. Qui est accusé par le journal?
3. Est-ce que les jeunes réagissent tous de la même façon aux scènes de violence?
4. Quels sont les enfants qui sont le plus victimes et pourquoi?

c Maintenant à vous. Ecrivez un article de journal où vous défendrez la télévision.
Servez-vous des idées et du vocabulaire suivant.

Paragraphe 1   Introduction (50 mots)
Paragraphe 2   Développement (100 mots)
1. Y a-t-il un lien entre la violence et la télévision?
   mauvaise influence
   de plus en plus de violence sur le petit écran
   nuisible à
   certains jeunes influençables
   donner des idées à
   nombreux exemples comme dans le texte
   problèmes dus à la violence
   se tuer à l'écran
2. La télé est-elle la seule responsable?
   pas uniquement la faute de la télévision
   parents responsables
   pas laisser regarder certains films aux enfants
   savoir trier
Paragraphe 3   Conclusion (50 mots)

VIOLENCE: LA FAUTE DE LA TELE

Jeudi 17 octobre, dans le journal *Ouest-France*, un titre s'étale en gros caractères: «Massacre à Nantes, 3 morts, un vrai carnage, comme samedi sur Canal+».

Le dimanche précédent, Alain, un adolescent de 17 ans, a abattu ses parents avec un fusil à canon scié. La veille, le jeune parricide avait regardé, sur Canal +, *Pulp Fiction*, de Quentin Tarantino, «le film qui a peut-être tout déclenché», comme l'écrit le quotidien. La télé, école du crime? Autre exemple: deux gamins, dernièrement, ont fabriqué dans la banlieue de Strasbourg un explosif, après avoir vu un épisode de MacGyver, sur TF1.

Le spectacle de la violence à la télévision influence-t-il le comportement des enfants? Autrement dit, le viol, le sang et les cadavres dont débordent les informations mais aussi les séries américaines et certains dessins animés renforcent-ils leur agressivité? Bref, faut-il bannir du petit écran la violence sous toutes ses formes? Ou faut-il à l'inverse tout montrer?

Le «c'est-la-faute-à-la-télé» est-il un alibi? A la vérité, si les scènes de violence sont les mêmes pour tous, leur perception et l'impact qu'elles provoquent dépendent de la psychologie intime de chaque individu. «Si les tensions sociales ne peuvent être rendues responsables, il semble que la violence médiatisée peut néanmoins accompagner ou accentuer des pathologies collectives ou individuelles. Notamment dans les familles où, exclusion aidant, la télévision est surconsommée, fonctionne comme une référence quasi-unique.»

C'est un danger d'autant plus redoutable s'il s'agit d'enfants: placés devant cette boîte à images qui fait trop souvent office de baby-sitter, les plus jeunes n'ont guère le choix.

Chapitre 3: A l'écoute des médias

Pages	Thèmes	Grammaire	Compétences
42–46 Départ	La télévision: • Les différentes chaînes et les différentes émissions • Loisir principal des Français	Les adjectifs qualicatifs: l'accord et la position Les adjectifs démonstratifs: ce, cet, cette, ces	Etre d'accord ou pas Les descriptions Identifier certains mots à l'écoute Contredire quelqu'un
47–56 Progression	Pour ou contre la télévision? Le rôle de la télé La liberté de la presse La publicité	L'imparfait Passé composé ou imparfait? Le passif	Disculer avec quelqu'un Ecrire une lettre à un correspondant Mener une interview Donner son point de vue Le pour et le contre Rédigez une dissertation
57–58 Révision	Les papparazzis Quel média?		Préparation à l'examen
59–60 Extra	Une célébrité assassinée	Le passif Passé composé ou imparfait?	Résumer un texte Faire une interview

Départ

Le petit écran

1 En famille

a **Ecoutez les membres de cette famille française qui vous parlent de leurs émissions préférées et regardez les images précédentes. Qui parle de quelle image?**

Exemple: *Jean-André a regardé le dessin animé.*

b **Qui a dit?**

Exemple: *Jean-André a prononcé la phrase 3.*
Jean-André préfère Sacha et Lola parce qu'ils le font rire.

1   Les informations sont trop démoralisantes. Moi je préfère les feuilletons.
2   Je suis passionné par tout ce qui touche la nature et j'ai beaucoup aimé ce documentaire.
3   Il y a longtemps que je n'ai pas ri comme ça.
4   Je regarde les informations tous les jours.
5   Avant de partir je voulais m'informer des prévisions météorologiques.

2 Les émissions préférées

Lisez le dialogue suivant et remplacez les mots soulignés par un mot de votre choix. Puis enregistrez-vous avec un(e) partenaire.

Exemple: Qu'as-tu fait <u>le week-end</u> dernier?

Réponse possible: Qu'as-tu fait <u>samedi</u> dernier?

Anne-Marie: Tu as regardé la télé <u>pendant les vacances?</u>
Jean-André: Oui, j'ai rattrapé le temps perdu.
Anne-Marie: Tu l'as <u>beaucoup</u> regardée?
Jean-André: Ouais, <u>pas mal.</u>
Anne-Marie: Ta chaîne préférée, c'est quoi?
Jean-André: Je préfère <u>la Cinq.</u>
Anne-Marie: Et quel genre d'émissions est-ce que tu aimes?
Jean-André: J'aime surtout <u>les dessins animés.</u>
Anne-Marie: Un en particulier?
Jean-André: Oui, <u>Les Simpsons.</u> Le personnage que je <u>préfère</u> c'est <u>Homer.</u> Il est <u>génial.</u>
Anne-Marie: Et quelle sorte de films est-ce que tu aimes?
Jean-André: Les films de <u>science-fiction.</u>

3 La télé, tu aimes?

Jeu de rôles. A deux et en vous inspirant du dialogue précédent, posez-vous des questions et enregistrez-vous. N'oubliez pas d'utiliser les questions suivantes:
– Tu regardes souvent la télé?
– Quand la regardes-tu?
– Quelle est ton émission / ta chaîne favorite? Pourquoi?
– Quel genre de films préfères-tu?
– Tu as un acteur/rice ou un personnage préféré?

4 Sacha

a **Maintenant lisez cette description de Sacha et remplacez chaque numéro par un des adjectifs de la boîte.**

Exemple: 1   moyen

Sacha, c'est le père de famille et c'est le stéréotype du Français … (1) … . Physiquement, il est … (2) … comme un clou. Il est toujours assis devant la télé et c'est sa femme qui fait tout. Il est très … (3) … . Il est … (4) … comme ses pieds et … (5) … à comprendre. Il est si … (6) … qu' on se demande pourquoi ils en ont fait le personnage … (7) … d'une émission de télévision. Mais il nous fait bien rire. Il a une … (8) … famille et son fils … (9) … lui ressemble beaucoup.

> aîné   grande   principal   bête   maigre
> paresseux   lent   moyen   stupide

b **Vérifiez vos réponses à l'aide de la cassette.**

5 La famille

Lisez les descriptions de ces personnages de la famille de Sacha et remplacez les numéros par un des adjectifs situés dans les boîtes.

Exemple: 1 *grosse*

A Lola est très … (1) … : elle fait le double de son mari. Elle est femme au foyer. Elle fait tout: le ménage, la vaisselle, la cuisine, garde le bébé, et finit les journées … (2) …. On la reconnaît facilement grâce à sa coiffure … (3) … et à ses vêtements … (4) … .

| bariolés | épuisée | grosse | extravagante |

B Zizou est … (5) … et il attire l'attention de tout le monde en faisant des pitreries. C'est un … (6) … voyou plutôt qu'un criminel. Il se passionne pour le sport et il est … (7) … pour le skate.

| doué | marrant | petit |

C Fifi a de … (8) … amis et elle est très … (9) … Elle est plus … (10) … que Zizou. En classe, elle a toujours de … (11) … notes. Dans un des épisodes elle remporte le … (12) … prix.

| premier | bonnes | intelligente | nombreux | populaire |

Grammaire

Adjectives

Adjectives are used to describe something or someone.

1 Adjectives agree with the noun they describe.

2 Generally speaking, adjectives follow the noun.

Exemple: une coiffure extravagante.

Some common adjectives (usually one or two syllables) come before the noun:

Exemple: un bon film, une jolie fille, un gros chien. *(See p. 135)*

Exercice 1

Trouvez l'adjectif contraire.

Exemple: Cette actrice est mince →
Cette actrice est grosse.

1 Cette actrice est mince.
2 Ce personnage est très travailleur.
3 Cette émission est récente.
4 Dans le film, elle est triste.
5 C'est la première émission.
6 Lisa a toujours de bonnes notes.
7 Cette série est intéressante.
8 Ces décors sont laids.
9 J'ai rencontré un ancien ami.
10 Dans ce film, toutes les actrices sont jeunes.

Exercice 2

Lisez cette critique de la série américaine *Friends,* qui passe sur France 2, et accordez les adjectifs qui sont entre parenthèses avec le nom qu'ils qualifient.

Exemple: *troisième rang*

Friends se situe au (troisième) rang des audiences (américain). C'est une comédie (sophistiqué) d'épisodes assez (long) qui raconte l'histoire d'amis très (uni), tous (âgé) d'une vingtaine d'années. C'est une série sur l'amitié – car quand quelqu'un est (jeune) et (seul) dans une ville, ses amis sont sa famille. Monica, par exemple, (obsédé) par l'ordre dans sa vie, joue les (petit) chefs. Elle entretient avec sa mère des relations (difficile). Phoebe est sans doute la plus (déconcertant) de toute la bande, mais ses raisonnements (surréaliste) font notre joie.

6 Mary Reilly

a   **Lisez cette critique de film parue dans *Télérama*.**

Mary Reilly: France 3

Histoire de la femme de chambre d'un médecin londonien de la fin du dix-neuvième siècle qui est amoureuse de son maître. Mais le médecin se livre quelquefois à des expériences un peu bizarres. Il a aussi engagé un assistant aux manières brutales et qui ne semble pas très équilibré. A la fin: drame! C'est un drame inattendu et il mettra fin à cette inclination peu naturelle.

Martyrisée par un père ivrogne, Mary Reilly a réussi à se faire engager comme femme de chambre dans une belle demeure victorienne appartenant à un médecin, le docteur Jekyll. Ce dernier remarque la jeune femme car ses manières et son ouverture d'esprit ne correspondent pas à sa condition sociale. Peu à peu, le docteur, au lieu de faire de mystérieuses expériences, passe son temps à parler à la jeune femme. Et de là, naît une certaine attirance mutuelle. Malheureusement, les différences de statut social condamnent cette attirance. Mary, intriguée par le comportement du docteur, se met à l'épier.

Critique: cette variation sur un thème éprouvé est l'occasion d'une évocation saisissante de l'époque victorienne. Un travail soigné et irréprochable.

Glossaire	
une femme de chambre	a maid
une demeure	a residence
appartenant	belonging
l'attirance	attraction
épier	to watch closely/spy

b   **Reliez ces adjectifs à leur définition.**

Exemple: 1   d

1	londonien	**a**	qui boit trop
2	dernier	**b**	qui aime une autre personne
3	amoureuse	**c**	jolie
4	bizarres	**d**	qui habite à Londres
5	brutales	**e**	à quoi on ne s'attend pas
6	équilibré	**f**	qui vient après tous les autres
7	inattendu	**g**	qui date de l'époque de la reine Victoria
8	saisissante	**h**	étranges
9	martyrisée	**i**	qui est stable
10	ivrogne	**j**	qui frappe l'esprit
11	belle	**k**	violentes
12	victorienne	**l**	torturée

c   **Vrai ou faux?**
1   Mary Reilly est la femme d'un médecin.
2   Elle aime son patron.
3   Le père du docteur est alcoolique.
4   La critique du film est bonne.

7 Dr Bobo

En utilisant les mots ci-dessous et en vous servant des descriptions précédentes et de votre travail sur les adjectifs, écrivez un paragraphe (50–70 mots environ) sur le dessin animé *Dr Bobo*. Dr Bobo est, comme Sacha, le personnage principal d'un dessin animé.

Exemple: Dessin animé – passe sur Canal + – Sacha – père de famille – stupide – paresseux.

Réponse: Dans le dessin animé qui passe sur Canal +, Sacha est un père de famille stupide et paresseux.

Dessin animé – Dr Bobo – personnage: principal – névrosé – / dialogues: décapant – satirique – plein d'humour – / histoire: vie – quotidien – avec – existence – moyen – / vie privée: inexistant – / relations: mauvais – avec fille – / fils: fénéant – peu aimable – / Dr Bobo: complexé – maladroit – émouvant – / Dimanche soir – gros – concurrent – pour – feuilleton: Urgences – / nécessaire – apprendre – se servir – magnétoscope.

8 La télévision

a **Lisez l'extrait du sondage ci-dessous paru dans le magazine français *Télé Journal*.**

Dans un sondage récent, certains d'entre vous ont déclaré que la télévision était l'invention la plus remarquable du XXe siècle mais qu'il fallait la regarder avec modération. Plus de 70% d'entre vous disent qu'ils ne passent que deux heures par jour devant le petit écran pendant la semaine. Cette proportion n'est plus vrai le week-end: de nombreux Français consacrent deux heures minimum à la télé, et pour 30% c'est trois heures qu'ils passent devant la télé.

Vous préférez regarder la télé plutôt seul ou avec des amis. Vous n'appréciez pas vraiment de regarder la télé entouré de votre famille: les commentaires stupides de votre jeune sœur, les émissions que vos parents regardent ne vous intéressent pas et vous voulez pouvoir utiliser la télécommande à votre guise.

A quoi sert la télécommande si ce n'est à zapper? En zappant, finies les émissions qui ennuient! Alors à bas la passivité et à vos magazines pour consulter les programmes qui vous aideront à faire votre choix

Et ces pubs qu'il faut avaler? Plus de la moitié d'entre vous affirment que vous ne les aimez pas. Ou tout au moins, à trouver qu'il y en a beaucoup trop! Et les films qui ne cessent d'être interrompus par la pub ou qu'il faut attendre! Pénible, oui ou non?

Les jeux vidéo figurent en bonne place dans le hit-parade des loisirs – ce qui n'est pas étonnant. Mais ce loisir accroche principalement les hommes. Les filles mettent les jeux vidéo à la dernière place de leurs loisirs tandis que les hommes préfèrent cette forme de loisir. Quand ils ont un moment de libre, ces messieurs sont soit devant l'écran de télévision soit devant l'écran de l'ordinateur.

b **Ces phrases sont-elles vraies ou fausses?**
1 La plupart des jeunes passent au moins deux heures devant la télé pendant la semaine.
2 Les jeunes aiment regarder la télé en famille.
3 Ce que les jeunes n'aiment pas dans la publicité, c'est d'attendre le film.
4 Les jeux vidéo sont plus populaires chez les garçons que chez les filles.

c **Répondez aux questions suivantes en français:**
1 Est-ce que les gens regardent la télévision autant le week-end que pendant la semaine?
2 Comment est-ce que les Français préfèrent regarder la télévision?
3 Quelle est la distraction préférée des hommes?
4 Et les femmes, que pensent-elles de cette distraction?

Grammaire

The demonstrative adjectives

Cette, **ces**, **ce** are demonstrative adjectives. They are used to point something or someone out. Demonstrative adjectives agree with the gender and the number of the noun they relate to.

Exemples:

ce loisir: this leisure activity
cette proportion: this proportion
ces pubs: these adverts

Rule: **ce → cet** (before a vowel or a mute **h**) + masculine singular
cette + feminine singular
ces + masculine or feminine plural

Exercice 1
Remplissez les blancs avec ce, cet, cette or ces.
1 ... émissions sont les plus populaires parmi les jeunes Français.
2 ... sondage fait état des préférences des jeunes.
3 ... enquête n'est pas favorable.
4 ... points de vue émis par les jeunes ne reflètent pas l'opinion de la majorité des Français.
5 Le présentateur du journal télévisé a parlé de ... article paru dans la presse.
6 ... documentaire m'a passionné.
7 ... actualités sont de plus en plus déprimantes.

Exercice 2
Traduisez les phrases suivantes en français:
1 My favourite film is showing this week. (On passe ...)
2 I really like this cartoon.
3 These adverts are very funny.
4 These video games are great.
5 This survey says that the majority of young people watch television less than two hours during the week.
6 This article does not say the truth.

9 La télévision: loisir principal des Français

On peut estimer que le temps de fréquentation moyen de l'ensemble des médias est de six heures par jour. Au cours de sa vie, un Français passe plus de temps devant la télé qu'au travail. Les enfants, cependant, sont moins fascinés par la télévision. Cela s'explique par la présence croissante du magnétoscope ainsi que par celle des consoles de jeux qui se branchent sur le téléviseur.

a Lisez la description des chaînes principales de la télévision française et répondez aux questions qui suivent.

TF1 FRANCE 2	les deux chaînes les plus anciennes de la télévision française
FRANCE 3	passe des émissions sérieuses comme la marche du siècle et Thalassa
CANAL +	ne peut être captée que si on a un décodeur ; il faut être abonné et l'abonnement coute environ 150 francs par mois
LA 5	est née en 1994 et depuis a mis en pratique la notion, inédite en France, de chaîne du savoir et de la connaissance
M6	diffuse beaucoup de séries américaines
ARTE	est née d'un partenariat entre la France et l'Allemagne; télévision sans frontières, Arte est diffusée simultanément en plusieurs langues, dans toute l'Europe; c'est la chaîne de la culture

1 Which channel is broadcast in several languages?
2 Which channel broadcasts a lot of American series?
3 Which are the oldest channels?
4 Which channel is known as the 'knowledge' channel?
5 For which channel do you need something extra?
6 Which channels broadcast serious programmes?

b Regardez maintenant les extraits de Télérama et trouvez une émission pour …

Exemple: 1

Nom de l'émission	Chaîne	Heure
Fous d'Humour	France 2	23.20

1 les gens qui aiment rire
2 les fans de foot
3 un jeune qui pense devenir pompier

4 ceux en quête de culture
5 ceux qui s'intéressent à la mode
6 ceux qui aiment les films à thèmes.

TF1	
20.00	Journal
22.55	Les p'tites canailles: spécial poisson d'avril
23.55	Morsure

FRANCE 2	
20.00	Journal
20.55	Le plus grand cabaret du monde
23.20	Fous d'humour

FRANCE 3	
20.40	Paris-St Germain / Bastia: demi-finale de la coupe de la ligue
22.50	Soir 3
23.10	L'épreuve du feu Documentaire: portraits de trois jeunes sélectionnés pour devenir pompiers

CANAL +	
19.30	L'appartement en clair: l'invité de ce soir est le styliste Christian Lacroix
20.40	Blague à part
21.00	Spin city
21.25	Seinfeld
21.45	Dilbert
22.10	McCallum

LA 5	
14.00	Magazine (économie)
14.30	Correspondance pour l'Europe
15.00	Le journal de la santé
15.30	Pi égale 3,14 (magazine scientifique)

M6	
20.05	Plus vite que la musique: les rois de la parodie – ils ne sont pas chanteurs main ils savent les imiter
20.50	La trilogie du samedi: Charmed / Le flic de Shangai / Strange world
23.30	Au delà du réél, l'aventure continue

ARTE	
20.15	Paysages: Sisteron Documentaire sur cette ville du sud de la France
20.45	Les morts témoignent Documentaire sur les médecins légistes et les autopsies
21.35	Métropolis Magazine culturel
22.35	La blessure Téléfilm: Hülya, jeune turc d'Allemagne, est envoyée en Turquie. Elle s'échappe, blessée psychologiquement.

Progression

1 Les fans de télé 🔲

Les quatre personnes suivantes sont toutes fans de télévision, et un journaliste leur a posé la question: A quoi sert la télévision? Ecoutez-les et répondez aux questions qui suivent.

a Avant de commencer, trouvez ces mots dans le dictionnaire.

un tas de:
un coin:
un divertissement:
le gros lot:
l'actualité:
le sida:
le chômage:

b Ces phrases sont-elles vraies ou fausses?
1 France 2 passe des films de très bonne qualité.
2 Les téléspectateurs sont très vite informés grâce aux journalistes, qui sont un peu partout dans le monde.
3 Cette personne n'aime pas les jeux car elle pense qu'ils sont ridicules.
4 Les feuilletons font rêver.

2 A quoi sert la télé? 🔲

Maintenant écoutez les quatre personnes suivantes qui critiquent la télé. (See p. 26, chapter 2: Stratégie box.)

Glossaire

un type	a bloke
une blague grossière	a rude joke
s'appuyer sur	to rely on
une marionnette	a puppet

a Vous avez entendu les mots de gauche en écoutant la cassette. Trouvez leur contraire dans la liste de droite.

Exemple: gauche   droite

	gauche		droite
1	vrai	a	minimes
2	quasiment	b	continus
3	l'écrit	c	peu de
4	rapide	d	intelligent
5	interrompus	e	pas du tout
6	astronomiques	f	le réel
7	débile	g	lent
8	la plupart de	h	l'oral
9	l'imaginaire	i	faux

b Lisez les phrases ci-dessous. Attention! Ce ne sont que des paraphrases. Qui les a dites: Rachid, Chloé, Sébastien ou Marie?
1 Il n'y a plus de place pour le non-dit, tout se sait d'avance. C'est toujours la même chose.
2 Les téléspectateurs viennent de milieux très différents.
3 Les films sont trop souvent entrecoupés de pub.
4 Il n'y a pas d'émissions intelligentes à la télé.

3 Jeu de rôles

Le partenaire A approuve la télé, le partenaire B la critique.

Stratégie

To take a full part in discussion, you should:
1 Try to speak as much as possible with as many details as possible.
2 Ask questions.
3 Defend your point of view.

Essayez de contredire votre partenaire. Pour cela:
1 Réécoutez les deux dialogues précédents.
2 Ecrivez les expressions qui pourront vous être utiles.
3 N'oubliez pas d'utiliser et d'apprendre les expressions ci-dessous.

Arguments en faveur de la télé	Vocabulaire
sert à informer	Je suis d'accord
culture générale	Il est / c'est nécessaire de …
ouverture sur le monde	important
divertissement	Je suis sûr(e) que …
rêve: on peut s'identifier	
aux personnages	

Arguments contre la télé	Vocabulaire
trop de publicité	Vous plaisantez!
superficielle	Ne parlons pas de …
informations:	
exagèrent	Ah! ça non!
dépriment	Sûrement / certainement pas
beaucoup d'émissions idiotes	Pas du tout!
ne dépeint pas la société telle	
qu'elle est	Mais si! Mais non!
	Je ne suis pas convaincu(e)

4 La télé, pour ou contre?

L'extrait de la lettre ci-dessous est paru dans un magazine français qui avait demandé à ses lecteurs ce qu'ils pensaient de la télévision. Lisez-le et faites les exercices qui suivent.

C'était un samedi soir un peu triste, il y a plusieurs années. Mes amis tous en week-end, je me retrouvais donc seul chez moi à ne rien faire. Pour savoir ce qui se passait dans le monde, j'ai allumé la télé, comme tant d'autres fois auparavant. Je voulais seulement voir les nouvelles. Mais j'y suis resté collé pendant cinq ou six heures. J'avais envie d'arrêter, mais une sorte de force maléfique me retenait, m'obliger à fixer l'écran, à écouter tous les spots pour les produits de vaisselle, toutes les mauvaises séries américaines. J'étais quasiment dans un état hypnotique, mon cerveau mélangeait allègrement toutes les images qu'il recevait. Je ne savais plus si Mitterrand allait finir par embrasser l'héroïne du feuilleton, si PPDA utilisait Soupline pour avoir les mains plus douces, si je devais acheter la dernière Renault ou un sèche-cheveux 500 watts. Le cyclone télévisuel était en train d'avoir raison de ma santé mentale. Alors, dans un hurlement atroce et libérateur, j'ai crié ...

Glossaire

auparavant	formerly
collé	stuck
maléfique	evil
un spot (publicitaire)	advert
quasiment	nearly
le cerveau	brain
Mitterrand	French President from 1981 to 1995
PPDA	French journalist whose real name is Patrick Poivre d'Arvor
Soupline	brand name of fabric softener
un hurlement	roaring

a Trouvez dans la liste de fins de phrase celle qui termine correctement chaque début de phrase selon le sens du texte.

Exemple: 1 d

1 Un samedi soir, je me   **a** mis la télé en marche.
2 J'ai donc   **b** écouter toutes les pubs.
3 J'avais l'intention de   **c** sain d'esprit.
4 Une force m'obligeait d'   **d** retrouvais devant la télé.
5 Je n'étais plus   **e** regarder les informations.

b Remplissez chaque blanc dans ce résumé du texte avec un mot ou une expression prise dans la liste ci-dessous.

Exemple: 1 **restais**

ai mis   n'ai pas pu   ai allumé   ai regardée   voulait détacher   étais   voulais   choisir   restais   regarder forcé   n'avais   trouvé   était   avait envie de

Lors d'un week-end, je ... (1) ... tout seul et je ... (2) ... pas grand-chose à faire. Alors j' ... (3) ... la télé en marche pour ... (4) ... les informations. Mais en fait, je ... (5) ... m'en ... (6) ... et je l' ... (7) ... pendant 5 ou 6 heures. J' ... (8) ... carrément hypnotisé: je ... (9) ... m'arrêter, mais cela m' ... (10) ... impossible. J'ai enfin ... (11) ... la force de crier: «STOP!»

c Jeu de rôles
Voici une liste de questions et de réponses possibles. La personne A prend le rôle d'un journaliste qui fait un sondage.
La personne B prend le rôle d'un télespectateur.
Vous pouvez inventer!

Personne A	*Personne B*
C'était quand?	C'était ...
Que faisiez-vous?	Je m'ennuyais, alors j'ai regardé/allumé ...
Qu'est-ce que vous avez regardé?	J'ai regardé ...
Il y avait beaucoup de spots publicitaires?	Le film était entrecoupé de ...
Est-ce que vous avez aimé?	Non, je n'aime pas la pub.
Qu'est-ce que vous avez aimé le plus / le moins?	Ce que j'ai aimé le plus c'est ... Ce que j'ai aimé le moins c'est ...

5 Contre? Et alors?

a Lisez l'extrait suivant.

J'<u>étais</u> totalement accro. Dès que je <u>rentrais</u> du travail, je <u>me précipitais</u> sur la télé pour voir mon feuilleton préféré. La télé <u>envahissait</u> ma vie. Aussi, un jour, j'ai décidé de jeter ma télé à la poubelle. Au début, <u>c'était</u> un peu difficile. Comme quand on décroche d'une drogue. Je ne <u>savais</u> pas qui <u>était</u> le dernier animateur à la mode. Je <u>me demandais</u> pourquoi tout le monde <u>se mettait</u> à parler d'un film totalement stupide. C'est vrai, pendant un certain temps, je n'ai pas pu suivre une bonne partie des conversations

b Les verbes soulignés sont à l'imparfait. Ecrivez-les avec leur infinitif et traduisez-les.

Exemple: *j'étais → être → I was.*

Grammaire

The imperfect

The imperfect is used:

– to describe what somebody or something was like.

Exemple: **C'était un samedi soir:** It was a Saturday evening.

– to describe actions that were going on over a period of time.

Exemple: **ce qui se passait dans le monde:** what was happening in the world.

– to describe actions that used to happen in the past.

Exemple: **Quand j'étais plus jeune, je regardais énormément la télé.**
When I was younger, I used to watch a lot of TV.

The imperfect tense is formed by:
– taking the nous stem of the present tense.

Exemple:

Infinitif	Present tense	Stem
utiliser	nous utilisons	utilis
obliger	nous obligeons	oblige
finir	nous finissons	finiss
vouloir	nous voulons	voul

– adding the imperfect endings (**-ais, -ais, -ait, -ions, -iez, aient**) to the stem.

Exemple:

j'utilisais	il/elle/on utilisait	vous utilisiez
tu utilisais	nous utilisions	ils/elles utilisaient

Grammaire

The only exception is the verb être.

j'étais, tu étais, il/elle/on était, nous étions, vous étiez, ils/elles étaient.

Exercice 1

Choisissez la forme correcte du verbe:

Exemple: 1 *j'étais, je regardais*

1 Quand j'étais/était plus jeune, je regardais/ait d'avantage la télé.
2 Quand nous allaient/allions en ville, nous prenions/prenions le bus.
3 On finissait/finissions nos devoirs à 5 heures.
4 Ils voulait/voulaient regarder la télé.
5 Elles conduiraient/conduisaient vite.
6 Je ne voyais/voirais pas très bien.
7 On riait/rirait comme des fous.

Exercice 2

Mettez les verbes de l'exercice ci-dessous à l'imparfait.

Quand j'(avoir) une dizaine d'années, je (regarder) d'avantage les dessins animés. Je (vouloir) toujours regarder Les Simpsons, mais mon frère n'(être) jamais d'accord. Il (préférer) regarder Dr Katz et nous nous (disputer). Mes parents n'(aimer) pas les disputes et ils (éteindre) la télé. Alors nous (aller) dehors et nous nous (amuser) avec nos copains. Ensuite, nous nous (rendre) chez mes grand-parents, où nous (boire) une tasse de chocolat. Puis nous (revenir) à la maison.

---

6 Attention! Gare aux excès!

a Ecoutez l'histoire de ce jeune garçon.

b Remplissez les blancs avec un verbe à l'imparfait.

Exemple: 1 *avait*

Tout comme la drogue, l'Internet peut devenir une obsession. C'est ce qui s'est passé aux Etats-Unis. Un jeune … (1) … dans sa chambre sept ordinateurs! Il ne … (2) … que ça. Il … (3) … 24 heures sur 24 devant son écran. L'Internet … (4) … ses pensées, sa vie entière. Le monde réel ne l'… (5) … plus, il … (6) … bien mieux dans le monde virtuel. La morale est que, tout comme la télévision, il faut consommer l'Internet avec modération.

7 Remplissez le tableau suivant

Exemple: jouer   joué   jouais

Infinitif	Participe passé	Imparfait
finir		
	battu	
fournir		
		faisais
	pris	
		lisais
revenir		
	bu	
		voulais
	envahi	
		avais

8 Passé composé ou imparfait?

a **Ecoutez les cinq personnes sans interruption et écrivez passé composé ou imparfait.**

Exemple: Imparfait.

b **Réécoutez la cassette et écrivez les verbes que vous avez entendus à l'infinitif et au temps utilisé sur la cassette.**

Exemple: utiliser → utilisait

9 Quand ils étaient plus jeunes …

a **Lisez les extraits suivants.**

A Le dimanche, j'allais regarder la télé chez ma copine. On regardait beaucoup de dessins animés. Mais un jour son père est revenu avec un ordinateur et on a abandonné la télé pour l'ordinateur.   *Cécile*

B Moi, le dimanche je dormais beaucoup. Je ne me levais jamais avant 10 heures et ensuite je faisais mes devoirs. Ma mère préparait un bon repas et nous mangions et buvions de bonnes choses. C'est un dimanche que j'ai goûté aux cuisses de grenouille pour la première fois.   *Olivier*

C Moi, je restais chez moi et je louais un bon film que je regardais au magnéto avec ma petite amie. Mais un jour, elle m'a dit qu'elle me trouvait barbant et qu'elle ne voulait plus regarder de vidéos. Elle m'a alors quitté.   *Bertrand*

Stratégie

In spoken French 'On' is used much more than 'nous'.
Be careful: 'on' is singular, e.g. on a abandonné, on regardait.

b **Reliez les verbes ci-dessous à leur synonyme. Attention! Il y a des synonymes en trop!**

Exemple: 1   d

1	j'allais	**a**	il est rentré
2	il est revenu	**b**	on a renoncé
3	on a abandonné	**c**	je sommeillais
4	je dormais	**d**	je me rendais
5	je faisais mes devoirs	**e**	je me suis rendu
6	elle préparait un bon repas	**f**	j'ai sommeillé
7	nous buvions	**g**	il rentrait
8	elle a dit	**h**	nous renoncions
9	elle a quitté	**i**	j'ai travaillé
		j	elle cuisinait
		k	je restais
		l	je travaillais
		m	nous nous désaltérions
		n	elle a déclaré
		o	elle est partie

10 Avant la télé … 🔊

a **Ecoutez Monsieur Courbet, qui vous parle de la vie avant la télé, et remplissez les blancs:**

Monsieur Courbet: Euh … c'est sûr. On … (1) … plus de temps en famille: au lieu de … (2) … devant la télé, on … (3) … aux cartes ou autres jeux de société. Les repas ou autres activités n' … (4) … pas … (5) … par les … (6) … qui tiennent une place de plus en plus grande dans la vie familiale. Les musiciens … (7) … de la musique ensemble. Ils … (8) … des groupes. Il … (9) … plus de place pour la communication. On … (10) … aussi d'avantage en famille Il … (11) … pas mal de bals ou autres soirées dansantes. Et les enfants … (12) … beaucoup plus. Dans le temps, il … (13) … aussi sûrement moins d'obèses ou de gens qui ont des problèmes de poids car les gens … (14) … beaucoup plus d'activité physique.

b **Répondez aux questions suivantes en anglais:**
1 What did people do instead of watching television?
2 In what way did meals differ without television?
3 What was different for musicians?
4 What did families do when they went out?
5 And children, what do they not do as much?
6 Why were there fewer obese people?

11 Que faisiez-vous avant d'avoir la télé?

Exemple: Avant d'avoir la télé, je lisais.

12 Vous avez changé ?

A deux, parlez de vos loisirs maintenant et autrefois.

Exemple: Autrefois, je regardais beaucoup la télévision, mais maintenant, je sors d'avantage avec mes amis.

13 Une lettre à écrire

Vous écrivez une lettre (70/100 mots) à votre correspondant(e) dans laquelle vous comparez vos loisirs maintenant et vos loisirs quand vous étiez plus jeune.

> Maidstone, le 25 octobre
>
> Cher Sébastien,
> Merci de ta lettre que j'ai reçue dimanche dernier. Tu m'as demandé de te parler de mes loisirs. Eh bien …

Stratégie

When writing a letter to a friend, do not forget to:
1 write the date in the right hand corner.
2 start your letter with **cher** + boy's name
                       chère + girl's name
   N.B. An easy way to avoid the agreement problem is to start your letter with **Salut** + name!
3 end your letter with one of these expressions:

letter from girls to girls or girls to boys:	*letter from boys to boys:*
grosses bises / baisers	**amitiés**
à bientôt	**à bientôt**

Dans votre lettre n'oubliez pas d'utiliser les mots et expressions suivants:
Avant / autrefois / auparavant
Mais maintenant / alors que maintenant
J'avais l'habitude de …
les passe-temps / les loisirs / le temps libre
le temps consacré à …

14 Le revers de la médaille

a Cet extrait d'un lettre a été publié dans un magazine français à la suite de la mort d'une personnalité traquée par les journalistes. A cette occasion, la presse «people» avait battu tous les records de vente: plus de 30 millions d'exemplaires vendus. Avant de lire cet extrait, cherchez les mots suivants dans un dictionnaire si vous ne les connaissez pas.

un quotidien   un hebdomadaire   potin   prendre un essor   une vedette   médiatiser   tel ou tel   atteindre   la diffusion   le tirage

Avant toute chose, il est primordial de définir quel est le rôle d'un journal: informer ses lecteurs. C'est le cas des quotidiens et des hebdomadaires qui vous font part de l'actualité. Malheureusement, certains magazines se spécialisent dans les nouvelles à sensation et dans le potin.

C'est ce qu'on appelle la presse «people». Pratiquement inexistante avant la Guerre de 39 / 45, cette presse «people» a pris un essor incroyable lors des années 80 / 90 et c'est dans la majorité des pays industrialisés. La télévision est en partie responsable. Les vedettes du show-business, hommes politiques et familles royales sont de plus en plus présentes dans les foyers et la télévision sert à les médiatiser.

On s'intéresse de plus en plus à la vie privée des gens célèbres et il n'est pas étonnant que la presse «people» attire un nombre grandissant de lecteurs. Il y a une telle demande que cette forme de presse est florissante. Certains trouvent la vie d'une actrice, les amours d'une princesse comme la princesse Stéphanie de Monaco, les infidélités de tel ou tel homme politique beaucoup plus intéressants que les massacres en Algérie ou la création d'un nouveau gouvernement. C'est un véritable besoin qu'ont les gens de s'occuper de la vie des célébrités.

Aux Etats-Unis, les tirages atteignent des dizaines de millions d'exemplaires par semaine. En Grande-Bretagne, les journaux à scandale sont de loin les journaux les plus populaires. En France, la presse «people» intéresse aussi de plus en plus de gens surtout depuis ces dix dernières années. La diffusion totale de ce type de presse dépasse aujourd'hui plus de trois millions d'exemplaires par semaine.

J'espère bien que cette demande de nouvelles à sensation ne va pas s'accroître et qu'elle ne va pas faire augmenter les tirages. Ce serait un désastre pour notre pays.

b **Reliez chaque début de phrase à chaque fin de phrase. Attention! Il y a des fins de phrase en trop!**

Exemple: 1   b

Débuts de phrases

1   Après la mort d'une personne célèbre les magazines à scandale ont
2   Le but d'un journal devrait être d'
3   La télévision a
4   En Grande-Bretagne, les quotidiens populaires
5   L'auteur de la lettre espère

Fins de phrases

a   joué son rôle dans la médiatisation des vedettes.
b   atteint des records de vente.
c   battent tous les records de vente.
d   avertir les lecteurs.
e   vu leurs ventes chuter.
f   informer les lecteurs.
g   empêché la presse «people» de se développer.
h   que les tirages ne vont pas être en hausse.

15 Les chasseurs d'images

a Patrick Poivre d'Arvor a lui-même été la cible des «chasseurs d'images». Lisez son interview réalisée par le journal *Le Figaro* à ce sujet.

Le Figaro: Comment réagissez-vous à l'accident mortel dans lequel la princesse de Galles a été tuée?

Patrick Poivre d'Arvor: *J'ai une réaction de dégoût et de nausée. Lorsque des photographes se bagarrent pour réaliser des photos d'une agonisante plutôt que de prévenir les secours, c'est la négation de notre profession, de notre morale. Ces photographes vous prennent dans les positions les plus humiliantes et il n'y a que ça qui les intéresse. Ils détruisent vos familles, vos enfants. Je suis bien placé pour le savoir. C'est immonde.*

Le Figaro: N'y a-t-il pas une dérive, depuis quelques années de la presse «people» en France?

Patrick Poivre d'Arvor: *Jusqu'à présent, la presse «people» – on l'appelait naguère la presse du cœur – se tenait très bien. Elle obéissait à une sorte de code qui voulait que les gens photographiés donnent au préalable leur accord au photographe. Cette presse racontait des histoires et en gros faisait rêver. Je considère que l'on peut faire rêver les gens avec des photos de Lady Di participant à un bal de charité ou à une cérémonie. Mais lorsqu'on la photographie à cinq cents mètres avec un téléobjectif pour déceler si elle est enceinte ou découvrir qui elle enlace, cela renvoie au penchant le plus sordide de l'être humain.*

Le Figaro: Selon vous, une personne publique doit pouvoir choisir les images que l'on donne d'elle?

Patrick Poivre d'Arvor: *Je ne dis pas ça. Mais le photographe doit s'arrêter là où commence la vie privée de la personne qu'il veut photographier. Ne croyez-vous pas que Lady Di aurait préféré faire le trajet entre le Ritz et l'hôtel particulier de Dodi al-Fayed à 50 km à l'heure, en regardant la Seine et profitant de la douceur du mois d'août plutôt que pourchassée par une meute de photographes? Moi je pense que oui!*

Glossaire

se bagarrer	to fight
agonisant	dying
prévenir les secours	to call for help
immonde	vile
la dérive	drift
naguère	formerly
au préalable	beforehand
le téléobjectif	telephoto lens
déceler	to discover
enceinte	pregnant
enlacer	to hug
le penchant	tendency
aurait préféré	would have preferred
pourchassé	pursued
une meute	pack, horde

Princesse de Galles (1961–1997)
Nom de jeune fille: Lady Diana Spencer (Lady Di)

1981: Epouse le Prince Charles, héritier de la couronne d'Angleterre.

1992: Séparation du Prince Charles et de Diana.

1996: Divorce.

1997: Mort de la Princesse Diana à Paris en compagnie de son ami Dodi. Ils étaient poursuivis par des journalistes et leur chauffeur a perdu le contrôle de la voiture qu'il conduisait. Diana et Dodi sont morts.

b Reliez les mots de gauche à leur définition.

Exemple: 1 d

1	réagir	**a**	envie de vomir
2	le dégoût	**b**	répulsion
3	la nausée	**c**	d'après
4	considérer	**d**	avoir une réaction
5	selon	**e**	estimer

16 La presse et vous

Et vous? Lisez-vous les quotidiens populaires?

a Pratiquez ces deux dialogues avec votre partenaire.

Premier dialogue:

– Tu lis souvent des magazines comme *Voici*?
– Oui, en fait ma <u>mère</u> l'achète et je le feuillette <u>tout de suite</u>. <u>Ce qui m'intéresse</u> surtout, c'est <u>la famille royale</u>.
– <u>Un membre</u> en particulier?
– Oui, <u>la Reine</u>.
– Pourquoi lis-tu *Voici*?
– Parce que je m'intéresse à la vie <u>des gens célèbres</u>.
– Pourquoi <u>les gens célèbres</u>?
– Parce qu'ils mènent une vie <u>différente</u>.

Deuxième dialogue:

– Et toi, la presse people, <u>ça t'intéresse</u>?
– <u>Pas du tout</u>. <u>Pour moi</u> tout journal qui se respecte est là pour nous <u>fournir</u> des informations.
– Et, *Ici-Paris*, par exemple. Ils vendent de plus en plus de <u>copies</u>?
– Ne me parle pas d'*Ici Paris*. Il n'y a que des potins sur <u>les acteurs, hommes politiques et</u> … Ces journalistes ne savent où s'arrêter.

b Pratiquez maintenant ces deux dialogues avec votre partenaire en changeant les mots soulignés.
Partenaire A: lit la presse «people» et la défend.
Partenaire B: ne lit pas la presse «people» et la critique.

N'oubliez pas d'utiliser des expressions comme:

Contre

une réaction de dégoût / de nausée
pas de morale
immonde / inadmissible

Opinions

Je pense / j'estime / je considère
Je pense que oui / je pense que non.
Mais non, tu as tort / je ne suis pas d'accord.

Pour

travail / gagne-pain des journalistes
lecture préférée de beaucoup

17 Sportifs, attention! 📟

La presse «people» s'attaque aussi aux sportifs.

a Lisez le début de cet article, puis mettez le reste (a–i) dans l'ordre. Puis verifiez l'ordre à l'aide de la cassette.

Exemple: 1   h

Un joueur de rugby accusé d'avoir fait du trafic de drogue accepte de ne plus jouer pour son équipe nationale.

a Le journal a affirmé que ces faits ont été reconnus devant ses journalistes.

b Malgré tout, il a le soutien de son sélectionneur, qui pense qu'il est innocent.

c Elle était journaliste et elle avait un magnétophone pour enregistrer l'interview.

d C'est pour cela que le rugbyman a été entendu pendant trois heures au siège de sa fédération.

e Ce journal lui a aussi reproché d'avoir consommé des stupéfiants lors d'une tournée à l'étranger.

f Il a été accusé par l'hebdomadaire à scandale *News of the World* d'avoir fait du trafic de drogue.

g Ce sportif a en effet été piégé par une jeune femme.

h Et par conséquent, il ne va pas participer à la tournée de son pays à l'étranger.

i Cette tactique est bien connue des tabloïds, sous le nom de «honey trap».

Glossaire

dominical	Sunday (adjective)
les stupéfiants	drug
une tournée	tour
piégée	conned

b Imaginez que vous êtes ce rugbyman et que vous êtes interrogé par un journaliste sur cet évènement.

Personne A / le journaliste	*Personne B / le rugbyman*
Qui vous a interviewé?	Une jeune …
Saviez-vous qu'elle était journaliste?	Non, …
Comment a-t-elle enregistré l'interview?	Avec …
De quoi vous accuse-t-on?	Je suis accusé de …
Par qui?	Par …
Ça s'est passé quand?	Pendant …
Et votre sélectionneur, qu'en pense-t-il?	Il pense que …
Que pensez-vous de ces accusations?	Je suis totalement … / Ce n'est pas …
Quelle décision avez-vous prise?	J'ai décidé de / J'ai pris la décision de …

Grammaire

The passive

Le rugbyman a été accusé par le *News of the World*.
The rugbyman was accused by the *News of the World*.
Ce sportif a été piégé par une jeune femme. This athlete was tricked by a young lady.
These sentences are in the passive.
To form the passive you take:
Etre (in the correct tense) + the past participle of the verb + agreement with the subject.

Exemples:
Le rugbyman est accusé par le *News of the World*.
The rugbyman is accused by the *News of the World*.
Ils ont été arrêtés. They were arrested.

For other tenses in the passive see p. 127.

Exercice 1
Prenez un mot de chaque colonne et faites des phrases:

Exemple: *La princesse de Galles a été tuée en voiture.*

La princesse de Galles		tuée en voiture
Le prince Charles		tués en voiture
Un journaliste		condamné
Le chauffeur de la Princesse	a été	accusée
		libérés
Les paparazzi		accusé
La presse people	ont été	rendue responsable
Le rugbyman		rendus responsables
Les prisonniers		tué sur le coup
La journaliste		

Exercice 2
Mettez ces faits divers au passif:

Exemple: *La police a arrêté deux individus.*
          Deux individus ont été arrêtés par la police.

1 Des malfaiteurs ont volé une camionnette.
2 La police recherche deux Maghrébins.
3 Hier un policier a découvert une autre victime.
4 La pollution a affecté cette région de France.
5 Céline Dion annule le concert de ce soir.

18 La pub

Pour beaucoup de Français la télévision constitue le loisir principal. Mais comment réagissent-ils face à la publicité?

Le saviez-vous?

- La pub à la télévision n'a été autorisée qu'à partir de 1968.
- 66% des Français approuvent la disposition du projet de loi de Lionel Jospin aux termes duquel la publicité devrait être réduite de moitié sur France 2 et France 3.

a **Avant de faire les exercices suivants vérifiez que vous comprenez ces mots:**

gênant   coupure publicitaire   écran publicitaire
spot publicitaire

b **Ecoutez ce reportage sur la publicité et choisissez le mot qui convient.**

Exemple: Ce sondage a été fait en 1986 / 1996.
Ce sondage a été fait en 1996.

1 Les personnes interrogées sont majeurs / mineurs.
2 La plupart des Français n'aiment pas / aiment la publicité entre les films.
3 Ils pensent aussi que les pubs ne sont pas assez longues / durent trop longtemps.
4 La moitié / les trois quarts des téléspectateurs ne regardent pas la télé pendant les coupures publicitaires.
5 8% / 18% des téléspectateurs regardent attentivement la pub.

19 Oui à la pub!

La publicité est partout: à la télévision, à la radio, sur les murs de nos villes, dans nos journaux. On la juge envahissante, inutile, ou au contraire distrayante, véritable outil moderne de communication. Alors pour ou contre la pub? Voici deux lettres publiées par le magazine *Télérama* défendant ces deux points de vue.

a **Lisez la première lettre: Publiphobes – Ignorants! Verifiéz le sens des mots que vous ne connaissez pas.**

Monsieur le rédacteur,

A l'heure actuelle le débat sur la publicité passionne l'opinion et je saisis l'occasion qui m'est donnée pour émettre mon point de vue. Ce débat me tient tout particulièrement à cœur car je suis publiciste.

Les publiphobes sont à plaindre: ils sont tout simplement rétrogrades! Nous sommes au XXIe siècle et il faut évoluer avec son temps. Ces gens-là ont peur du progrès et ils n'ont guère changé depuis trente ans. Etre contre la publicité est aussi absurde que d'être contre la télévision ou contre les ordinateurs.

Il est évident que chacun doit faire la part des choses pour mieux se faire une opinion. La publicité qui est tant dénoncée par ses critiques, est en fait le sponsor de la démocratie. C'est elle qui sponsorise cent pour cent des radios et des télévisions privées et soixante-dix pour cent de la presse. C'est toujours elle qui permet la circulation de toute idée quelle qu'elle soit.

Mais il faut, cependant, se rendre compte d'une chose: il faut savoir utiliser la publicité. Il y a, à l'heure actuelle trop de pub à la télévision et les Français ne sont pas dupes. Dans un sondage récemment publié 75% d'entre eux ont déclaré qu'ils aimaient la publicité, mais 92% ont dit qu'ils regrettaient le nombre et la répétition de certaines pubs sur nos écrans. Il faut donc lutter contre la faiblesse publicitaire.

On peut affirmer, sans se tromper, que la publicité est un art. Elle reflète la société dans laquelle nous vivons. C'est elle qui participe à notre culture et dans une certaine mesure à la formation de l'esprit des enfants. Ils consacrent 1 200 heures par an à la télévision. Ce qu'ils regardent souvent avec le plus d'intérêt, ce sont les spots publicitaires. C'est pour cela qu'il faut créer une publicité intelligente. A bas les pubs stupides et mensongères. Ce n'est pas simple mais c'est faisable et il faut esssayer.

J'espère que vous publierez cette lettre. Je vous prie, Monsieur, d'agréer l'expression de mes sentiments distingués.

Pierre Sanguinetti, Publiciste.

b **Répondez aux questions suivantes en français:**
1 Pourquoi est-ce que l'auteur de la lettre plaint les gens qui sont contre la publicité?
2 Quels sont les arguments de l'auteur en faveur de la publicité?
3 Quelle est la réaction des enfants face à la publicité?
4 Quelle est la suggestion faite par M. Sanguinetti quant à la publicité?

20 Non à la pub!

a Lisez maintenant la deuxième lettre:

> Monsieur le Rédacteur,
> Je voudrais vous faire part de mon point de vue en ce qui concerne la publicité. Certains pensent que publicité veut dire liberté. Eh bien, non! C'est tout à fait faux. Les publicistes sont tous des impérialistes. La publicité s'impose partout qu'on le veuille ou non (panneaux d'affichage, boîtes aux lettres, magazines, spots). Elle entre chez nous sans que l'on s'en aperçoivent: les films sont souvent coupés par de la pub. D'autre part, la presse compte sur la publicité pour survivre.
> Ses défenseurs disent que la publicité informe. Ce n'est pas vrai. Si on cherche le sens du mot publicité dans le dictionnaire, on s'aperçoit qu'il a le sens de «rendre public, connu de tous». Mais en réalité, si on compare la quantité que tiennent les pubs dans les médias et le manque d'informations objectives qu'on en tire sur les produits, c'est faux! Le but de la publicité n'est pas d'informer les consommateurs mais de vendre les produits. Et on assiste à une manipulation des consommateurs: la publicité sait leur plaire et les consommateurs se laissent prendre au jeu, inconsciemment.
> D'autres pensent que la publicité facilite la vie car en achetant tel ou tel produit votre bonheur sera complet! C'est inexact. Il y aura toujours d'autres produits et ceux qui pensent qu'on peut trouver le bonheur avec la publicité ont tort.
> La publicité sert à faire des envieux. Comment réagissent les SDF en voyant partout des images de gens heureux qui ont les moyens de s'offrir tous ces produits! La publicité ne fait qu'augmenter le sentiment d'exclusion des pauvres qui se sentent de plus en plus frustrer.
> La publicité a tendance à nous faire croire qu'on est heureux que si l'on consomme et que le bonheur peut s'acheter. Mais il ne faut pas se faire d'illusions. Ces images sont fausses. Il ne faut pas être esclave de la publicité et il faut être réalistes. En un mot, attention.
> Publicité – Pièges.
> En espérant que vous publierez cette lettre, je vous prie, Monsieur d'agréer l'expression de mes salutations distinguées.
> Marcel Petit. Sociologue et auteur d'un livre sur les médias.

b Trouvez, dans le texte, l'expression qui veut dire:

elle pénètre	sans s'en rendre compte
l'objectif	jaloux
les acheteurs	les ressources
les flatter	les sans abris

c Répondez aux questions suivantes en français:
1 La publicité informe-t-elle bien?
2 Est-ce que la publicité est une bonne chose pour les gens défavorisés? Pourquoi?
3 Pourquoi est-ce que le mode de vie décrit dans les publicités est-il décevant?

21 Et vous qu'en pensez-vous?

a Maintenant écoutez ces Français qui vous disent ce qu'ils pensent de la pub. Qui est pour la publicité et qui est contre? Ecrivez les raisons de votre choix.

Exemple: La première personne a dit qu'elle est contre parce qu'avec la publicité les prix augmentent.

b Reportez-vous au travail que vous avez fait précédemment et à l'encadrement ci-dessus et écrivez 240 mots sur le thème: Devrait-on interdire la publicité?
Dissertation: Devrait-on interdire la publicité?

Paragraphe 1	Introduction: 60 mots	le pour et le contre
	Présentation de la publicité	mal ou mal nécessaire
		un des aspects de la vie contemporaine
Paragraphe 2	Développement (60 mots)	baisse des prix
	Arguments en faveur	prospérité de l'industrie / de l'économie
		bon pour la compétition
		met de l'humour et de la gaieté dans la vie quotidienne
		forme d'art moderne
		toutefois pas de publicité médiocre
Paragraphe 3	Développement (60 mots)	On pourrait dépenser cet argent à ...
	Arguments contre	lavage de cerveau
		envahissant / abêtissant
		hausse des prix
		crée des besoins superflus
		gaspillage
Paragraphe 4	Conclusion (60 mots)	Essayez d'utiliser ces expressions:
	Devrait-on interdire la publicité?	Il faudrait + infinitive
		Certains pensent que ...
		D'autres estiment que ...
	Votre point de vue	Moi, je pense que ...
		Il est incensé de ...
		Mieux vaudrait

Stratégie

If you think that advertising should be abolished, start your essay with arguments for advertising so that your arguments against advertising come naturally before your conclusion.

Révision

1 Les paparazzi

a Lisez l'extrait de la lettre que Nathalie a écrite au magazine *Point de vue*.

Le mot paparazzi n'est pas nouveau mais depuis six mois c'est un mot qui apparaît dans beaucoup de conversations. Les paparazzi sont aussi appelés chasseurs d'images. C'est une bonne description du métier qu'ils exercent car ils sont toujours à la recherche d'images, de sensations pour servir la presse à scandale. Cependant il faut avouer que ces journalistes ne font que leur métier et que s'ils publient ces genre d'articles c'est que la presse à scandale est de plus en plus populaire et que les lecteurs sont avides de ces sorte d'articles.

En effet, le public ne s'émeut guère quand il est confronté aux images et aux descriptions effroyables qui viennent d'Algérie. Les massacres qui s'y déroulent ne scandalisent pas les téléspectateurs. Après tout, l'Algérie, c'est loin, très loin … Mais ce même public est choqué quand les chasseurs d'images pénètrent dans la vie privée des célébrités. Ce qui est étonnant, c'est que si on demande aux jeunes si on peut tout dire et tout montrer, ils disent être choqués par le scandale des chasseurs d'images mais l'Algérie et les terribles images qui en viennent n'entrent même pas en ligne de compte.

En définitive, si on analyse le pour et le contre, on remarque que la majorité du public s'intéresse d'avantage à la vie privée des gens célèbres qu'au réalisme de la vie.

b Répondez aux questions à choix multiples

1 Depuis six mois tout le monde parle
  a de l'Algérie.
  b des paparazzi.
  c de la presse à scandale.

2 Les téléspectateurs
  a ne sont pas scandalisés par ce qui se passe en Algérie.
  b sont horrifiés de voir ce qui se passe en Algérie.
  c sont moyennement choqués par les événements d'Algérie.

3 Les événements d'Algérie intéressent
  a les chasseurs d'images.
  b les élèves des lycées.
  c les journalistes.

4 Ce que le public veut, c'est
  a en savoir plus sur les personnes célèbres.
  b être mieux informé.
  c être au courant de ce qui se passe dans la vie.

(4 points)

2 Paparazzi

a Ecoutez Béatrice, qui parle du film *Paparazzi* d'Alain Berberian avec Vincent Lindon.

b Voici une liste de constatations. Six d'entre d'elles sont mentionnées dans l'enregistrement. Lesquelles?
  1 Ce jour-là, Franck n'était pas au travail mais sur un stade de football.
  2 Il jouait dans un match important.
  3 Malheureusement pour lui, un paparazzo était présent.
  4 Le paparazzo l'a pris en photo.
  5 Franck a perdu son emploi.
  6 Le film est une critique des paparazzi.
  7 Franck devient lui-même un paparazzo.
  8 Il y a beaucoup de drogués à l'hôpital.
  9 Les paparazzi prennent des photos de bébés.
  10 Ce qui est difficile pour les paparazzi, c'est de prendre des photos dans les hôpitaux.
  11 Il faut être sûr d'être à l'hôpital quand une vedette met un bébé au monde.

(6 points)
Total: 10 points

3 Quel média?

Et vous? Etes-vous plutôt radio, plutôt télé, plutôt presse écrite, ou plutôt Internet? Et dans chaque type de média où va votre préférence: un quotidien, le journal télévisé, une station de radio particulière? Vous arrive-t-il de douter des médias? De quoi vous méfiez-vous?

a Ecoutez ces jeunes Français qui vous font part de leur point de vue.

b Quel jeune parle de:
  1 … l'honnêteté des journaux?
  2 … l'objectivité de la presse écrite?
  3 … reporters qui ne disent pas toujours la vérité?
  4 … regarder les informations à la télé comme la plupart des adolescents?
  5 … la rivalité entre les différentes chaînes?
  6 … trois médias différents et de leur façon différente de diffuser l'information?
  7 … la nécessité de faire des comparaisons entre les différents médias?

| Florence | Nadia | Céline | Guylène | Anaïs | Barbara |

(7 points)

b Trouvez dans la liste de droite la bonne définition pour chacun des adjectifs extraits du texte.

1	parfait	a	habillé
2	chic	b	visible
3	vêtu	c	qui a lieu tous les mois
4	apparent	d	élégant
5	mensuel	e	attachés avec des épingles
6	épinglés	f	qui est mauvais pour la santé
7	malsain	g	qui réunit toutes les qualités

c Complétez les phrases suivantes en choisissant la bonne réponse (entre parenthèses).

1 Jill Dando … (a été / était) présentatrice à la BBC.
2 Elle a été … (tuée / tué) d'une balle dans la nuque.
3 Un voisin … (voyait / a vu) une silhouette courir vers le bout de l'avenue.
4 Jill … (était / a été) poursuivie pendant quatre ans par un admirateur.
5 Deux suspects sont actuellement … (recherché / recherchés).
6 Peu avant sa mort, Jill … (faisait / a fait) des courses dans un centre commercial.

d Relisez le texte précédent. Résumez-le en français et en utilisant vos propres mots. (150 mots environ) *(See chapter 2, p. 26.)*

2 Revendication serbe

a Ecoutez ce reportage sur le meurtre de Jill Dando.

b Complétez chaque blanc de ce résumé par une expression prise dans la liste suivante.

> meurtre   affirme   adressées   se disait   accru   tuée
> protégé   présentatrice   étudiée   représailles

On a … (1) … la sécurité à la BBC de Londres après le … (2) … de la … (3) … Jill Dando et les menaces de mort … (4) … au directeur de l'information Tony Hall.
Ce dernier est … (5) … après un appel téléphonique d'un correspondant se disant serbe et qui … (6) … être à l'origine du meurtre de Jill Dando.

Cet interlocuteur a affirmé que l'assassinat de la jeune femme, … (7) … devant son domicile, était des … (8) … après le bombardement par l'OTAN du siège de la télévision serbe à Belgrade.

Mais Scotland Yard … (9) … que la «piste serbe» n'est qu'une des hypothèses … (10) … par les enquêteurs.

3 C'est si injuste …

Interviewez un fan de Jill Dando au lendemain de son assassinat.

Journaliste	Fan
Introduction Quand?/Où?/Qui?	26 avril/Londres/un homme bien habillé
Questions sur Jill	
physique	blonde, jeune, jolie
profession	journaliste / présentatrice
ce que pense le public	les réactions des personnes célèbres: la reine, Tony Blair les réactions de ses admirateurs
pourquoi?	les pistes: un stalker / une piste serbe
et vos réactions?	ce que le fan ressent

Chapitre 4: Quel beau pays!

Pages	Thèmes	Grammaire	Compétences
62–66 Départ	Les vacances	Révision du présent du passé composé et de l'imparfait Le comparatif et le superlatif Les adverbes	Traduire en français Les synonymes Ecrire une lettre formelle pour se plaindre
67–76 Progression	Un département de France: Les Hautes-Alpes • Description • Deux villes des Hautes-Alpes • Une station de ski • Les loisirs • Les avalanches	Le futur Le conditionnel Il est / c'est	Faire une brochure Comparer et contraster Identifier des mots individuels à l'écoute Lire un texte plus long et plus difficile Parler plus longuement
77–78 Révision	Le Queyras Accidents de montagne Portrait de deux alpinistes	Révision des verbes vus jusqu'à présent	Préparation à l'examen
79–80 Extra	Portrait d'un berger des Hautes-Alpes Rencontre: extrait du livre de Michel Tournier – *La goutte d'or*	Inversion after speech	Répondre aux questions en français

Départ

1 Les vacances 📼

a Ecoutez et prenez des notes.

	Où?	Activités?	Avec qui?
Christine	Corse	plage	amis
Marc			
Laurent			
Amandine			

b Ces phrases sont-elles vraies ou fausses?
1 Christine aime les vacances paresseuses.
2 Elle est contente quand il fait chaud.
3 Elle est allée en vacances en Cornouailles.
4 Elle a séjourné chez des amis.
5 C'est la première fois qu'elle y allait.
6 Marc n'aime pas voyager.
7 Pour les vacances, il est allé en Angleterre.
8 Il est resté chez des copains.
9 Il va souvent dans ce pays.
10 Laurent aime marcher parce que c'est bon marché.
11 Cette année, il a passé ses vacances en montagne.
12 Le père d'Amandine travaillait dans la montagne.
13 Amandine pense que l'escalade ne comporte pas de risques.

2 Les vacances idéales

Remettez ces conversations dans l'ordre.

Exemple:

– Tu es parti cet été?
– Oui, en Corse.
– Tu étais à l'hôtel?
– Non, chez des amis.
– Pendant combien de temps?
– Un mois.
– Quelle est la chose la plus importante pour toi?
– La détente, sans aucun doute.
– Qu'est-ce qu'il te faut pendant les vacances?
– Moi, il me faut la mer, les vagues, la chaleur …!

1 a La détente, sans aucun doute.
   b Tu étais à l'hôtel?
   c Quelle est la chose la plus importante pour toi?
   d Un mois.
   e Qu'est-ce qu'il te faut pendant les vacances?
   f Oui, en Corse.
   g Tu es parti cet été?
   h Moi, il me faut la mer, les vagues, la chaleur …!
   i Non, chez des amis.
   j Pendant combien de temps?

2 a Je suis allé en Angleterre.
   b Oui beaucoup.
   c Non, j'y vais assez souvent.
   d Tu t'es fait des copains?
   e C'était la première fois que tu y allais?
   f Qu'est-ce que tu as fait cet été?

3 a La marche.
   b Qu'est-ce que vous avez fait cette année?
   c Tu préfères la ville ou la campagne?
   d Pourquoi?
   e Les grandes villes c'est vraiment pas pour moi. Je préfère de beaucoup le grand air.
   f Quel est ton passe-temps favori en vacances?
   g Nous sommes allés dans le Jura pour faire de la randonnée.
   h C'est pas cher et c'est un exercice comme un autre.

4 a Il était guide de haute montagne.
   b Me dépasser.
   c Et les risques alors?
   d Qu'est-ce que tu aimes dans l'alpinisme?
   e On n'y pense pas vraiment.
   f Que faisait ton père dans la vie?

3 Jeu de rôles: vos vacances

A deux: Posez-vous des questions sur les vacances.
A   Posez des questions à votre partenaire.
B   Répondez aux questions.
Puis changez de rôle.

Exemple:

A	B
Tu es parti, cet été?	Oui, je suis parti(e) au Portugal.
Qu'est ce que tu as fait?	J'ai fait de la planche à voile.
Qu'est ce que c'est pour toi les vacances?	
Quelles sont tes vacances idéales / de rêve?	Pour moi, les vacances idéales, c'est aller à la plage.
C'était la première fois?	Non, j'y suis allé(e) deux fois.
Tu es parti pour combien de temps?	Je suis parti(e) pendant 15 jours / deux semaines.
Où as-tu séjourné?	J'ai séjourné chez des amis.

4 Leurs vacances préférées

Lisez ce que représentent les vacances pour chacune de ces personnes.

A Arielle Dombasle

Le dépaysement commence par les livres. On a envie de connaître le désert à cause d'*Un Thé au Sahara*. Il faut avouer que les acteurs ont de la chance puisqu'ils voyagent grâce aux films. Souvent, il m'arrive de rester dans un pays après le tournage, de m'y attarder, de m'y plonger. Les vacances, c'est le temps hors du temps. C'est essentiel pour moi de pouvoir nager. Mer, rivière, piscine, peu importe! Mais les vacances, c'est aussi prendre le temps de lire, de regarder les étoiles filantes ...

B Noëlle Chatelet

Pour moi, les vacances idéales, c'est partir là où la foule n'est pas, où personne n'est encore allé. Les vacances doivent être avant tout une rupture avec le quotidien. Le tourisme m'ennuie profondément et je préfère de loin partir à l'aventure. C'est souvent le hasard qui décide de ma destination et comme je n'ai pas de résidence secondaire, je passe mes vacances chez des amis ou en location. J'aime les vacances studieuses: je prends avec moi presque toujours des bouquins que je me réserve tout particulièrement pour les vacances.

C Olivia Adriaco

Les vacances, c'est tout d'abord la détente, la décompression, couper son téléphone, faire ce que l'on veut au moment où l'on veut, vivre hors du temps, changer de rythme. C'est aussi pour moi l'occasion de passer plus de temps avec ceux que j'aime, particulièrement avec ma petite fille de 3 ans. Lorsque je suis avec elle, les vacances sont plus tranquilles, mais quand nous partons à deux, avec mon compagnon, nous privilégions les vacances plus aventureuses et sportives. J'adore faire de la plongée sous-marine, de l'équitation, de la voile. Dans ma valise, jeans, baskets, T-shirts, sans oublier une bonne crème protectrice, indice 20, pour les zones sensibles.

D Marie-France Pisier

J'aime les vacances qui sont à la fois nomades et sédentaires. Nomades, ce sont celles que nous prenons au mois de juillet, à la découverte d'un pays différent chaque année, et que nous parcourons dans un mini-van avec mon mari et mes enfants, souvent accompagnés d'amis. Nous gardons un souvenir très particulier de l'Amérique du Nord, où nous retournons d'ailleurs cet été, en Californie et au Nouveau-Mexique. Le côté sédentaire, ce sont les vacances que je passe avec ma famille dans la maison familiale du sud de la France, où je retrouve chaque été les mêmes personnes avec le plus grand plaisir.

Glossaire

le dépaysement	change of scenery
avoir envie	to feel like
puisque	since
le tournage	filming
peu importe	never mind
un bouquin	a book
s'attarder	to linger
la foule	the crowd
la détente	relaxation
les étoiles filantes	shooting stars

Stratégie

In the first extract, Arielle uses the expression **'On a envie'**. If you had listened to the extract, you would have heard **'envie'** which sounds the same as **'en vie'**. Be careful! Some words or expressions might sound the same but have a different meaning and a different spelling.

Exemple:

envie / en vie	**On est**: we are
On a envie: we feel like	**On naît**: we are born
Il est en vie: he is alive	**les vers**: verses
ce qu'il aime: what he likes	**les verres**: glasses
ceux qu'il aime: those he likes	**vert**: green

1 Use clues from the context: **Les verres sont sur la table.**
2 Be aware of the structure: **On a envie de connaître (avoir envie** is followed by **de**).
3 Use your common sense!

a Qui dit ...

Exemple: 1 Marie-France Pisier.

1 que sa famille a une maison dans le Midi?
2 qu'elle aime passer les vacances dans l'eau?
3 qu'elle ne veut pas qu'on lui téléphone?
4 qu'elle ne veut pas voir beaucoup de monde?
5 qu'elle va à l'étranger tous les ans?
6 qu'elle aime les vacances actives?
7 qu'elle reste dans le pays où elle a tourné un film?
8 qu'elle n'aime pas le tourisme?

b Relisez les commentaires ci-dessus et traduisez-les phrases suivantes.

a For me, the ideal holiday is to stay in a place which is not too busy.
b What I want is to break away from the daily routine.
c The main thing is to be able to do what I want, when I want.

d What I like especially during the holidays is to get up when I want.

e During the holidays, I need to relax and to spend more time with the people I love.

f When I go on holiday I always take books with me.

g Holidays are also a chance to take time to dream and to think.

5 Les vacances, quel boulot!

Tout le monde rêve de vacances, mais les vacances peuvent être un véritable problème, surtout avant le départ.

Lisez le texte «Les vacances, quel boulot!» paru dans un magazine français, et répondez aux questions qui le suivent.

a Les mots ci-dessous sont tous dans le texte.

congé   relaxation   aller   boulot   épuiser

Trouvez leur synonyme.

Exemple: congé → *vacances*

fatiguer augmenter travail vacances constatation
se rendre à perfectionnement détente emploi
amélioration être à bout délassement repos avouer
se détendre partir adepte randonnée

b Trouvez ces expressions dans le texte:

Exemple: 1   plus simple

1 simpler
2 the nicest experience
3 not the same
4 much more complicated
5 the most tiring
6 the most exhausting
7 the most stressful in the world
8 the simplest
9 the worst madness
10 what I fear the most

Glossaire

le(s) congé(s)	time off
les petits vernis	the lucky ones
un casse-tête	(fig) a headache
une location	renting
un tour de force	feat
les mômes	kids
un coup de fouet	whip
se mettre au vert	to take a rest
morcellé	broken up
s'y prendre à l'avance	to start looking very early

«Les vacances, quel boulot!»

Enfin, les vacances …

Normalement, si vous avez pris vos congés en juillet, vous lisez ce magazine au soleil, en position de relaxation. Vous faites donc partie des petits vernis qui ont résolu cet infernal casse-tête que sont les vacances. La question que je vous pose est: comment vous avez fait? Comment vous en êtes arrivés là? Et d'abord vous êtes où? A la mer, à la montagne, en France, à l'étranger? Vous avez pris une location? Vous êtes à l'hôtel? Au camping? Chez des amis? Et vous vous êtes décidées quand? A quel moment vous êtes vous dit: «Cet été, je vais aller à la mer, à la montagne, en France ou à l'étranger, en location, à l'hôtel, dans un camping ou chez des amis»?

Oui, mais …

Est-ce vous qui avez décidé? Et si ce n'est pas vous, c'est qui? Qui a dit: «On ira là à cette date-ci?» Autre chose, je suppose que vous n'êtes pas tout(e) seul(e). Ceux qui sont avec vous, c'est qui? C'est de la famille, des copains de boulot? Et vous êtes partis à combien au juste? Non, je vous demande ça, c'est parce que j'aimerais savoir. Comprendre COMMENT vous avez réussi ce tour de force.

Ah, le bon vieux temps …

Quand on était mômes, encore c'était plus simple; c'était nos parents qui décidaient. La portière de voiture claquait comme un coup de fouet et hop, après une journée de route, on se retrouvait sur une côte, n'importe laquelle. Y avait de la place partout, on restait un mois; au même endroit et on était content. C'était la plus belle expérience. Mais aujourd'hui c'est plus pareil.

Plus pareil, les vacances!

Non seulement on a grandi, mais c'est devenu beaucoup plus compliqué de se mettre au vert. […] Un mois, c'est trop long, on préfère faire des petites coupures. Prendre quinze jours par ci, une semaine par là et la dernière on verra bien. Aujourd'hui les vacances c'est comme ça, c'est morcellé. Si on veut partir à plusieurs, il faut que nos morcellements coïncident.

Pas si simple, les vacances …

D'autre part, on peut aller loin pour pas cher mais il faut s'y prendre hyper à l'avance.

L'idée en gros, c'est qu'à peine rentré, il faut déjà penser à l'année prochaine. C'est un peu comme si au restau, tout de suite après le dessert, le garçon vous tendait la carte pour le dîner du lendemain. Je ne sais pas pour vous, moi, les vacances m'épuisent. C'est désormais l'affaire la plus fatigante, la plus épuisante et la plus stressante du monde. C'est comme ça, le truc le plus simple est devenu la pire folie, c'est maintenant ce que je redoute le plus.

Grammaire

To compare a person or a thing with another, use the comparative: bigger, more comfortable, etc. …
To say that someone or something has the highest degree of quality, use the superlative: the biggest, the most comfortable, etc.

The comparative

English	French
more + adjective + than	**plus** + adjective + **que**
more intelligent than	**plus intelligent que**
adjective + 'er' + than	**plus** + adjective + **que**
bigger than	**plus gros que**
less + adjective + than	**moins** + adjective + **que**
less simple than	**moins simple que**

The superlative

English	French
the most + adjective	**le, la, les plus** + adjective
the most tiring	**la plus fatigante**
adjective + 'est'	**le, la, les plus** + adjective
the simplest	**le plus simple**
the least + adjective	**le, la, les moins** + adjective
the least simple	**le moins simple**

Be careful! Do not forget to make the adjective agree with the noun.

Exemple: **la journée la plus fatigante**: the most tiring day
For position and irregular comparatives and superlatives, e.g. **meilleur, pire,** *see pp. 135–6.*

Exercice 1
Faites des phrases à l'écrit. Que préférez-vous?

Exemple: le jogging   les bains de soleil

Je préfère les bains de soleil parce que c'est moins fatigant que le jogging.

1 la mer — la montagne
2 les grandes villes — la campagne
3 l'hôtel — le camping
4 les voyages organisés — les croisières

Exercice 2
Complétez les phrases en utilisant le comparatif ou le superlatif de la boîte qui convient.

Exemple: La superficie de la France est … celle de l'Angleterre.
Réponse: La superficie de la France est plus grande que celle de l'Angleterre.

Grammaire

1 Le TGV roule … un train normal.
2 Les vacances à la campagne sont … les vacances en ville.
3 Les vacances en camping sont … les vacances à l'hôtel.
4 Les vacances à l'hôtel sont souvent … .
5 Le département des Hautes-Alpes est le département où on vit … .
6 Saint Véran est le village … d'Europe.

plus grand que   plus reposantes plus grande que
les plus reposants   le plus haut   les plus chères
plus vite qu'   moins chères que   le mieux   la plus haute

6 Stations des Alpes du Sud

a Lisez les extraits suivants.

A Vars: un des plus beaux panoramas des Alpes d'Europe. A la pointe de Chabrières, on peut voir le lac de Serre-Ponçon: le plus grand lac artificiel d'Europe. Tous les hivers, il y a des compétitions sportives nationales et internationales du plus haut niveau et Vars vous invite à partager les moments les plus forts. Mais à Vars, il n'y a pas que le ski. Les touristes peuvent aussi visiter des villages comme Saint-Véran qui est le village le plus haut d'Europe.

B Les Orres: Les Orres est une station plus récente et plus moderne que Vars. Elle est aussi moins élevée. Mais elle n'est pas moins intéressante. L'ensoleillement est un des meilleurs: c'est beaucoup plus ensoleillé que dans certaines autres stations, surtout des stations des Alpes du Nord.

b Traduisez les phrases suivantes.

Exemple: 1 un des plus beaux panoramas

1 one of the nicest panoramas
2 the biggest lake
3 of the highest standard
4 the strongest
5 the highest village in Europe
6 more recent than
7 more modern than
8 less high than
9 less interesting
10 one of the best
11 much more sunny

7 Quel désastre! 🔊

Les vacances peuvent aussi être un désastre. Ecoutez Monsieur Clément, qui vous parle de ses dernières vacances.

Voici un résumé de ce que vous avez entendu. Remplissez les blancs avec un des mots de la boîte.

Exemple: 1 longtemps

Monsieur Clément a passé les vacances en Dordogne dans un gîte. Il y pensait depuis ... (1) ... et puis ... (2) ... le moment est arrivé. Après un voyage d'une journée, ils sont arrivés à destination. ... (3) ... , ces vacances n'allaient pas être les vacances qu'ils espéraient. Tout d'abord les couverts: il y n'avait ... (4) ... cinq couteaux et cinq fourchettes ... pas de cuillères de service ... et les casseroles? Deux! Pour une famille nombreuse! L'agence devait aussi leur fournir la literie, c'est-à-dire les draps, les oreillers, etc. Eh bien, non, il n'y en avait pas. Ils ont dû sortir le lendemain pour en acheter. Et la piscine! Très belle d'après la brochure. ... (5) ... à la réalité, à peine un bassin pour se tremper les pieds. Et les meubles? ... (6) ... pas ou très peu, pas ... (7) ... de chaises. Les vacances de rêve se sont transformées en cauchemar, en fait nous avons écourté notre séjour et j'ai envoyé ... (8) ... après notre retour une lettre de plainte à l'agence.

immédiatement doucement malheureusement
contrairement follement longtemps que
constamment suffisamment enfin pratiquement

Grammaire

Adverbs

An adverb goes with a verb. It tells you when, how or where the action of the verb was done.

Exemple: **Il conduit rapidement.** He drives quickly.

To form an adverb in French, you use the feminine form of the adjective and add -**ment** for most adverbs.

Exemples:

Adjectif masculin	Adjectif féminin	Adverbe
lent	lente	lentement

For irregular adverbs and comparative and superlative quantifiers, see p. 121.

Exercice 1

Dans l'exercice 7, écrivez de quels adjectifs viennent les adverbes s'ils sont formés à partir d'un adjectif.

Exemple: immédiatement → immédiat

Exercice 2

Remplissez le tableau suivant.

Exemple: général → générale → généralement

Adjectif masculin	Adjectif féminin	Adverbe
général		
	attentive	
	heureuse	
doux		
		nettement
	naturelle	
fou		

8 La plainte

Imaginez que vous êtes Monsieur Clément. Ecrivez une lettre à l'agence qui vous a loué ce gîte pour vous plaindre.

Voici des expressions qui pourront vous aider:
Ce que je n'ai pas aimé
Il est inadmissible de ...
Je vous prie de bien
 vouloir ...
Il me semble que ...
Je n'ai aucun plaisir à ...

Ce que j'ai détesté le plus ...
la publicité mensongère
Je suis bien décidé à ...

porter plainte
Je ne peux faire autrement
 que de ...

Progression

1 Les Hautes-Alpes

Quelques faits …
Une enquête conduite en mai 1992 par l'hebdomadaire
Le Point le désignait comme numéro 1 des départements
français pour la qualité de la vie.

Les Hautes-Alpes

Les Hautes-Alpes présentent trois caractéristiques.
Elles sont:

Un département de montagne le département se situe
entièrement en zone de montagne, ce qui signifie que les Hautes-
Alpes ont un espace cultivable réduit.

Un département peu peuplé 113 000 habitants pour une
superficie de 5 643 km^2: avant-dernier département français pour la
population.

**Un département ayant une économie basée sur le
tourisme** sans trop d'industries ni de grands centres urbains, le
département vit beaucoup du tourisme.

Des paysages exceptionnels, une faune et une flore remarquables
ont motivé la création de deux parcs: le parc national des Ecrins et le
parc régional du Queyras. L'ensoleillement (300 jours de soleil par
an) et le lac de Serre-Ponçon (le plus grand lac de retenue d'Europe)
attirent de nombreux touristes. La population du département passe
de 113 000 habitants à 300 000 habitants pendant la saison de ski et
à 500 000 habitants l'été. 20% de la population active tire
directement et à plein temps ses revenus de l'activité touristique.

Un peu de géographie

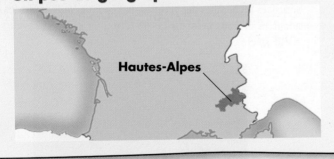

Hautes-Alpes

Le département des Hautes-Alpes est situé au Nord-Est de la Région
Provence–Côte d'Azur, à laquelle il appartient. Situées entre l'Italie,
l'Isère, la Provence et la Drôme, les Hautes-Alpes ont su mélanger
les senteurs de la Provence et les rudesses de la montagne pour offrir
une qualité de vie exceptionnelle.

Hiver comme été, le sport y est roi que l'on soit novice ou grand
champion.

Les villes principales

Gap à 735 mètres d'altitude, Gap est la plus haute préfecture de
France et la capitale des Alpes du Sud. Ville très sportive, elle
compte 36 000 habitants.

Briançon la région du climatisme. Briançon, plus haute ville
d'Europe, culmine à 1 326 mètres. Environ 12 000 habitants.

Embrun 6500 habitants. Embrun est une ancienne cité épiscopale,
juchée sur un roc.

Quelques curiosités …
Les Demoiselles coiffées

Ce sont des colonnes de pierres formées dans les alluvions friables.
Elles ont sur leur sommet un énorme rocher qui les protège de
l'érosion (unique en France et rarissime en Europe).

Le Parc National des Ecrins

Pays des glaciers. Chamois, marmottes, aigles royaux et lièvres
blancs évoluent dans cet univers.

Le lac de Serre-Ponçon

La plus grande retenue artificielle d'Europe. La construction du
barrage a commencé en 1955 et il a fallu plus de 4 ans pour le
terminer. Le village de Savines a été noyé sous l'eau et reconstruit
un peu plus loin.

Avez-vous compris?
1 What is the result of the 1992 survey?
2 What do you know about the population?
3 Are there many industries?
4 What is the main source of income for the inhabitants?

5 What is Serre-Ponçon?
6 Where are the Hautes-Alpes situated?
7 What facts are given about Gap?
8 What are the «Demoiselles coiffées»?
9 What animals can be found in the Parc des Ecrins?

2 Les villes

Le département des Hautes-Alpes est un département où les touristes aiment bien passer leurs vacances car c'est un département où il fait bon vivre.

a Lisez ces deux brochures sur deux des villes du département des Hautes-Alpes. Cherchez dans le dictionnaire les mots que vous ne connaissez pas.

Stratégie

You write 'C'est surprenant' but 'Il est certain qu'elles sont une des curiosités du coin.'

Il est + adjective + **que** + clause   But **C'est** + adjective

Il est + adjective + **de** + infinitive

GAP

Entre la Provence et le Dauphiné, Gap est incontournable sur la route Napoléon, qui relie Grenoble à la Méditerranée. Au milieu d'une nature extraordinaire de paysages montagnards et de parcs naturels, Gap bénéficie d'un climat méditerranéen tempéré par sa situation à 735 m d'altitude.

L'hiver, vous profiterez des nombreuses stations de ski des environs tandis que votre été sera animé par la découverte des Cadrans solaires, la botanique au Domaine de Charance (3 000 espèces de flore sauvages réparties sur 220 hectares d'alpages), de rocs, et de forêts. On y compte une centaine de pics de plus de 3 000 m d'altitude, et presqu'autant de cascades et de torrents. Le plus insolite à découvrir est le paysage des Demoiselles Coiffées: en pleine nature, des colonnes de pierre avec un chapeau au sommet. C'est vraiment surprenant! Il est certain que ces Demoiselles Coiffées représentent une des curiosités du coin.

Au cœur de Gap, en parcourant le centre-ville rénové, vous retrouverez l'histoire de l'ancien bourg fortifié du Moyen Âge. Dans la vaste zone pétonnière, après avoir flâné le long des boutiques, vous découvrirez l'hôtel de ville et la cathédrale du XIXᵉ siècle. Le musée de Gap vous invite à un voyage dans le temps, vous verrez la cité d'antan telle qu'elle se présentait en 1550 ainsi qu'une grande partie des trésors culturels des Hautes-Alpes.

Briançon

Au cœur des Alpes du Sud, à 1 326 m d'altitude, Briançon se dresse fièrement au milieu de ses massifs montagneux dont certains culminent à plus de 4 000 m. Souvent baignée de soleil, Briançon possède donc le climat idéal pour se refaire une santé. Briançon accueille 15 centres climatiques médicalisés.

Une douceur de vivre bien méditerranéenne se dégage des ruelles du centre ville. Les Briançonnais ne sont pas de rustres montagnards: ils vous parleront chaleureusement de leur pays avec une pointe d'accent du Midi.

Le patrimoine de Briançon est riche. Les fortifications dominent la Durance. Les associations du pays ont mis en commun leurs bonnes volontés pour faire connaître la vie quotidienne des Briançonnais de jadis (les métiers d'antan, les coutumes, la vie familiale de leurs ancêtres).

Au fil des années, Briançon est devenue une ville animée été comme hiver. Les passionnés de montagne et de nature seront conquis par l'étendue des parcs naturels protégeant faune et flore. Les fans de ski seront comblés par la stations de Serre Chevalier avec 250 km de pistes skiables!

Après ce bol d'air, vous pourrez sans crainte commander le menu Vauban: sept restaurateurs ont retrouvé après de sérieuses recherches des recettes de l'époque Vauban, ils les ont adaptées et vous permettront de retrouver goûts et saveurs du XVIIᵉ siècle.

b Quelle ville ...

Exemple: *Gap est à 735 m d'altitude.*

1 ... est à 735 m d'altitude.
2 ... a des centres spécialisés pour se remettre en forme.
3 ... est une ville fortifiée.
4 ... a des colonnes de pierre.
5 ... a des parcs naturels.
6 ... est à proximité de la station de Serre-Chevalier.
7 ... est à 1 326 m d'altitude.

c Liez les débuts et les fins de phrases suivants.

Exemple: 1 **f**

1 Gap est situé sur la route Napoléon,
2 Il y a beaucoup de pics de 3 000 m
3 Les Demoiselles Coiffées sont
4 Au musée, vous pourrez
5 De nombreux asthmatiques se rendent
6 L'accent des Hauts-Alpins ressemble
7 De nombreux touristes viennent
8 Dans certains restaurants, vous

a uniques en France.
b à Briançon pour se rétablir.
c à celui du Midi.
d à Briançon en hiver comme en été.
e aux alentours de Gap.
f route qui relie Grenoble à la côte d'Azur.
g pourrez manger comme au XVIIᵉ siècle.
h voir des trésors.

Grammaire

The future

The future is used to describe what will happen.

Exemple: **Pendant les grandes vacances, j'irai dans les Alpes.**
During the summer holidays, I will go to the Alps.

To form the future in French, you take the infinitive of the verb (for **-re** verbs cross out the **-e**):

Exemples: profiter   découvrir   attendre

and you add the future endings (**-ai, -as, -a, -ons, -ez, -ont**) to the infinitive.

Exemples:

je profiterai	je découvrirai	j' attendrai
tu profiteras	tu découvriras	tu attendras
il/elle/on profitera	il/elle/on découvrira	il/elle/on attendra
nous profiterons	nous découvrirons	nous attendrons
vous profiterez	vous découvrirez	vous attendrez
ils/elles profiteront	ils/elles découvriront	ils/elles attendront

Some common irregular futures:
être: je serai   avoir: j'aurai
faire: je ferai   aller: j'irai

For other irregular futures and for future perfect see p. 123 in the grammar section at the back of the book.

Grammaire

– Be careful:

English	French
When + present + future	**Quand** + future + future
When I am in the Hautes-Alpes	**Quand je serai dans les Hautes-Alpes**
I will do rock climbing.	**Je ferai de l'escalade.**

With **si** the pattern is the same as in English:

English	French
If + present + future	**Si** + present + **future**
If the weather is fine, I will go on an excursion.	**S'il fait beau je ferai une excursion.**

Exercice 1

Mettez les verbes suivants au futur:

Exemple: Je vais habiter à Gap. *J'habiterai à Gap.*

1 Il va parler français.
2 Ils vont découvrir les Hautes-Alpes.
3 Tu vas prendre la route Napoléon.
4 Vous allez avoir beau temps.
5 Je vais pouvoir faire des randonnées.
6 Elles vont faire du ski.
7 On va voir le Parc Naturel des Ecrins.
8 Elle va permettre à ses enfants de faire du snowboard.

Exercice 2

Faites les phrases ci-dessous en utilisant les mots fournis et en mettant les verbes au temps qui convient.

Exemple: Si vous (aller) à Serre Chevalier, vous (loger) dans une pension.
Si vous allez à Serre Chevalier, vous logerez dans une pension.

1 S'il (se rendre) à Briançon, il (voir) peut-être la Collégiale.
2 Quand elle (aller) au ski, elle (dépenser) beaucoup d'argent.
3 Si tu (choisir) cette région, tu ne (être) pas déçu.
4 Quand elles (partir) en vacances, elles (aller) dans les Hautes-Alpes.
5 Si on (aller) à Vars, on (pouvoir) faire du surf des neiges.
6 Quand tu (rentrer) de vacances, on (faire) la fête.

3 Un Haut-Alpin vous parle

Ecoutez cet habitant des Hautes-Alpes qui vous parle de son département.

a Recopiez et complétez les notes ci-dessous.

Exemple: 1   *Angel Amar*

1 Nom de la personne interviewée: …
2 Lieu de naissance: …
3 Lieu d'habitation après l'âge de 20 ans: …
4 Changements dans le département: …
5 Attraits touristiques du département: …
6 Effet des touristes sur le département: positifs: …
                                                              négatifs: …

7 Avenir des jeunes: …

b Réécoutez l'enregistrement et remettez les phrases suivantes dans l'ordre.

Exemple: 4   *Je suis né dans les Hautes-Alpes.*

1 A Savines, les vacanciers font de la planche à voile.
2 Les touristes ont du bon et du mauvais.
3 Beaucoup de montagnards vont travailler en ville.
4 Je suis né dans les Hautes-Alpes.
5 C'est un des départements qui a la meilleure qualité de vie.
6 Ce département a beaucoup changé.
7 Il y a beaucoup de possibilités dans le sport.

c Ecoutez maintenant ce jeune Haut-Alpin qui prévoit l'avenir et remplissez les blancs.

Exemple: 1   *sera*

La vie … (1) … complètement différente. Ce département n' … (2) … pratiquement plus d'exploitations agricoles. Beaucoup de gens … (3) … la campagne. Ou alors il y … (4) … de grands domaines et le petit paysan … (5) … Les gens … (6) … ….. travailler en ville. En ville, il n'y … (7) … plus de petits commerces. De grands centres commerciaux … (8) … et ce … (9) … la fin des petites boutiques. Il y … (10) … encore moins de pollution car toutes les voitures … (11) … électriques.

4 Une brochure

Maintenant à vous. Ecrivez une brochure sur votre ville.

Faire un plan

Introduction

Développement:

la position géographique	dans le Nord, le Sud-Est …
le paysage	montagneux, rocailleux …
le climat	tempéré, pluvieux, froid …
l'économie: industrielle, agricole?	peu d'industries, domaines agricoles
les attraits touristiques	monuments, sports, choses à faire
prévisions pour l'avenir	peu de circulation, voitures électriques …

Conclusion
N'oubliez pas d'illustrer votre brochure avec des dessins ou des photos.

5 Une station de ski: Vars

a   Lisez la publicité suivante.

Une des attractions de ce département est, bien sûr, le ski qui lui a donné un nouvel essor. Vars est une des stations de ski les plus importantes.

VARS Vars-Sainte-Marie, c'est un village de montagne dans un grand domaine de ski et de surf. Apprécié des amoureux de la montagne, Sainte-Marie est un village authentique qui vous permet cependant de bénéficier de tous les équipements d'une grande station.

A 1 km 5 se situe Vars Les Claux: le modernisme d'une grande station avec une patinoire, un cinéma, des discothèques, des commerces de toutes sortes, les écoles de ski. Sainte-Catherine et Saint-Marcellin sont les deux autres villages traditionnels de la commune de Vars (navette gratuite reliant tous les villages).

Vars bénéficie aussi d'un ensoleillement remarquable: 300 jours de soleil par an.

La station
Le domaine de la forêt blanche: 180 km de pistes balisées et sécurisées. De belles pistes sillonnant – les forêts de mélèzes et un domaine d'altitude qui culmine à 2 750 m.

Ski Alpin
- 103 pistes: 11 noires, 35 rouges, 39 bleues, 18 vertes
- 53 remontées mécaniques
- 30 km d'itinéraires piétons et raquettes
- un espace snowboard
- une piste de ski de vitesse (KL)

Ski de fond
26 km d'itinéraires de ski de fond

Après-ski
A Vars, toutes les commodités d'une grande station: cinéma, discothèques, sept restaurants d'altitude

Hôtel Alpage
Détendez-vous, appréciez le confort et les services!
- Toutes chambres avec TV et téléphone direct
- Chambres 3 sapins confortables pour 2, 3 ou 4 personnes avec bain ou douche et wc
- Chambres 2 sapins standard pour 2 personnes avec douche et wc

Ascenseur
- Sauna pour la détente et quelques équipements fitness pour la forme
- Salle de jeux réservée aux enfants
- Billard américain
- Jeux de société à votre disposition
- Magasin de sport devant l'hôtel
- Forfaits de ski à prix réduits (selon période)

Le bar
Comptoir en mélèze (le bois du pays), le salon en mezzanine, le coin cheminée et le billard

Chocolat, vin chaud, génépy ... tous les réconforts de l'après-ski

Le restaurant
Le Moulin, restaurant de l'hôtel, a été aménagé dans les voûtes de l'ancienne étable. Vous y apprécierez la cuisine généreuse des Alpes aux fromages du Queyras et de l'Ubaye. Imaginez le plaisir savoureux d'une fondue ou d'une raclette!

b Lesquelles de ces phrases s'appliquent à Vars?

Exemple: b

a architecture moderne
b 300 jours d'ensoleillement par an
c boutiques
d bus à tarif réduit qui va de village en village
e convient aux débutants comme aux skieurs plus expérimentés
f piste de surf des neiges
g pas de télé dans les chambres
h magasin de sport devant l'hôtel de ville
i possibilité de manger des spécialités régionales au restaurant de l'hôtel

c Ces phrases sont-elles vraies ou fausses?
1 Vars est une grande station de ski.
2 Vars-Les Claux est à 5 km de Vars-Sainte-Marie.
3 On doit payer la navette.
4 A Vars le soleil brille 300 jours par an.
5 Il y a 2 750 m de pistes.
6 Il n'existe pas de réduction pour les forfaits.
7 Le Moulin est une ancienne étable restaurée.

6 Radio Hautes-Alpes

**Vous travaillez pour une radio locale et on vous a demandé de faire une publicité pour les Hautes-Alpes. N'oubliez pas d'utiliser le futur.
Utilisez l'encadré suivant pour vous aider.**

Attraits des Hautes-Alpes	Verbes à utiliser
Une situation géographique privilégiée	vous profiterez
Un climat sain et ensoleillé	vous pourrez
Une station touristique quatre saisons:	vous ferez
– Hiver: ski alpin, ski de fond, promenades en raquettes	vous irez
– Printemps / Eté /Automne: promenades en montagne, excursions, activités de pleine nature: sports nautiques et eau vive, sports aériens, escalade, alpinisme, VTT, etc.	

7 Les vacances de Sylvain et de Laure

Le ski n'est pas le seul sport pratiqué. Les Hautes-Alpes se veulent un département très sportif. Les vacances approchent et Sylvain et Laure discutent de ce qu'ils vont faire pendant les vacances.

a Ces phrases sont-elles vraies ou fausses?

Exemple: 1   Faux

1 Sylvain sera en vacances pendant tout le mois de juillet.
2 Il va cueillir des fruits pour gagner de l'argent.
3 Il ira faire un parcours de golf tous les jours avec ses copains.
4 Le golf de Bayard est un golf de neuf trous.
5 Laure veut essayer de jouer au golf.
6 Elle espère pratiquer trois activités.

b Sylvain et Laure ont prononcé les phrases suivantes. Traduisez-les, puis vérifiez votre traduction à l'aide de la cassette.

Exemple: 1   *Je serai en vacances à partir du 15 juillet.*

1 I will be on holiday from July 15th.
2 I am going to go strawberry picking.
3 I will go and practise.
4 We will play there every day.
5 Have you got any plans?
6 I will go rockclimbing on Céüse's Cliffs.
7 I might try rafting.

8 Deux alpinistes tués

Malheureusement la montagne n'apporte pas que des plaisirs et les accidents sont fréquents. Lisez l'article suivant paru dans *Le Dauphiné libéré*.

Deux alpinistes se tuent dans le couloir Coolidge

Pelvoux: Originaires de Veynes et d'Aspres-sur-Buëch les deux hommes ont dévissé hier matin à 3 800 mètres d'altitude dans le massif du Pelvoux.

CHUTE MORTELLE

La mortelle loi des séries se poursuit dans les Alpes et a encore frappé deux alpinistes hier matin. Les deux hommes se trouvaient dans le couloir Coolidge dans le massif du Pelvoux, à 3800 mètres d'altitude. Vers 8 h 25, ils ont fait une chute mortelle de 350 mètres alors qu'ils s'approchaient du sommet. L'un des deux se seraient cogné le pied avec son crampon. Déséquilibré, il a glissé sur la partie du couloir couverte de glace, entraînant son équipier dans sa chute. Une cordée de deux autres amis, à quelques dizaines de mètres, a assisté impuissante à la scène.

DEUX ALPINISTES EXPÉRIMENTÉS

Thierry Renard, 65 ans, demeurant à Aspres-sur-Buech et Georges Ripert, 54 ans, demeurant à Veynes, dans les Hautes-Alpes, ont été tués sur le coup. Ce dernier, employé au service électricité de la SNCF à Veynes, devait prendre sa retraite en janvier prochain. Tous les deux étaient des sportifs confirmés, habitués à la haute-montagne. L'unité de secours en montagne des CRS de Briançon, accompagnée d'un médecin du SAMU, n'a pu que constater les décès malgré une intervention rapide en hélicoptère. Un guide local, arrivé au sommet, a assisté à l'accident et a dit que si les gens étaient plus prudents, ce genre d'accident n'arriverait pas.

Glossaire

dévisser	to fall (off)
se poursuivre	to continue
déséquilibré	to lose its balance
SAMU	emergency services
une cordée	roped party
un équipier	a team mate
impuissant	helpless
sur le coup	outright
CRS	security police
constater le décès	to certify death

a Faites correspondre 1–6 et leurs synonymes a–i.

Exemple: 1   f

1	originaire	**a**	fatale
2	massif	**b**	alpage
3	mortelle	**c**	montagne
4	alpiniste	**d**	entraîneur
5	sommet	**e**	emportant
6	entraînant	**f**	natif
		g	mortadelle
		h	montagnard
		i	point culminant

b Répondez aux questions à choix multiples.

Exemple: 1   b

1 Les deux alpinistes étaient:
   a du Coolidge et du Pelvoux.
   b de Veynes et d'Aspres-sur-Buëch.

2 Ils étaient:
   a à 3 800 mètres de haut.
   b à 350 mètres de haut.

3 Ils sont tombés:
   a alors qu'ils étaient presque arrivés.
   b alors qu'ils venaient d'arriver.

4 Ils sont morts:
   a dans l'ambulance.
   b tout de suite.

5 Ils avaient:
   a beaucoup d'expérience.
   b peu d'expérience.

6 La morale de l'histoire:
   a les gens ne font pas assez attention.
   b il y a trop d'accidents.

Grammaire

The conditional

The conditional is used to describe what would happen if certain conditions were met.

Exemple: **S'il faisait beau, j'irais dans les Alpes.**

If the weather was nice, I would go to the Alps.

To form the conditional in French, you take the infinitive of the verb (for **-re** verbs cross out the **-e**), and add the imperfect endings (**-ais, -ais, -ait, -ions, -iez, -aient**) to the infinitive.

Exemple: **j'arriverais**

For irregular conditionals, the conditional perfect and 'si' constructions, see p. 122.

Reported speech of the future:

Exemple: **Ils iront dans les Alpes.**
Ils ont dit qu'ils iraient dans les Alpes.

Exercice 1

Reliez les débuts et les fins de phrases pour obtenir des conseils utiles pour les alpinistes.

1 Si vous partiez en montagne ce week-end
2 Si tu allais faire de l'alpinisme
3 Si vous faisiez du ski
4 Si nous faisions une randonnée

a nous vous paierions un coup à boire.
b vous feriez attention de ne pas vous casser une jambe.
c nous emporterions notre boussole.
d il faudrait faire attention à la météo.
e il faudrait partir en week-end.
f tu devrais emporter tes crampons.

9 Conseils aux alpinistes

Dès le retour des beaux jours, la montagne tue.

Ecoutez un alpiniste qui conseille les débutants et remplissez les blancs du résumé avec un des mots de la boîte.

Si les jeunes le lui … (1) … l'alpiniste leur … (2) … les mêmes conseils qu'il leur … (3) … il y a 20 ans à savoir que si les gens … (4) … plus prudents, il y … (5) … moins d'accidents. D'autre part, s'ils se … (6) … il y … (7) … moins de surprises. La montagne présente un certain danger et les alpinistes … (8) … le savoir. Il ne … (9) …

Grammaire

Exercice 2

Si vous étiez perdu(e) dans la montagne, que feriez-vous?

Si j'étais perdue dans la montagne je pleurerais

Et vous, que feriez-vous?

1 utiliser ma boussole.

2 se servir de mon portable pour téléphoner à mes parents.

3 envoyer une fusée de détresse.

4 lire et essayer de ne pas s'inquiéter.

5 mettre un chapeau, des gants et une écharpe.

6 faire un feu.

7 crier de toutes mes forces.

8 monter une tente.

9 manger des raisins secs.

pas qu'ils s'aventurent seuls. Au bureau de la montagne, les alpinistes … (10) … se renseigner. Les débutants … (11) … être bien équipés et bien encadrés. Le matériel a beaucoup … (12) …

progressé pourraient demandaient devraient faudrait donnait aurait devraient étaient aurait donnerait documentaient

10 La montagne meurtrie

**La montagne tue mais c'est souvent l'environnement qui en est à l'origine.
Lisez cet article extrait paru dans le journal *Le Dauphiné Libéré*.**

Pourquoi ce drame?

Après les dernières avalanches qui ont causé la mort de plusieurs personnes, les sauveteurs de la station de Laye se posent des questions sur ce qui s'est passé et se demandent comment faire respecter la montagne et comment se protéger des accidents.

Faut-il introduire des règlements draconiens en montagne? Voilà la question que se posent les habitants après les nouveaux drames qui se sont produits dans leur région.

Avalanche meurtrière dans les Alpes

Mercredi dernier, une dizaine de personnes ont été balayées par une avalanche qui a emporté leurs chalets, situés à proximité du village de Laye. Cinq jours plus tard, quatre autres personnes se tuaient en déclanchant une avalanche tandis qu'elles faisaient du ski hors pistes alors que la météo avait prévu des avalanches. Et quelques jours plus tard, des touristes belges étaient aussi emportés par une avalanche.

Prudence requise

La montagne devient de plus en plus un lieu de loisirs mais il ne faut pas oublier qu'elle comporte beaucoup de risques et qu'il vaut mieux observer les règlements. «Une avalanche provoque le même chaos qu'un tremblement de terre. La seule différence, c'est qu'il y a une dizaine de mètres de neige sur vous», constate Emmanuel, sauveteur à Chamonix.

Le temps responsable

La météo joue en général un grand rôle dans les accidents de montagne. Avant l'avalanche de Laye, il avait neigé pendant toute une semaine et il y avait donc de la neige fraîche en abondance. Et c'est cette énorme couche de «poudreuse» qui a provoqué l'avalanche. Une plaque de neige massive s'est alors décrochée et a descendu la pente à toute vitesse. Elle a littéralement anéanti le petit village.

Les «plaques à vent» sont, quant à elles, responsables de la mort des quatre skieurs qui faisaient du hors-piste. Ces plaques sont des couches de neige qui se sont entassées et que le vent a durci. Elles sont très dangereuses car le poids d'un homme ou d'un animal est suffisant pour les faire se détacher.

Zone blanche?

Un vif débat est désormais en cours. Une question est sur toutes les lèvres: ces chalets avaient-ils été construits sur des zones interdites? Le maire de la commune voisine ne le pense pas mais il a cependant décidé de classer inconstructible la zone de la catastrophe.

Prenez vos responsabilités …

Le préfet des Hautes-Alpes a mis en garde tous les vacanciers de la région et il a formellement interdit le hors-pistes pendant au moins une semaine – ce que beaucoup critiquent comme une atteinte à la liberté. «Cela va nous poser un certain nombre de problèmes car il est pratiquement impossible de mettre un gendarme derrière chaque skieur et donc de vérifier que le règlement est appliqué», déclare le préfet qui pense que sa décision aura un effet dissuasif. L'espace montagnard comporte un certain nombre de risques et le public doit en être conscient.

Glossaire

draconien	drastic	**une couche**	a layer
balayées	swept	**une atteinte**	attack
un tremblement de terre	earthquake	**la poudreuse**	powder snow
anéantir	destroy	**une plaque**	sheet (ice)

Stratégie

How to read a longer and more difficult text:
1   Don't panic and don't look for every single word in the dictionary.
2   Read it at least twice.
    – First read it for the gist and try to guess the words you do not know, using the context and your common sense!
    – You can then look up words, but only if they seem important.
3   Make a list of expressions to learn and use.
    – Classify them by categories:
    a   topic words, e.g. **avalanche, montagnard, hors-piste** …
    b   linking words, e.g. **malgré, alors que, tandis que** …
4   Note any grammar points you have studied recently: examples of tenses; adverbs: **littéralement, pratiquement**
5   And don't forget, the more you read, the more the range of your vocabulary and your grammar will improve!

a   **Faites une liste des mots qui ressemblent à des mots anglais.**

Exemple: *avalanche.*

b   **Faites une liste de mots qui appartiennent à la même famille que des mots que vous connaissez.**

Exemple: *montagnard.*

c   **Faites une liste des mots dont vous pouvez deviner le sens.**

Exemple: *tremblement de terre.*

d   **S'il reste des mots qui ne sont pas dans le glossaire ou qui ne figurent pas dans l'exercice ci-dessus, vous avez le droit de les chercher dans le dictionnaire.**

Exemple: *désormais.*

e   **Répondez aux questions suivantes en anglais:**
    1   What is the question asked in the introduction?
    2   What happened last Wednesday?
    3   What happened five days later?
    4   What does Emmanuel's job consist of?
    5   What does he say about avalanches?
    6   What happened during the week which preceded the Laye avalanche?
    7   What is the mayor's decision?
    8   And the 'préfet'? What is his decision?

11 Est-ce juste?

Préparez un exposé de trois minutes sur le thème: Les skieurs hors-piste ont-ils le droit de mettre en danger la vie des secouristes? Considérez les points suivants:
– Skier hors-piste, c'est la liberté de skier où on veut.
– La montagne comme la mer est un espace dangereux qu'il faut respecter et il ne faut pas ajouter aux risques.
– Faut-il tout réglementer ou mettre la vie des sauveteurs en danger?

a   **Ecoutez les extraits suivants et notez les expressions qui pourront vous être utiles pour votre discussion.**

causes des accidents   les gens qui partent en montagne
conseils   manque de préparation   imprudents
respecter les règles

b   **Donnez votre avis sur la question.**

Stratégie

1   Introduction (30 seconds)

Possible topics	Vocabulary
la montagne: lieu de loisirs	ski hors-piste
	la poudreuse
	sentiment de liberté
	pistes balisées
les avalanches	destruction
	morts
	couches de neige
	conditions météorologiques
	imprudence des skieurs
comment éviter	réglementer les pistes
les catastrophes	être plus prudents

Révision

1 Opinions

Un magazine français a demandé à ses lecteurs de décrire une région et de dire pourquoi les touristes devraient y passer leurs vacances.

a **Lisez ces quatre extraits de lettres publiés par ce magazine.**

A Si vous aimez l'histoire, il faudra vous arrêter dans le Queyras. Il a une histoire originale et passionante. L'architecture de ses maisons retrace les grands évènements qui ont eu lieu dans la région et atteste des rudes conditions de la vie montagnarde. Le bois, omni-présent dans les villages, a aussi inspiré les nombreux artisans qui ont conservé la tradition du travail des meubles d'art et des jouets en bois. La richesse des alpages se retrouve dans la saveur des fromages du Queyras, et les mets traditionnels ont conservé leur goût d'autrefois.
Monsieur Gilles Durand

B Ah, le soleil! Soleil que vous retrouverez dans leurs yeux et au fond de leurs cœurs. Les poignées de mains sont celles de vrais montagnards. Quand j'observe mes enfants je trouve que pour y grandir et se forger des souvenirs, le Queyras est unique. Comme moi, vous reviendrez …
Madame Colette Aubry

C Cette région est vraiment le paradis de la randonnée. Au travers des alpages et des forêts de mélèzes, les circuits célèbres et les sentiers découverts vous ouvrent cette nature exceptionnellement généreuse, où faune et flore rares abondent et offrent des points de vue inoubliables. Les adeptes de VTT ou de cyclotourisme se régalent: pistes, cols, pentes variées leur procurent des sensations extraordinaires. Torrents, lacs, canyons permettent tous les sports d'eau vive et font le bonheur des pêcheurs.

Vous pourrez aussi découvrir nos montagnes à cheval, en parapente …
Madame Catherine Manent

D C'est un lieu unique pour un ski alpin de qualité. Les grands champs de neige et les forêts de mélèzes, l'éclairage si particulier sont le cadre idéal des randonneurs alpins et des skieurs hors-piste. Raquettes aux pieds, la vraie nature vous permet d'approcher la faune sauvage et vous réserve des sensations extraordinaires. Pays du ski de fond, les pistes bien entretenues cheminent le long de torrents givrés. Le Queyras, royaume de la neige nature!
Mademoiselle Denise Barjavel

b **Répondez à ces questions à choix multiples.**

1 Le Queyras a une histoire:
   a très intéressante.
   b passionnée.
   c agitée.

2 Les artisans font des objets en:
   a céramique.
   b poterie.
   c bois.

3 Le Queyras
   a est le paradis des sportifs.
   b manque de sports en eau vive.
   c ne permet pas de faire beaucoup de sports.

4 Les amateurs de VTT
   a aiment cette région.
   b n'aiment pas cette région.
   c viennent ici pour acheter leur VTT.

5 Dans le Queyras on peut faire:
   a du ski de fond.
   b du patinage de vitesse.
   c du saut à ski.

(5 points)

c **Décrivez une région où vous avez particulièrement aimé passer vos vacances.**

(10 points)

Total: 15 points

2 Accident de montagne 🔊

a Ecoutez ce bulletin d'information.

b Reliez les débuts et les fins de phrases suivantes.

1 Une cordée est tombée
2 Quatre alpinistes sont
3 La neige, fraîchement tombée, a
4 Les alpinistes étaient sur le point
5 Le guide d'une cordée voisine a
6 Deux des alpinistes travaillaient
7 Leur guide a aussi été
8 Les corps des victimes se
9 Les blessés ont tous de fractures, mais leur vie
10 Une autre cordée n'a pas été autorisée à continuer

a déclenché une avalanche.
b d'arriver au sommet.
c dans une centrale nucléaire.
d blessé et est à l'hôpital de Briançon.
e trouvent aussi à l'hôpital de Briançon.
f décédés des suites de leurs blessures.
g à cause des risques toujours présents.
h n'est pas en danger.
i alerté les secours.
j dans une crevasse hier matin.

(10 points)

c Résumez le passage que vous venez d'entendre en français. N'oubliez pas les points suivants:
a les personnes.
b l'événement.
c les causes.
d la conclusion.

(10 points)

Total: 20 points

3 Portrait de deux alpinistes

a Lisez le reportage suivant sur deux grands professionnels de la montagne: René Desmaison et Jean-Christophe Lafaille.

René Desmaison a découvert la montagne lors de son service militaire à Briançon. Puis il est parti à la conquête des plus hauts sommets. Mais il revient régulièrement dans les Hautes-Alpes. Cet homme, qui a conquis tous les sommets, connaît et apprécie chaque montagne pour la qualité technique qui lui est propre. «Par passion, dit-il, j'aime beaucoup les Hautes-Alpes. Elles ne se limitent pas à une seule vallée, elles sont sauvages et il y a plus de grands espaces.» Il a parcouru le Queyras et les Ecrins, deux massifs magnifiques, et écrit de très belles pages sur le Dévoluy: «l'oasis de ses villages, des bois de mélèzes et d'épicéas font de ces montagnes de lumière un lieu privilégié pour la méditation, les randonneurs, et les grimpeurs».

Quand on demande à René Desmaison d'évoquer les Hauts-Alpins, un nom lui vient immédiatement à l'esprit: Jean-Christophe Lafaille: Il a l'avenir devant lui, parce qu'il est prudent et intelligent. Il ne manque toutefois pas d'audace. Originaire de Gap, il parcourt les vallées des Hautes-Alpes depuis son enfance et les considère aujourd'hui comme le lieu de préparation idéal pour ses expéditions lointaines. En été, les Hautes-Alpes, c'est très vert, très calme, très beau. C'est l'endroit rêvé pour recharger ses batteries. L'hiver, il parcourt la vallée du Champsaur en ski de randonnée, grimpe sur les cascades de glace et ne manque pas d'apprécier les riches possibilités qu'offre le Briançonnais. Il goûte le contraste entre la moyenne et la haute montagne et l'ensoleillement qui donne aux Haut-Alpins cette décontraction qui évoque le Sud. La pratique de la moyenne montagne lui a aussi permis de garder le contact avec la nature. Ce mélange de passion et de décontraction, c'est sans doute ce qui caractérise le plus les habitants des Hautes-Alpes.

b Ces phrases sont-elles vraies ou fausses?
1 René Desmaison n'est pas originaire des Hautes-Alpes.
2 Dans les Hautes-Alpes il n'aime qu'une seule vallée.
3 Les Hautes-Alpes sont un endroit idéal pour faire de la randonnée.
4 Lafaille est un homme qui fait attention.
5 Lafaille ne fait de l'alpinisme que dans les Hautes-Alpes.
6 Pour Lafaille, les Hautes-Alpes sont un endroit idéal pour se refaire une santé.
7 Lafaille fait des courses en haute-montagne comme en moyenne-montagne.

(7 points)

Extra

1 Berger extraordinaire

a   Lisez l'interview suivante.

Le journaliste: Je suis parti en randonnée vers les alpages de Champoléon et j'ai rencontré Albert, berger extraordinaire. Il a beau être à la retraite, il ne peut s'empêcher de monter voir les bêtes chaque été, là-haut. Albert, vous êtes berger depuis quand?

Albert: Ce métier, je l'ai exercé pendant cinquante ans. C'était une vraie passion. Cette passion a commencé à 10 ans. A cet âge, le chien du troupeau gardait mieux que moi! Puis, j'ai appris à connaître chaque bête, à l'appeler par son nom, à soigner les bêtes grâce à l'enseignement des anciens. J'ai aussi appris à tondre et à traiter la laine. A l'époque, on la lavait dans des grandes cuves et on la rinçait dans l'eau des rivières, qui la rendait si blanche. Ce que j'aimais dans ce métier, c'est de me retrouver seul avec le troupeau sur des pentes escarpées, pendant les deux mois d'été. On vivait alors plus frugalement: du pain et du fromage. Il a fallu apprendre à se débrouiller seul: apprendre à reconnaître l'arnica qui est utile contre les coups, ou ramasser cette violette, bonne pour faire des tisanes.

Le journaliste: Et quel est le rôle du berger?

Albert: Avant tout, il guide son troupeau vers les zones d'herbage en pensant qu'il faut trouver de l'herbe jusqu'à la fin de la saison et ne pas toujours laisser aller les bêtes où leur instinct les mène. Le berger oriente son troupeau, mais celui-ci impose son rythme de vie. Partir de bonne heure, chômer à midi, et aux heures chaudes, reprendre le chemin jusqu'à la tombée du soir. La nuit, dans sa cabane, le berger reste en alerte. Il doit faire attention aux chiens errants qui peuvent disperser les moutons et surtout guetter l'orage menaçant. L'orage, le tonnerre et la foudre sont les pires menaces pour le troupeau et les pires ennemis du berger.

Le journaliste: Mais il n'y a pas que des moments difficiles, non? Qu'est-ce qu'un beau jour pour un berger?

Albert: C'est quand on s'approche du troupeau, que les bêtes vous reconnaissent et viennent vous lécher les mains.

Le journaliste: Et si c'était à refaire, est-ce que vous choisiriez de nouveau ce métier?

Albert: Oui, je recommencerais. Le métier a changé, mais pas l'essentiel. Il faut toujours avoir cette passion des bêtes. Et puis, les Hautes-Alpes sont tellement belles le matin, au lever du soleil, lorsque les chamois pointent leurs têtes au-dessus des crêtes.

b   Répondez aux questions suivantes en français en utilisant le plus possible vos propres mots.

1   Qu'est-ce qu'Albert fait dans la vie?
2   Il a fait ce métier pendant combien de temps?
3   Pourquoi est-ce qu'il aime ce métier?
4   Qu'est-ce qu'il devait faire?
5   Quels sont les problèmes qu'il a pu rencontrer?
6   Quels étaient les moments qu'il appréciait particulièrement?
7   Si c'était à refaire, changerait-il de métier? Pourquoi?

2 Rencontre 🔊

Michel Tournier est né dans les années 20 à Paris. Il est l'auteur de plusieurs livres comme *Le Roi des Aulnes* ou encore *La Goutte d'or,* dont est tiré l'extrait suivant. Idriss est le héro du roman *La Goutte d'or*. Il est né en Algérie et part chercher du travail à Paris. En route vers la capitale, il rencontre un jeune homme …

a   Lisez le texte qui suit:

Il fonçait maintenant au rythme du train vers le pays des images. On approchait de Valence quand il se secoua et, quittant le compartiment, alla s'accouder à la barre de la fenêtre du couloir. Le paysage provençal déployait ses garrigues, ses oliveraies, ses champs de lavandin. Le jeune homme vint se placer à côté de lui. Il jeta vers lui un regard amical, et se mit à parler comme pour lui-même, mais en s'adressant à Idriss de plus en plus directement.

– C'est encore la Provence. Cyprès rangés en haie pour protéger les cultures des coups de mistral. Tuiles romaines sur les toits. Mais il n'y en a plus pour longtemps. C'est Valence, la frontière du Midi. A Valence, on change de climat, on change de paysage, on change de constructions.

– Mais c'est toujours la France? demanda Idriss.

– Ce n'est plus la même France, c'est le Nord, c'est plutôt mon pays.

Il parla de lui. Il s'appelait Philippe. Sa famille avait une propriété en Picardie, près d'Amiens, où il était né. Il avait été élevé à Paris.

Glossaire

foncer	to charge
la garrigue	scrubland
une haie	a hedge
s'accouder	to lean (on one's elbows)
se secoua	shook
(past historic of **secouer**)	
se mit à	started to
(past historic of **se mettre à**)	
le mistral	name of a wind (in Provence)

b   Relisez les conseils de la p. 76, chapitre 4: *How to read a difficult text*, et appliquez-les au texte précédent.

c   Répondez aux questions à choix multiples:

1 Idriss voyage
   a   en train.
   b   en voiture.
   c   en car.

2 Valence est la limite entre
   a   l'Est et l'Ouest.
   b   le Nord et le Sud.
   c   le Nord et le Centre.

3 Les cultures sont protégées du mistral par
   a   des haies.
   b   de la lavande.
   c   des arbres.

4 Philippe a passé la plus grande partie de son enfance à
   a   Paris.
   b   Amiens.
   c   Valence.

d   Ecoutez ce dialogue enregistré qui résume le texte précédent. Malheureusement il y a cinq erreurs. Réécrivez les phrases sans erreurs.

Exemple: Le train arrivait à Valence.

Stratégie

In a dialogue, remember to inverse the verb and the subject:

Example: **Mais c'est toujours la France? demanda Idriss.**

   Mais c'est toujours la France? a-t-il dit.

e   Jeu de rôles:
A deux, l'un de vous joue Idriss et votre partenaire joue Philippe.

Partenaire A (Idriss)	*Partenaire B (Philippe)*
Où se trouve-t-on?	On arrive à …
C'est quelle région?	On est en … . Il y a …
Tu es d'ici?	Non, moi je …
	Pourquoi vas-tu à Paris?
Je vais … . J'espère …	
	Et comment imagines-tu Paris?
Je pense que … . Les gens …	
Le climat … les monuments …	
les magasins …	

Chapitre 5: Apprendre pour la vie

Pages	Thèmes	Grammaire	Compétences
82–86 Départ	Le système d'éducation en France L'école primaire Le premier jour Les professeurs	Révision du passé composé et de l'imparfait Introduction au subjonctif	Choisir entre le passé composé et l'imparfait Utiliser le téléphone Exprimer les sentiments Faire une comparaison Ecrire une lettre
87–96 Progression	La réussite scolaire La vie d'étudiant et le stress Etudier les langues Etudier à l'étranger Les soucis des lycéens Choisir un métier Chercher du travail (CV)	L'impératif Le subjonctif (présent) Le subjonctif (passé composé) Tu / vous	Assister à une discussion Donner une instruction Faire de la publicité Préparer un CV Ecrire une lettre formelle Exprimer des idées plus abstraites (subjonctif)
97–98 Révision	Les professeurs de sport		Préparation à l'examen
99–100 Extra	La technologie et l'éducation Travailler dans l'informatique L'avenir		Discuter des innovations Assister à un débat

Départ

1 L'éducation des jeunes Français 🔊

Vous connaissez le système d'éducation en France?
Vous avez déjà été dans un collège ou dans un lycée
en France? Il y a, bien sûr, plusieurs différences entre le
système scolaire en France et celui des pays
britanniques. Ecoutez Jean-François (responsable de la
formation professionnelle des professeurs dans la
Loire-Atlantique), qui décrit le système d'éducation en
France.

**Prenez des notes et choisissez la phrase qui convient
(a ou b).**

1 **a** Les élèves français entrent au collège à onze ans.
   b Les élèves français entrent au collège à
           quatorze ans.

2 **a** Une fois au lycée les élèves choisissent leur voie.
   b Avant d'aller au lycée les élèves choisissent leur voie.

3 **a** La dernière classe du collège est la seconde.
   b La première classe du lycée est la seconde.

4 **a** L'obtention du bac est indispensable à l'entrée à
           l'université.
   b L'obtention du bac est facultative à l'entrée à
           l'université.

5 **a** Trois langues sont obligatoires jusqu'en troisième.
   b Deux langues sont obligatoires jusqu'en troisième.

b Quelles sont les différences entre les collèges / les
       lycées en France et en Grande-Bretagne? Imaginez,
       avec votre partenaire, que vous êtes Bertrand et son
       correspondant anglais qui discutent les deux
       systèmes. Exprimez votre opinion. Voici des questions
       et des débuts de phrases pour vous aider:

Questions
Est-ce qu'on peut redoubler en France / en Angleterre?
Comment est la journée scolaire en France?
Décris-moi le / la / les …?
Quelle est ton opinion sur le système anglais / français?
Quelles matières sont obligatoires / facultatives?
Les différences
On porte   …
On commence à … / finit à …
Les élèves sont … / doivent …
On doit … / on ne doit pas …
On peut … / on ne peut pas …
    … est obligatoire.
Donner son opinion
Ils ont de la chance parce que …
Je préfère …
Il me semble que …
J'ai l'impression que …
A mon avis … / selon moi …
Je n'aimerais pas …

2 Il est comment, ton collège?

a Lisez ce que dit Bertrand pour vous informer
       davantage sur les écoles en France avant d'aborder
       l'exercice qui suit:

Salut! Je m'appelle Bertrand et j'ai 14 ans. Je
suis en quatrième au Collège Bellevue à
Guémené en Loire-Atlantique. Normalement je
devrais être en troisième mais j'ai redoublé ma
sixième, c'est-à-dire que je n'avais pas la
moyenne et j'ai dû refaire l'année. Je suis
interne parce que nous habitons assez loin du
collège et donc je dors là-bas le lundi, le jeudi
et le vendredi. Le mardi soir je rentre car on
n'a pas cours le mercredi et donc je me lève
tôt le jeudi matin et mon père me ramène en
voiture. J'ai trois heures de cours le samedi
matin … c'est l'horreur! Mon frère, Ludo, a de
la chance parce qu'il est déjà au lycée à
Redon. Il n'a jamais cours le samedi mais il
travaille le mercredi matin. Je suis allé une
fois en Angleterre, nous avons fait un échange
et j'ai trouvé que les Anglais ont moins de
devoirs que nous. Ce qui est bien aussi, c'est
qu'ils commencent beaucoup plus tard le
matin, alors que nous, nous devons
commencer à huit heures trente (mon frère à
huit heures même) et on finit à cinq heures.
J'ai deux heures d'étude pendant la semaine
où je dois aller dans la salle de permanence
pour faire mes devoirs, surveillé par les pions,
bien sûr! Ludo est en train de préparer un bac
S, ce qui est très difficile et quand je vois la
pression qu'il subit j'ai peur! Pourtant, moi, je
suis plutôt orienté vers le français et les
langues et donc je crois que je choisirai un
bac L. Mais, ça ne
veut pas dire que je
vais pouvoir
abandonner les maths
et les sciences parce
que, chez nous, on
continue avec toutes
les matières
principales jusqu'au
bac. C'est super,
non?

3 Ecole Saint-Marc

a Lisez et regardez ce site internet qui a été réalisé par une école primaire en Belgique. Faites des recherches de vocabulaire.

Ecole Saint-Marc à Cigny (Belgique)

Voyez où nous sommes!
Cigny est une petite ville (un gros village, dirions-nous …)
Notre école se situe en Belgique. Elle fait partie d'une région appelée le CONDROZ
Voyez qui nous sommes
6ᵉ c!

Notre école

Notre école comprend huit classes primaires, et une section maternelle: cela représente près de 200 élèves au total.
Le projet éducatif est celui d'une école libre catholique. Il est centré sur la personne en développant au maximum ses aptitudes et ses capacités.
En collaboration avec les parents, l'école met tout en œuvre pour mener chaque élève aussi loin que possible dans sa formation spirituelle, intellectuelle, physique, affective, sociale. Elle aide à découvrir les vraies valeurs: l'accueil, le respect de l'autre, la tolérance, la justice, le goût de l'effort et du travail bien fait.

Notre classe (6ᵉ primaire c)

Nous sommes une classe de 22 élèves comprenant 8 filles et 14 garçons. Notre professeur s'appelle Daniel Tillemann. Notre directrice s'appelle Madame Yvonne Franck. Si comme tous les directeurs elle se doit d'être sévère, elle a un cœur grand comme ça et est toujours à notre écoute dans toutes les difficultés.

Projets personnels

Nous aimons les contacts avec d'autres et sommes intéressés par des échanges d'idées. Nous aimerions communiquer avec toute école désirant partager nos projets. Votre école en a aussi … Partageons-les!
Dès ce 27 janvier, jusqu'au 7 février, nous partons en classe de neige. Notre destination est MALOJA, centre situé en Suisse dans le canton des Grisons.
Dès notre retour, nous vous ferons parvenir un petit journal reprenant les activités de notre séjour.
Nous avons aussi d'autres occupations. Bien sûr, il y a le travail scolaire; il est cependant complété par des activités culturelles diverses: théâtre, concerts, élaboration d'un journal et plusieurs activités que nous filmons grâce à notre matériel vidéo.

Profils de certains élèves

Notre classe a ses artistes. Aurélie et Sophie sont violonistes; Emilie et Maïté font de la danse classique. Quant à Matthieu, c'est un futur ébéniste. Inutile de préciser que tous les autres sont des sportifs: football, basket, tennis, natation …

b Monsieur Tillemann reçoit un coup de téléphone d'une institutrice au Pays de Galles qui souhaite faire un échange avec son école primaire. Voici un extrait de leur conversation au téléphone. Pouvez-vous remettre les phrases dans le bon ordre et attribuer chaque phrase à Monsieur Tillemann ou à l'institutrice galloise, qui s'appelle Mademoiselle Green? Commencez avec phrase a. Finissez avec phrase i.

a Il y a combien d'élèves en tout?

b Je pensais au mois de février. Cela nous conviendrait.

c C'est une assez petite école de deux cents élèves. As-tu prévu des dates possibles pour notre échange?

d Désolé, pour nous ça ne va pas. Nous avons déjà des projets pour cette période de l'année.

e Nous partons au ski!

f Oui, d'accord.

g Oh, c'est super ça! J'aimerais bien essayer. Mes élèves seraient ravis de savoir comment ça se passe pour vous.

h Qu'est-ce que tu as prévu?

i Oui, je t'écrirai la semaine prochaine et je t'enverrai une liste de mes élèves avec des photos.

j Merci! Dis, est-ce que tes élèves ont déjà fait un peu d'anglais?

k En effet nous avons l'intention de créer un petit journal pour raconter la visite. Je pourrais t'en envoyer un!

l Oui, on a un club tous les jeudis et c'est très populaire!

m Nous aussi, on commence à introduire un peu le français. Alors, cet appel va te coûter cher. Est-ce que tu pourrais m'écrire tous les détails dans une lettre?

4 Une lettre à Mademoiselle Green

Imaginez la lettre que Monsieur Tillemann va écrire à Mademoiselle Green. Elle veut savoir:

L'âge des élèves et leurs intérêts

Le genre d'échange (lettres / courrier électronique / visite – avec les dates proposées)

Quelques détails sur l'école (les valeurs, le rôle des parents, les alentours)

A noter: Entre professeurs, on se dit normalement «tu». N'oubliez pas de poser aussi des questions à Mademoiselle Green

5 Premiers pas 🔈

a **Ecoutez Pierre-Philippe et Emilie, qui sont tous les deux dans la classe de Monsieur Tillemann à l'école Saint-Marc. Complétez les phrases à choix multiples:**

1 Pierre-Philippe ne voulait pas quitter sa mère
  a parce qu'il avait peur.
  b parce qu'il voulait rester à la maison avec son petit frère.

2 Le jour de la rentrée
  a il pleuvait.
  b il ne pleuvait pas.

3 Il connaissait
  a très peu de gens.
  b beaucoup de gens.

4 L'institutrice était
  a effrayante.
  b sympa.

5 Guillaume
  a a changé de caractère.
  b est toujours timide.

6 Emilie avait
  a très peur.
  b mal au cœur.

7 Les grands enfants lui faisait
  a mal.
  b peur.

8 Elle n'a plus
  a de copines du tout.
  b la même copine.

Grammaire (Rappel!)

In the extract, most verbs are in the past tense, perfect (**passé composé**) or imperfect (**imparfait**). Don't forget to use the perfect when describing what happened or what someone did on a particular occasion and the imperfect
a to talk about what was happening (circumstances).
b to talk about what used to be the case or happened regularly in the past.
c to describe something in the past, e.g. feelings.

Stratégie

To express the feeling of fear, make sure you get the tense right and that you choose carefully between **avoir peur** (to be afraid / scared) and **faire peur** (to scare).
la peur – fear
Exemples:
avoir peur
  j'ai peur – I'm scared / afraid
  j'ai eu peur – I was scared (perfect)
  j'avais peur – I was scared (imperfect)
  nous avons eu peur – we were scared (perfect)
faire peur
  ça me fait peur – it scares me
  tu me fais peur – you scare me
  ça m'a fait peur – it scared me (perfect)
  ça me faisait peur – it scared me / used to scare me (imperfect)
  les professeurs lui font peur (m/f) – the teachers scare him
  aller au collège leur fait peur (pl) – going to school scares them

Try to make the same sort of list with examples for these expressions which follow the same rules:
  avoir / faire honte (to be ashamed / to shame)
  avoir / faire horreur (to be horrified (to hate) / to horrify)

b **Ecrivez un paragraphe sur votre premier jour au collège. Essayez de transmettre vos sentiments de peur, de timidité, d'attente, etc.**
Commencez:
C'était le six septembre et je me suis levé(e) de bonne heure. J'ai senti une espèce de panique quand j'ai vu ...

N'oubliez pas de répondre aux questions suivantes:
- A quelle heure as-tu dû te lever?
- As-tu bien dormi cette nuit-là?
- Qu'est-ce que tu as mis? Décris ton uniforme.
- Comment s'appellait le premier professeur que tu as rencontré?
- Comment était-il / elle?
- Tu étais assis(e) à côté de qui?
- Est-ce que tu es toujours copain/copine avec cette personne? Pourquoi (pas)?
- Comment te sentais-tu le premier jour?
- Qu'est-ce que tu as fait à midi?

6 Un bon prof, ça vaut cher!

Lisez ce que disent ces trois professeurs sur leur travail et leur métier:

Je m'appelle Nadine Le Marié, j'ai 28 ans et je suis institutrice à l'école primaire Sainte-Jeanne à Guéret en Creuse depuis cinq ans. Je trouve que j'ai beaucoup de travail et j'ai de grandes difficultés à me détacher de mon boulot le soir. Pourtant, j'aime le contact avec les enfants. Je ne changerais pas mon métier et j'ai de la chance parce que dans la ville où je travaille les parents trouvent pour la plupart que l'éducation est très importante et ils sont prêts à aider leurs petits. C'est une profession exténuante mais gratifiante.

Bonjour! Je suis Jean-Pierre Dauphin, j'ai 30 ans et j'enseigne l'histoire-géo dans un grand collège à Paris. Il faut dire que mes élèves ne font pas toujours partie des plus faciles ou des plus motivés du monde. On s'entend bien quand même et je ne crois pas qu'ils m'en veulent trop! Le rapport que l'on a avec de telles classes est très importante pour leur réussite scolaire et même pour leur expérience des relations humaines. J'essaie de préparer des cours qui soient pertinents avec la vie des jeunes. Il faut dire que j'attends parfois les vacances avec impatience!

Je suis Jeanne Cheminaud , j'ai 40 ans et je suis prof d'anglais au lycée Saint-Pierre près de Reims-en-Champagne. C'est un très bon collège où les élèves et les parents sont très exigeants. La réussite au bac est primordiale et on a toujours cette idée en tête. Je trouve que mon métier me donne un défi permanent que j'aime relever. En tant que prof de langue il faut que l'on fasse de son mieux pour garder un niveau assez courant, pratiquant souvent avec les locuteurs natifs. J'aime être certaine que ce que je dis n'est pas trop loin de la façon de parler des gens.

a   Parmi les trois professeurs, qui aurait pu dire:

Exemple: Ça fait cinq ans que je travaille ici.   Nadine

1 C'est une profession qui est fatigante mais qui a un sens.
2 On tient toujours compte du succès des élèves.
3 J'espère que ce que je fais en cours est assez pertinent.
4 On attend beaucoup des professeurs ici.
5 Je travaille dans une des grandes cités.
6 Je cherche à créer une bonne ambiance dans mes classes.
7 Je travaille avec des élèves très mal disposés à l'égard de l'école.
8 Etre professeur est difficile mais stimulant.
9 Il faut pratiquer souvent la langue que j'enseigne.
10 Les familles soutiennent leurs enfants pendant les premières années.

b   Traduisez ce passage en français en vous servant des trois textes ci-dessus et des conseils de la case «stratégie»:

I like my profession very much. It's hard work but stimulating and the pupils are very demanding. They want success and the teachers support the pupils. The relationship between teacher and pupil is very important and we expect a lot of them too. It has to be said that I really look forward to the weekends, although it's difficult to let go. I prepare lessons and have a lot of contact with other teachers. We often discuss the challenges of the profession. I see the holidays as a reward.

Stratégie

When translating English into French, use any source material as a 'mini-dictionary' and grammar reference: you can then be more sure that what you've written is authentic French. Unusual vocabulary, idiomatic phrases and tricky grammatical constructions may well be in a text you've been given. But be careful: you may have to make small alterations before the phrase you've selected fits into the new context.

E.g. 'It has to be said ...' in the text: 'Il faut dire' (no change)
'the challenges'   in the text: 'un défi' (change to plural)

7 La rentrée fait peur aux profs! 📼

Ecoutez cet extrait d'une émission de radio où les enseignants parlent de leurs sentiments juste avant la rentrée. Leurs paroles sont interpretées par Grégoire Valadon, journaliste.

a Complétez chaque blanc du résumé de la première partie de l'extrait par une expression prise de la liste ci-dessous:

rentrer	peur	perdu
rentrée	août	perdue
rêves	année	élèves
habitudes	cauchemars	difficile
infaisable	falloir	programme
faisable	faut	journée
facile	limites	

Je fais toujours un ou deux … 1 … de rentrée vers la fin … 2 … Je n'aime pas la … 3 …car je ne sais jamais combien de temps il va me … 4 … pour avoir les classes dans la poche. Les … 5 … difficiles doivent connaître les … 6 … de leur nouveau professeur. On sait que le programme est … 7 … dans sa totalité. C'est un peu combat … 8 … d'avance.

b Jacqueline donne quelques détails sur deux programmes scolaires … en histoire-géo et en philosophie. Regardez les deux listes ci-dessous et remettez les expressions dans l'ordre. Avant de commencer, cherchez tous les mots inconnus dans un dictionnaire:

Exemple: 1 d

L'histoire-géo
a la naissance de l'Europe
b le gaullisme
c le rêve américain
d la décolonisation
e la guerre froide
f le mitterrandisme
g les problèmes du Moyen-Orient
h la quatrième et la cinquième Républiques

La philosophie
a autrui
b la vérité
c le temps
d la Justice
e le bonheur
f l'inconscient
g la conscience
h la passion
i l'espace

8 … et puis les élèves! 📼

Voici des extraits (a–i) de trois interviews.
Marion, Aurélien et Lucie parlent de leurs professeurs. On leur a posé les trois questions ci-dessous.

a Reliez les trois questions (1–3) et les réponses (a–i).
  1 Qu'est-ce qu'un bon professeur, selon vous?
  2 Comment sont vos professeurs?
  3 Aimeriez-vous devenir professeur vous-même plus tard? Pourquoi (pas)?

b Ecoutez maintenant les interviews sur la cassette pour voir si vous aviez raison et pour noter les réponses de chaque personne.

a Quelqu'un qui sait écouter, qui n'est pas trop sévère mais qui a un bon sens de la discipline. Je ne pense pas que la connaissance de sa matière soit aussi importante pour un prof que son sens de la pédagogie.

b J'ai un très bon professeur d'anglais. Par contre, mon prof de dessin cette année est complètement nul! Il nous parle comme à de petits gamins!

c Pas trop sévère, pas trop décontracté, non plus. Bref, un sur-homme me suffit!

d C'est un des métiers qui m'attire car j'aime être avec les gens et je crois que je suis assez fort en maths et en sciences pour pouvoir les enseigner un jour. Je ne sais pas si j'ai assez de patience … mais, on verra.

e Je suis chanceuse car la plupart d'entre eux sont très bons. Les élèves exigent que leurs profs soient tolérants et amicaux.

f J'ai pensé à devenir prof de langues mais je ne sais pas encore. J'aimerais voyager d'abord, rencontrer des gens. Professeur? Oui, ça m'intéresse.

g J'ai peur de ne pas avoir les qualités nécessaires! C'est-à-dire la patience, la tolérance et la passion pour une matière. Non, je préférerais faire autre chose.

h Ça dépend! Les parents demandent qu'il se sente très concerné par les progrès de leur enfant et, pour les élèves, il faut qu'il soit gentil et généreux avec les notes qu'il donne.

i Ça dépend aussi! Il y en a qui sont vraiment bien, qui préparent bien leurs cours et qui donnent la priorité à la réussite scolaire. Par contre, j'ai un prof d'histoire qui a fait deux fois de suite le même cours sans s'en rendre compte!

c Ecrivez votre propre réponse aux trois questions. Essayez d'utiliser un minimum de 12 parmi les expressions qui ont été soulignées dans les textes.

Progression

1 Comment réussir?

a Comprenez-vous ces verbes à l'infinitif? Sinon, cherchez dans un dictionnaire avant de lier les verbes à leur définition. Faites une liste des verbes à gauche.

Exemple: 1   f

Verbe		Définition
1 étayer	**a**	obtenir un résultat
2 se noyer	**b**	faire la première partie de quelque chose
3 sourire	**c**	montrer son plaisir par une expression
4 poursuivre	**d**	persévérer dans un projet
5 commencer	**e**	s'éloigner de quelque chose
6 éviter	**f**	soutenir
7 réussir	**g**	mourir par immersion

Ecoutez Nicole, professeur d'anglais, qui partage avec nous les conseils qu'elle donne à ses élèves juste avant de passer un examen à l'oral.

b Cochez tous les verbes dans votre liste quand vous les entendez. Puis, écoutez une deuxième fois et regardez cette liste d'instructions. Remettez-les dans l'ordre où vous les entendez sur la cassette.

1 Parlez avec spontanéité.
2 Captez le regard de votre interlocuteur.
3 Etayez peu à peu votre discours avec des exemples.
4 Commencez par une bonne prise de contact.
5 Evitez cependant de rester le nez collé à vos notes.
6 Poursuivez en formulant vos idées.
7 Ne vous laissez pas abuser par des impressions.
8 Souriez!
9 Ne faites pas semblant de comprendre.
10 Contrôlez votre vocabulaire et vos tournures de phrases.

c Avant d'écouter le discours de Nicole une deuxième fois, pouvez-vous relier les débuts et les fins de phrases suivants? Ecoutez pour vérifier.

1 Sans dévoiler l'introduction …
2 Ce que vous avez à dire …
3 Le plan que vous …
4 C'est votre sincérité et votre écoute …
5 Si vous ne comprenez pas une question …

a … avez préparé doit vous y aider.
b … de toutes vos connaissances.
c … qui paieront.
d … est essentiel pour votre examinateur.
e … n'hésitez à le dire.

2 Parent, élève, prof

Lisez ces deux conversations entre
1 un parent et son fils.
2 un professeur et son élève.

a Lisez les deux conversations à haute voix avec votre partenaire. Qui parle à l'élève – le parent ou le professeur?

Conversation A
– Ecoute-moi quand je te parle!
– Je t'écoute, mais je suis en train de faire mes devoirs. Tu ne penses pas que c'est plus important?
– Si, c'est très important, surtout avec les notes que tu as! Ne fais pas tes devoirs par terre, devant la télé!
– Ça m'aide a me concentrer.
– Comment peux-tu te concentrer avec ce bruit? Concentre-toi comme le fait ta grande sœur! Elle travaille toujours dans sa chambre sans problème et avec beaucoup plus de motivation.
– Tu me compares toujours avec elle. J'en ai marre!
– Essaie d'avoir de meilleures notes cette année! C'est tout ce que l'on exige de toi: que tu commences à faire de ton mieux!

Conversation B
– Ecris plus lisiblement, s'il-te-plaît! Je ne comprends rien de ce que tu as écrit dans ton dernier devoir. Et ton orthographe! Tu n'as pas de dictionnaire?
– Je ferai de mon mieux.
– Regarde-moi quand je te parle!
– Excusez-moi. Il y avait un bruit dans le couloir.
– D'accord. Apprends tout ça par cœur pour demain!
– Pour demain?
– De bons résultats ne viennent pas sans effort. Il faut te donner plus de mal!

b Notez ce que dit le professeur sur les sujets suivants:

Exemple: **1**   La réussite scolaire n'est pas facile à trouver. Il faut travailler dur!

1 La réussite scolaire
2 L'écriture de son élève
3 Les prochains devoirs

Notez ce que dit le parent sur les sujets suivants:
1 Les notes de son fils (présentes et futures)
2 La concentration
3 Sa sœur

4 La vie d'étudiant

Les meilleurs jours de la vie?

Lisez ce que dit Sonia, qui vient de commencer ses études en biologie à l'université de Toulouse:

L'année dernière je ne pensais qu'à ça, quitter ma famille, vivre en adulte pour la première fois, abandonner les matières qui ne me plaisaient plus et me concentrer sur celle qui me passionnait, c'est à dire la biologie. C'est vrai que j'aime bien certains aspects de la vie à la fac. Les cours sont plus intéressants qu'au collège et je trouve qu'on est considéré comme un adulte, mais j'ai l'impression que les profs n'aiment pas tellement le contact qu'ils ont avec les étudiants et que les rapports au lycée étaient plus humains. En plus, je trouve que le niveau a beaucoup augmenté depuis le lycée. Déjà le bac était assez dur, mais ce qu'on nous oblige à faire maintenant à la fac, alors là ...

Pendant la semaine j'ai une petite chambre dans une résidence universitaire. J'ai de la place pour étudier, pour dormir, pour prendre une douche, mais c'est tout! Si je veux inviter des amis, pas possible! Quelquefois, on sort au café ou au cinéma, mais c'est cher et j'ai beaucoup de travail à faire le soir. Avant, chez moi, c'était différent. Il y avait toujours quelqu'un à la maison où je pouvais facilement téléphoner à une de mes copines si j'avais une question sur les devoirs ou tout simplement si j'avais envie de bavarder! Il y a des jours ou je me sens un peu isolée, même si je me trouve maintenant dans une grande ville.

Je pense que j'essayerai de trouver un petit boulot à faire le week-end, dans un bar ou dans un restaurant. Ça me donnera l'occasion d'abord de rencontrer des gens et de pouvoir gagner un peu d'argent. Même si mes parents sont assez généreux, ils ont moi et mon frère qui faisons des études et qui sommes logés assez loin de la maison pendant la semaine et ce n'est pas facile pour eux de nous donner beaucoup d'argent et je m'inquiète toujours pour cela. Il faut dire que ma famille me manque quand je suis à Toulouse, mais quand je rentre le week-end parfois j'ai hâte de repartir pour Toulouse car les relations familiales ne sont plus ce qu'elles étaient. Je trouve que l'on change très vite quand on part de chez soi.

a Avec quelle inquiétude de Sonia ces phrases ont-elles un rapport?
Les examens? Le logement? L'argent? Les profs? Les rapports familiaux? La solitude? Les études? L'emploi? L'avenir?

Exemple: Il n'y a pas beaucoup de contact entre nous
les profs

1 C'est beaucoup plus difficile à comprendre que l'année dernière.
2 Je n'en ai jamais assez!
3 L'ambiance a changé depuis mon départ.
4 J'aimerais avoir plus de contact avec mes amis.
5 Je n'ai que très peu de place pour toutes mes affaires.

b **Vous avez bien compris ce qu'a dit Sonia? Faites des phrases en utilisant les mots donnés:**

Exemple: vouloir vivre adulte
Sonia voulait vivre en adulte

1 penser cours intéressants lycée
2 niveau haut l'année
3 chambre tout nécessaire petite
4 essayer job week-end restaurant
5 après partir maison changer beaucoup

Inventez encore deux exemples de ce type d'activité, toujours en utilisant le texte de Sonia.

5 Discussion

Imaginez que vous êtes déjà à l'université et complétez ces phrases avec une des expressions pour donner votre opinion personnelle:
- Je suis très concerné(e) par ...
- Ce qui m'inquiète le plus c'est ...
- Le plus grand inquiétude des étudiants doit être ...
- ... c'est très inquiétant
- J'ai peur de ...
- Je suis également angoissé(e) par ... Mon plus grand souci c'est ...

(N'oubliez pas les conseils de la page précédante.)

6 Nous sommes des gens qui pensent! 🔊

Les études, les examens, le stress de la vie étudiante, oui, ce sont des choses qui préoccupent les jeunes. La télé, la musique pop, le cinéma, le sport sont les choses qui les détendent. Mais, les lycéens français sont aussi concernés par les grandes questions.

a Ecoutez cette interview qu'a faite un magazine de jeunes. Parmi la liste de huit problèmes ci-dessous, lesquels sont mentionnés pendant la discussion?

1 La violence dans les écoles
2 Le vol
3 Le viol
4 L'écologie
5 La drogue dans les écoles
6 La reforme des lycées
7 La pollution
8 Le transport

b Ecoutez encore la cassette et mettez dans le bon ordre ces phrases utilisées par les jeunes. Puis classez les 18 phrases (a–r) dans la liste que vous avez écrite pour l'exercice a.

Exemple: 1 c **Sujet: La drogue dans les écoles**

a Je veux dire qu'on voit ceux qui n'ont rien à faire à l'école.
b … ne me parlez pas de légalisation …
c … ça circule le cannabis …
d … un des examens des plus riches et des plus prestigieux du monde.
e … je pense que la répression est nécessaire.
f … dès la prime enfance …
g … parler d'allégement des programmes.
h … plus de rapport avec la vie quotidienne.
i Moi, je n'en ai jamais fumé …
j … je vois des gamins de 12 ans en fumer pour faire bien.
k … supprimer les options facultatives …
l Il faut les orienter …
m … pourquoi a-t-il rajouté de nouvelles matières?
n … le légaliser, ce ne serait pas si mal.
o … je savais où m'en procurer.
p … elle entraîne beaucoup d'autres jeunes dans sa descente.
q … une diminution du nombre d'options …
r … une soi-disant révolution …

c Traduisez ces 18 phrases an anglais. Comparez vos résultats avec un partenaire.

d Ecoutez pour une troisième fois cette section de la conversation et essayez de remplir les blancs avec les expressions ci-dessous.

Lucille: … (1) … je te dise quelque chose, Didier! … (2) … la violence vienne d'un coup du lycée, elle est engendrée par d'autres facteurs: le cadre de vie, l'environnement culturel et social … Pour lutter efficacement contre la violence, … (3) … prendre le problème à la base et se demander d'où vient cette violence. … (4) … la société soit plus responsable et … (5) … les hommes politiques aient un peu plus de confiance dans les jeunes. … (6) … les profs dans certains lycées aient peur d'entrer dans leurs propres salles de classe mais …
Didier: Tu as raison, Lucille, mais j'allais dire qu' … (7) … , l'on pense à créer un système d'éducation qui a plus de rapport avec la vie quotidienne de la majorité des jeunes.

> Il faut que   il faut   il est temps que
> il n'est pas certain que   il est temps que
> je regrette que   il est nécessaire que

Grammaire

The present subjective

The subjunctive is a special form of the verb (known as a mood) which you use in certain circumstances instead of the standard form of the verb (or mood) known as the 'indicative'. It often means the same (and can look the same) as the indicative, but with a slightly different feel or attitude.

1 How do you form the subjunctive?

a Regular verbs
From the stem of the 3rd person plural in the present (e.g. **ils / elles travaillent**). Take off **-ent**; add these endings: **je …-e, tu …-es, il / elle …-e, nous … -ions, vous …-iez, ils / elles … -ent.**

Tip!
Check the minor exceptions in the present tense on p. 132 for a few spelling changes which also apply in the subjunctive.

b Irregular verbs in the subjunctive where the stem changes
Consult the verb list on p. 137. Here are some commonly used verbs in the first person. Endings are as for regular verbs.

	je
aller	aille
avoir	aie
être	sois
faire	fasse
prendre	prenne
pouvoir	puisse
savoir	sache
venir	vienne

2 When do you use the subjunctive?

a With certain expressions of necessity / possibility / impossibility. These are examples of impersonal verbs.

Examples:
- **il faut que ... (il faut que je fasse mes devoirs)**
- **il est nécessaire que ... (Il est nécessaire que tu viennes nous voir)**
- **il est temps que ... (Il est temps qu'il aille voir sa tante)**
- **il vaut mieux que ... (il vaux mieux que ton frère prenne les photos)**
- **il se peut que ... (il se peut que vous gagniez à la lotterie)**
- **il est possible que ... (il est possible que j'aie tort)**
- **il semble que ... (il semble que le problème soit difficile)**
- **il n'est pas certain que ... (il n'est pas certain que la réussite scolaire dépende de ces choses)**
- **il est peu probable que ... (il sache ce qu'il va faire comme métier)**
- **il est impossible que ... (il est impossible qu'ils t'aident à choisir une université)**

b When you want / wish / prefer / hope for someone else to do something, i.e. change of subject.

Examples:
- **vouloir que ... (Je veux que tu fasses plus d'efforts)**
- **préférer que ... (Vous préférez que nous restions encore une semaine?)**
- **souhaiter que ... (Il souhaite que je sache la vérité)**
- **éspérer que ... (J'espère qu'il y aura assez de places)**
- **désirer que ... (Je désire que mes employées sachent taper à la machine)**

c After certain expressions with '**qui**'

Examples:
- **Je cherche un emploi qui soit plus intéressant.**
- **Il cherche un métier qui lui permette de voyager.**
- **Je rêve d'un avenir qui soit plein de bonheur et de réussite.**
- **Je voudrais un employé qui sache parler français.**
- **Je cherche un mari qui fasse le repassage.**
- **Nous voulons un stage qui nous donne la possibilité de voyager.**

d After certain conjunctions

Examples:

bien que	(although)
quoique	(although)
à condition que	(provided that)
avant que	(before)
après que	(after)
jusqu'à ce que	(until) **à moins que** (unless)

(+negative)

e With '**penser**' and '**croire**' in questions or negative sentences

Examples:

Subjunctive
Je ne pense pas que ce soit vrai.
Crois-tu qu'il vienne?
Il ne pense pas qu'ils fassent assez.
BUT
Indicative
Je pense que c'est vrai.
Je crois qu'il vient.
Ils pensent qu'ils ne font pas assez.

Exercice

Didier veut tout changer dans son lycée. Complétez cet extrait de son explication avec les verbes qui manquent:
Je voudrais que les profs ... (1) ... plus sévères et que l'on ... (2) ... un programme allégé. Il faut que le proviseur ... (3) ... à prendre des mesures contre les élèves démotivés et parfois violents car, bien que l'on ... (4) ... beaucoup d'efforts soi-même, il est très difficile de se concentrer quand il y a beaucoup de bruit. Il est possible que la journée scolaire ... (5) ... moins longue et j'aimerais bien voir ce changement, mais en revanche, je ne veut pas qu'on ... (6) ... les vacances

a enseigne **b** commence **c** soient **d** devienne
e racourcisse **f** fasse

7 Quel métier dans les langues?

a **Lisez ce que disent ces jeunes Français qui étudient eux aussi les langues vivantes. Faites des recherches de vocabulaire.**

Marie-Laure, 17 ans

J'apprends l'anglais depuis six ans et j'aime beaucoup ça. J'ai fait aussi de l'espagnol et de l'allemand. J'adore le son et l'intonation de l'italien et j'aimerais l'apprendre aussi quand je serai à l'université. La réputation du Français incapable de manier une langue étrangère doit changer avec l'UE et je veux faire partie de ce nouveau monde. Devenir prof de langues, ça me tente énormément.

Paul, 18 ans

Je vais passer mon bac cette année et avec un peu de chance je serai en fac d'anglais l'année prochaine. Ça m'intéresse énormément, les langues, et j'espère aussi commencer à en apprendre d'autres. On m'a dit que les langues orientales deviendront de plus en plus importantes. Je vais peut-être faire du japonais. Courageux, non?

David, 17 ans

En ce qui me concerne ce n'est pas forcément les langues qui m'intéressent. Je suis plutôt tenté par les sciences que par les langues, mais je sais que beaucoup des filières d'enseignement supérieur ont musclé leur formation linguistique et que je pourrai, par exemple, continuer mes deux langues même si ma matière principale est la biologie. Je trouve ça très bien que l'on encourage les gens dans d'autres disciplines à perfectionner et à utiliser leurs langues vivantes.

Jean-Yves, 17 ans

Je sais que je veux travailler dans le domaine des langues, mais qu'il faut trouver des débouchés en dehors de l'enseignement, un métier qui ne m'intéresse pas. Le métier de traducteur est une des voies possibles, mais je sais que c'est sur concours et c'est très difficile. J'ai entendu que les recruteurs cherchent souvent des jeunes diplômés possédant un bon niveau en anglais mais que la maîtrise d'une langue étrangère n'est pas une compétence qui suffit à elle seule.

Laurence, 19 ans

J'ai choisi les langues parce que j'adore voyager et je trouve que pratiquer ce que l'on a appris sur place est la meilleure façon de progresser en langue. Bien sûr, il faut lire, apprendre consciencieusement le nouveau vocabulaire et la grammaire, mais surtout il faut parler avec les gens du pays. J'ai fait plusieurs stages linguistiques en Angleterre, aux Etats-Unis et en Espagne et j'espère un jour travailler à l'étranger.

b **Qui …**
1. … veut étudier les sciences? (exemple: David)
2. … parle déjà trois langues étrangères?
3. … aime bien aller à l'étranger?
4. … pense que les Français font plus d'efforts dans le domaine des langues?
5. … pense qu'il y a des débouchés pour les linguistes dans les autres domaines de travail?
6. … va étudier une langue non occidentale?
7. … s'intéresse à l'enseignement?

c **Qui parle?**
Ecoutez cette série d'extraits des mêmes jeunes gens et décidez qui parle à chaque fois.

Exemple: 1 Jean-Yves

8 A vous!

Ecrivez un paragraphe sur ce que vous étudiez maintenant et ce que vous étudierez plus tard.

9 Etudier à l'étranger. Ça vous intéresse?

Tous les experts s'accordent pour dire que la meilleure façon d'apprendre une langue, c'est de vivre et d'étudier à l'étranger. Lisez cette publicité pour l'organisation EF, qui organise des stages et des séjours linguistiques.

EF

Un An d'Etudes à l'Etranger
Quel que soit votre niveau de départ, vos neuf mois d'études avec EF sont conçus de façon à vous assurer une maîtrise courante de la langue et une connaissance approfondie d'autres matières. Vous vous consacrez tout d'abord à l'amélioration de vos connaissances linguistiques de base. C'est la meilleure façon de renforcer vos acquis et vos diplômes précédents.

L'option de stage en entreprise
Mettre en pratique vos connaissances linguistiques dans un contexte professionnel constitue un atout décisif sur un marché de l'emploi très compétitif. EF vous garantit un stage dans une douzaine de domaines, parmi lesquels: Marketing, Tourisme, Médias, Relations publiques, Education, Administration des affaires, Ventes. Cette option est disponible dans toutes nos écoles en Angleterre, aux Etats-Unis, au Canada et en Australie.

Un programme très complet
Nous proposons un programme complet, incluant voyage, transfert, hébergement et repas. Nos équipes locales offrent toute une gamme d'activités de loisirs culturels et sportifs et d'excursions optionnelles, pour découvrir les aspects les plus fascinants de votre pays d'accueil.

Le forfait comprend:

- Chambre double en famille d'accueil (petit déjeuner et dîner du lundi au vendredi et pension complète le week-end) ou sur le campus (avec la plupart des repas) (petit déjeuner et dîner du lundi au vendredi et pension complète le week-end)
- Programme complet d'activités de loisirs et d'excursions (gratuites ou à des tarifs de groupe avantageux)
- Stage Professionnel en Angleterre, en Australie, au Canada et aux USA moyennant un supplément
- Vol A / R au départ de Paris, Lyon ou Nice
- Transfert de l'aéroport d'arrivée au Centre EF
- Cours: Langue et Etudes Appliquées
- Présence et soutien permanent de l'équipe EF
- Guide de séjour et d'orientation très complet
- Diplôme d'Etudes Internationales EF
Appelez-nous!

a Trouvez les expressions suivantes dans le texte de la publicité:
1. ... a range of leisure activities ...
2. ... the best way to consolidate your experience and existing qualifications
3. ... a deeper knowledge of other subjects
4. ... give us a call! ...
5. ... the most interesting aspects of your host country ...
6. ... the improvement of your basic linguistic knowledge
7. ... full board at the weekend
8. ... this option is available ...

b Vrai ou faux? Corrigez les phrases qui sont fausses.
1. Tout le monde, peu importe son niveau de langue, peut assister aux activités EF.
2. La meilleure façon d'améliorer est de passer des diplômes.
3. Avec EF on peut faire un stage dans un grand nombre de domaines.
4. On est toujours hébergé dans une famille d'accueil.
5. Le prix du transport n'est pas inclus.

c Vous avez maintenant cinq phrases correctes. Reliez les questions qui suivent à leur réponse:
1. Est-ce que le forfait comprend le vol aller-retour?
2. Comment peut-on progresser en langue?
3. Faut-il un bon niveau de départ?
4. Quelles possibilités sont ouvertes aux stagiaires?
5. Où est-on logé pendant la période du stage?

10 On fait de la publicité!

a EF a fait aussi une publicité pour la télé. Ecoutez la bande sonore. La publicité est divisée en 12 sections. A chaque fois que vous entendez la musique, choisissez le bon titre dans la section qui suit. Voici les titres 1 à 12:
1. Cours adaptés à tous les niveaux
2. Une ambiance internationale
3. Apprenez plus au meilleur prix
4. Des enseignants à votre écoute
5. Débutez vos cours
6. Une organisation mondiale
7. Ecoles de qualité officiellement reconnues
8. Activités et excursions
9. Anglais courant, CV gagnant
10. Réussite aux examens officiels internationaux
11. Voyage et transferts
12. Le choix de l'hébergement

b Préparez le texte d'une publicité radio pour votre propre organisation de séjours linguistiques. Enregistrez-vous. La publicité doit durer 60 secondes maximum.

11 Un métier qui me plaît …

a Consultez cette liste de secteurs possibles. Ajoutez d'autres. Lisez les vœux des trois personnes ci-dessous et choisissez un secteur qui convient à chacun(e). Ecrivez une phrase pour chaque personne:

Exemple: Véronique <u>pourrait travailler dans le secteur</u> du tourisme <u>parce que …</u>

Administration	Enseignement	Presse
Agriculture	Informatique	Santó
Banques	Langues	Tourisme
Beauté	Loisirs	Transport
Commerce	Multimédia	Voyages

1 *Véronique*

Je cherche un emploi qui me donne l'occasion de voyager. Je ne veux pas qu'il soit trop difficile au début, mais je rêve d'un métier qui me permette de <u>gagner beaucoup d'argent</u> et de <u>rencontrer des gens</u> de toutes les nationalités. Il faut absolument que ce soit dans un pays qui ait un bon climat et en hiver et en été.

2 *David*

Je ne pense pas que j'aie assez de patience pour travailler avec les adolescents. <u>Avant, j'avais pensé à devenir</u> prof de langues, mais je ne sais pas. <u>Utiliser</u> mes langues au travail, <u>ça me tente</u> beaucoup. <u>Etre</u> traducteur, oui, c'est une possibilité, mais je sais qu'il faut un très bon niveau. <u>J'aime</u> écrire, <u>je suis</u> assez doué pour les ordinateurs. Il n'est pas certain que je réussisse au bac, mais <u>si j'ai de la chance, j'aimerais</u> voyager avant de commencer à la fac.

3 *Sandrine*

Il est possible que je choisisse un métier en relation avec les enfants. Bien que je sache que ce genre d'emploi est très populaire, c'est celui <u>qui m'intéresse le plus</u>. Mes profs me disent qu'à condition que je fasse de mon mieux en terminale <u>j'aurai</u> le bac et <u>je pourrai</u> aller à l'université.

b Décrivez vos propres aptitudes et intérêts à votre partenaire qui va vous proposer un secteur de travail. Utilisez les expressions suivantes (+ subjonctif):

Je cherche un emploi qui …   Je rêve de faire un métier qui …
Je ne pense pas que …   Je ne veux pas que …
Je veux que ….   Il est possible que ….
Il n'est pas certain que ….   Avant que …
Utilisez les expressions qui sont soulignées dans le texte!

12 Et les employeurs … que cherchent-ils?

Un CV (curriculum vitae) est une arme de persuasion. Voici les secrets d'un CV propre et sans bavure. Lisez-les!

a Il manque certains verbes à l'impératif. Voici les verbes qui manquent. Pouvez-vous les remettre dans le texte?

Soyez   Méfiez   Oubliez   Négligez   Précisez   Evaluez

Exemple: 1   Oubliez

Une présentation impeccable
- Un CV doit impérativement être dactylographié. L'idéal est de disposer d'un micro à imprimante laser. … (1) … la machine à écrire de votre grande sœur!
- … (2) … -vous, les fautes d'orthographe sont rédhibitoires.

Adoptez un plan classique
- Ne vous éloignez pas du plan classique en quatre parties: l'état civil, ensuite la formation, puis l'expérience, et enfin une rubrique plus ouverte: «autres activités» ou «centres d'intérêt».
- Ne … (3) … pas cette dernière partie. Développez vos passions, vos activités de loisirs.

De la clarté
- … (4) … concis. Vous ne rédigez pas une dissertation.
- … (5) …
  – où vous avez étudié (la ville et le nom de vos écoles)
  – le domaine d'activité des sociétés pour lesquelles vous avez travaillé lorsqu'elles ne sont pas connues du grand public
  – votre niveau en langue et en informatique (citez les logiciels)
  – si vous possédez votre permis, une voiture, et un brevet de secourisme (ça peut servir!)
- Soyez compréhensible pour tout le monde: n'abusez pas de termes techniques.

Eliminez tout élément suspect
- Ne laissez pas de blanc dans la chronologie.
- … (6) … lucidement votre niveau en langue. Parler avec les mains ne fait pas de vous un bilingue franco-italien …

b Traduisez en anglais toutes les phrases dans lesquelles vous avez remis un mot.

Exemple: 1   Forget about your big sister's typewriter!

13 Le CV de Gilles

Le poste: rédacteur-graphiste à *Okapi*, journal des 10–15 ans de Bayard Presse

Recruteur: Marcel Bourdan, de Bayard Presse Jeunes.

Ecoutez Marcel qui parle du CV de Gilles, qui a réussi à obtenir ce poste chez Bayard Presse.

a **Résumez les qualités du CV de Gilles selon Marcel:**

Exemples:
Il montre les compétences du candidat.
Il n'est pas prétentieux.
(Vous en trouverez au moins huit autres.)

b **Jeu de rôles**
Après avoir écouté l'opinion de Marcel et en vous servant des expressions 1 à 12, imaginez une conversation entre deux employés de Bayard Presse qui cherchent un nouveau graphiste. Vous discutez les CV de deux candidats. La personne A aime le CV de Gilles; la personne B préfère un autre candidat et critique son CV.

Personne A
A mon avis nous cherchons quelqu'un qui …
Il faut que … et il me semble qu'il …
Je veux que … et Gilles dit qu'il …
Il est nécessaire que le candidat …
Vous ne pensez pas que …?
Regardez tout ce qu'il a fait. Par exemple, …
Il me semble que les qualités les plus nécéssaires pour le poste …

Personne B
Avant de discuter les CV des candidats en détail, quelles sont les qualités que l'on cherche?
Bien que Gilles …
Nous cherchons quelqu'un qui soit plus …
Vous ne trouvez pas que l'autre candidat …?
Je ne pense pas que ce candidat …
A condition que …

c **Relisez les conseils de la p. 95. Réécoutez ce que dit Marcel et créez votre propre CV en imaginant que vous vous visez le poste de vos rêves. Inventez un peu si c'est nécessaire.**
N'oubliez pas les titres:

Nom	Universités
Prénom	Formation/diplômes
Adresse, etc.	Expérience
Date de naissance	Autres activités
Etat civil	Ecoles

14 La lettre de motivation

Lisez attentivement ce texte sur la lettre de motivation qui doit accompagner votre CV:

La lecture de la lettre précède celle du CV, une raison de plus pour bannir les erreurs de grammaire et fautes d'orthographe. La lettre de motivation est plus personnalisée que le CV. Y figurent obligatoirement: la date; le nom de la personne à laquelle elle s'adresse en haut à droite. Et si cette personne vous est totalement inconnue: précisez «Madame, Monsieur». Votre signature ne doit pas être totalement démesurée par rapport au corps du texte.
C'est un courrier obligatoirement manuscrit. Alors appliquez-vous: vous devez être lisible. Ne décidez pas pour autant de changer d'écriture au dernier moment, et surtout, écrivez vous-même (pensez à l'éventuel graphologue qui décriptera vos hiéroglyphes). Soyez convaincant. La lettre se compose de trois paragraphes distincts:

L'accroche: cette entrée en matière doit attiser la curiosité du recruteur. Elle doit être courte et dynamique. Expliquez, par exemple, les motifs pour lesquels vous avez choisi cette société.

L'argumentaire: dévoilez, sans prétention, les éléments de votre parcours et de votre caractère qui font de vous la perle rare. Montrez que vous êtes prêts à vous investir, dites ce que vous pouvez apporter à l'entreprise (et non ce que vous attendez du poste). Prenez garde à ne pas retranscrire les informations de votre CV de manière différente.

La conclusion: pour finir, allez droit au but: demandez un entretien. Par exemple: «Je me permettrai de vous appeler dans dix jours pour m'entretenir avec vous et convenir, si cela est possible, d'un rendez-vous.»

Restez simple. Pour clore la lettre, choisissez une formule de politesse classique. Evitez de vous embarrasser de formules ampoulées («hommages distingués», «l'expression de mes plus profonds respects» …). «Je vous prie d'agréer, Madame/Monsieur, l'expression de mes salutations distinguées» est une formule simple et passe-partout. Enfin, suivez votre intuition et n'hésitez pas à enfreindre ces principes lorsque votre recrutement en dépend. Sachez vous adapter selon l'urgence et les circonstances.

Complétez ces phrases pour résumer le texte sur la lettre de motivation:
1 Il ne faut pas que votre signature … trop …
2 Il vaut mieux que vous ne … d'écriture à la dernière minute.
3 Il faut que la lettre … de trois paragraphes. L'accroche, … et …
4 Il ne faut pas que le contenu de votre lettre …
5 Il faut que vous … en demandant un entretien.
6 Il vaut mieux que vous … avec Monsieur, Madame et que vous … avec …

Révision

1 Révision

Prof de sport ... ça veut dire quoi?
Lisez cette discussion entre le magazine *Phosphore* et Thierry Poulain, responsable de la filière CAPEPS à l'UFR STAPS (Sciences et techniques des activités physiques et sportives) d'Orsay, Université Paris-Sud (91). Il s'occupe des étudiants qui veulent devenir professeurs de sport.

Phosphore: Selon vous, pour être un bon prof de sport, mieux vaut être un bon sportif ou un bon prof?

Thierry Poulain: *Un bon prof, bien sûr! Pour devenir professeur de sport, il faut d'abord passer la barrière des examens, qui font appel à des capacités autant littéraires que scientifiques. Les capacités sportives restent cependant importantes. Bref, il ne suffit pas d'être un bon sportif pour être un bon enseignant: c'est une condition nécessaire, mais pas suffisante.*

P.: Les élèves viennent plutôt de quels bacs?

T. P.: *C'est assez mélangé. En DEUG, les scientifiques sont relativement avantagés à cause de matières comme l'anatomie. En licence-maîtrise, des qualités de rédaction et d'expression sont nécessaires: les littéraires y trouvent leur compte.*

P.: L'image de l'étudiant de STAPS qui passe sa vie en survêtement à aller du terrain de rugby à la piste d'athlétisme est-elle vraie?

T. P.: *Le sport tient évidemment une place très importante dans les études. Au sein de l'université, les étudiants font environ dix heures de pratique et une quinzaine d'heures de théorie autour du sport. A cela peuvent s'ajouter des activités en club ou des entraînements spécifiques pour certains athlètes. Mais le sport n'est pas tout. Les étudiants abordent des matières scientifiques et les sciences humaines et sociales: psychologie, pédagogie.*

P.: Vous parliez de cours consacrés à la «théorie autour du sport». De quoi s'agit-il exactement?

T. P.: *Les étudiants pratiquent beaucoup de sports différents, parce que, pour les enseigner, il faut les connaître. Mais tout ne s'acquiert pas sur le terrain. Ils doivent aussi maîtriser, outre les règlements, la façon d'aborder tel ou tel sport.*

Par exemple, on n'enseigne pas le basket comme on enseigne la danse. Avec les sports collectifs, on peut mettre rapidement les gens en situation de jeu. On alterne phases de jeu et phases d'exercices, censées rendre les futures séances de jeu encore plus amusantes. Dans une discipline comme la danse, il faut démarrer avec de petits exercices pour apprendre à bouger, pour accepter d'être vu par les autres, pour s'habituer à répondre au rythme.

P.: Il y a donc une pédagogie adaptée à chaque type de sport?

T. P.: *Exactement! Et en plus, un prof de sport doit aussi savoir s'adapter à son public. On n'enseigne pas le basket (pour reprendre cet exemple) de la même façon aux jeunes d'une cité, fascinés par les exploits des stars américaines du basket et aux adultes d'un club local. Les enfants ont notamment une vision souvent très particulière de tel ou tel sport, en fonction de ce qu'ils voient à la télévision.*

P.: Tous les étudiants de STAPS ne rejoignent pas l'Education nationale. Quels sont les autres métiers accessibles?

T. P.: *Je dirais même que de moins en moins d'étudiants rejoignent l'Education nationale. Le professorat d'éducation physique, qui est souvent la première motivation des gens, est un secteur relativement bouché. L'année dernière il y avait 830 postes en France et 3 600 candidats au CAPES. Pour des raisons matérielles, il n'est cependant pas facile d'accueillir tout le monde. Mais le nombre de postes à l'Education nationale ne risque pas, lui, d'évoluer beaucoup. Il faut donc inciter les étudiants à s'orienter vers d'autres carrières du sport. Les personnes âgées, les loisirs, les quartiers sensibles, la rééducation des handicapés ou le management sportif sont autant de voies à ne surtout pas négliger.*

a Répondez à ces questions à choix multiples:
1 Quelles sont les qualités d'un bon prof de sport?
   a Il faut surtout qu'il soit fort en sport.
   b Il faut surtout qu'il possède les aptitudes d'un bon prof.

2 Pendant quelle partie de leurs études les littéraires sont-ils plus avantagés?

a Au début.
b Quand ils passent au niveau plus avancé.

3 Est-ce que l'étudiant de STAPS doit faire d'autres matières que le sport?
   a Oui.
   b Non.

4 Quelles sont les différences entre l'enseignement des sports collectifs et la danse?
  a Dans la danse, il faut apprendre d'abord les règlements.
  b Dans la danse on se met moins rapidement en situation d'être vu par les autres.

5 Qui sont les plus influencés par ce qu'ils voient à la télé?
  a Les stars de basket américaines.
  b Les jeunes joueurs.

6 Quelle est la solution pour les professeurs de sport qui ne trouvent pas de poste?
  a Continuer à étudier.
  b Trouver un emploi dans un secteur différent.

(6 points)

b **Complétez les phrases pour donner une définition en français de ces expressions prises du texte:**

Exemple: un bon enseignant
  c'est un professeur qui fait bien son métier

1 les scientifiques   ce sont des gens qui …
2 la licence-maîtrise   c'est une qualification que l'on …
3 des qualités de rédaction   c'est la capacité de pouvoir …
4 les sports collectifs   ce sont les sports …
5 il faut démarrer avec de petits exercices   il est nécessaire de …

(5 points)

c **Toutes les expressions suivantes se trouvent dans le texte que vous avez lu. Pouvez-vous remplacer les mots soulignés avec d'autres de votre choix sans changer le sens?**

Exemple: il faut d'abord passer la barrière des examens *il est nécessaire de*

1 il ne suffit pas d'être un bon prof
2 les étudiants font environ dix heures de pratique
3 le professorat d'éducation physique est un secteur relativement bouché.
4 il faut inciter les étudiants …
5 … à s'orienter vers d'autres carrières du sport.

(5 points)

2 A deux!

Imaginez que vous êtes Thierry et un candidat qui veut devenir professeur de sport. Vous avez tous les deux des questions à poser et des réponses à donner. Parlez pendant un minimum de deux minutes.

(10 points)

3 Comprendre les statistiques

a **Ecoutez cet extrait d'une émission de radio où l'on parle d'une enquête sur les étudiants et leur logement. Il comprend beaucoup de statistiques. Répondre aux questions suivantes par un chiffre.**
  1 En quelle année l'enquête a-t-elle été menée?
  2 Combien d'étudiants habitent toujours chez leurs parents? (un pourcentage)
  3 Combien de Parisiens rêvent d'indépendance? (un pourcentage)
  4 Quel est le loyer moyen à Paris?
  5 Et dans les grandes villes?
  6 Et dans les petites villes?
  7 En moyenne à combien de minutes les Parisiens habitent-ils de l'université?
  8 Et les étudiants de province?
  9 Combien d'étudiants à Paris sont logés dans un deux-pièces? (un pourcentage)
  10 Combien de gens disent qu'ils n'ont pas eu de difficulté à trouver un logement?

(10 points)

b **Préparez un petit reportage sur les étudiants et leur logement en vous servant des statistiques que vous avez comprises. Lisez-le à haute voix pour pratiquer. Essayez de ne pas hésiter quand vous arrivez à un chiffre!**

(10 points)

c **Choisissez trois problèmes des étudiants modernes parmi cette liste. Ecrivez un paragraphe sur chaque difficulté pour expliquer en quoi il consiste selon vous et pour proposer des solutions:**

> Le logement   **Le stress**   *Les examens*
> **L'argent**   Les études   *L'amour*
> *Les professeurs*   **Les amis**   La drogue
> **Les parents**   La solitude
> **Le transport**   L'alcool

(30 points)

4 Dissertation

Titre: Les problèmes dans les lycées sont plus graves que jamais. Qu'en pensez-vous? (300 mots)

(40 points)
(20 points pour le contenu / 20 points pour la qualité de la langue)

Extra

1 Une technologie d'avenir

Dans une société où tout change vite, on se demande si les connaissances acquises au début de la vie resteront adaptées aux circonstances qu'on rencontra dans toute une vie.

Lisez d'abord ce qu'a dit François Mitterrand, Président de la République (1981–1994) dans son discours sur l'enseignement et l'informatique en 1983:

«L'informatique est l'homme pressé de la science. Elle s'installe et, à peine arrivée, conquiert et prétend gouverner. C'est la seule industrie où l'investissement croît, l'emploi se développe, la croissance s'accélère. Une nouvelle culture naît sous nos yeux et la plus grande majorité doit en prendre conscience.»

Depuis Mitterrand l'informatique continue à prendre une place très importante dans la société. Lisez cet article sur des gens qui utilisent actuellement de l'informatique dans leur vie quotidienne:

a   Faites des recherches de vocabulaire et dressez une liste de phrases utiles pour aborder le thème de l'informatique. Puis lisez les textes pour savoir comment quatre personnes de la région de Clermont Ferrand se servent d'ordinateurs.

1

A l'école Saint-Joseph, depuis que l'on compte deux ou trois ordinateurs par classe et douze à l'atelier d'informatique, il faut forcer les enfants à aller en récréation! Si Anne-Camille, 7 ans, a encore besoin de la maîtresse pour trouver des informations sur les chevaux, sa passion, elle sait lancer un CD-rom et gérer un logiciel de dessin. «C'est long d'apprendre à la fois l'écriture manuelle, les majuscules d'imprimerie et les minuscules», explique Monique, l'institutrice. «Mais, l'ordinateur suscite un tel engouement qu'il accélère l'assimilation.»

2

Ses messages e-mail Guy Bertaux les signe «Cyber-papy». Normal, à 77 ans! Ce pro de l'informatique (il a installé les premières machines à cartes perforées, en 1937) se trouvait au début trop vieux. Mais, un jour, son fils a fini par le convaincre. Aujourd'hui, Guy regarde les débats parlementaires sur les sites de l'Assemblée nationale.

3

Fleurs, dragons et personnages mystérieux naissent sous ses doigts. Denny est le premier tatoueur de France à avoir un site sur internet. «Grâce aux photos, les clients choisissent leur dessin et remarquent mon style américain, avec traits épais et couleurs vives» souligne l'homme de l'art, qui a appris son métier en Californie. De retour dans sa région natale, c'est un client qui lui a créé son site, en échange d'un tatouage.

4

«Quand je vois des femmes pousser leur caddie, je les plains, observe Nathalie, moqueuse. Pour moi, faire les courses ça veut dire cliquer! Depuis l'ouverture du centre commercial électronique, je vais à l'hypermarché pour acheter un collant ou des produits de maquillage, mais plus jamais pour les grosses courses.»
Car Nathalie commande tomates, eau, yaourt, couches de bébé … par internet!

b   Choisissez parmi les expressions suivantes, tirées des témoignages, pour compléter les phrases suivantes. Attention, il y a plus d'expressions que de phrases:

cliquer	produits de maquillage
centre commercial électronique	grosses courses
atelier d'informatique	lancer
gérer	logiciel
majuscules	minuscules
traits épais	passion
machines à cartes perforées	région natale

1   Il faut savoir … un logiciel avant d'utiliser l'ordinateur.
2   Il y a un … dans la plupart des collèges maintenant.
3   Les petits enfants oublient souvent s'il faut des lettres …
4   Les jeunes ont un grand … de l'informatique.
5   Les premiers ordinateurs étaient des …
6   Je me sers surtout d'un … traitement de texte.
7   Avec un … j'aurais plus de temps pour faire des activités de loisirs.

c   Pouvez-vous inventer une phrase qui utilise chacune des six expressions que vous n'avez pas encore utilisées?

d   Inventez cinq phrases «vraies / fausses» sur les textes ci-dessus et donnez-les à votre partenaire qui doit corriger les phrases qui sont fausses.

Exemple: Nathalie achète des bijoux par internet.
Faux. Elle achète des provisions par internet mais elle va toujours à l'hypermarché pour acheter les choses plus personnelles.

2 A vous!

Répondez aux questions suivantes par écrit. Ecrivez trois ou quatre phrases pour chaque réponse.
1 Que pensez-vous de l'internet?
2 De quels logiciels vous servez-vous régulièrement? (Je me sers de ...)
3 Pensez-vous qu'il faut encourager les enfants à devenir experts en informatique?
4 L'éducation ne pourra plus exister sans la communication électronique. Qu'en pensez-vous?
5 Quels sont les avantages du courrier électronique (e-mail) par rapport aux autres moyens de communication?

3 Un métier pour demain?

Vous vous intéressez à un métier dans le domaine du multimédia ou vous connaissez peut-être des gens qui s'y intéressent? Ce domaine d'activité où tout bouge très vite a besoin de jeunes diplômés. De nouveaux métiers voient le jour. A saisir par ceux qui sont tournés vers l'avenir et aiment se former en permanence. Lisez cette description du travail de Cédric qui habite Reims mais qui travaille dans le domaine de l'informatique à Paris:

Cédric monte dans le train à Reims. Il s'apprête à voyager plus de deux heures pour rejoindre son travail, près de Paris. La région parisienne est un grand bassin d'emplois pour l'informatique. Depuis quelques mois, Cédric ne travaille plus dans les locaux de son entreprise, mais «en régie» chez un client extérieur.

Aujourd'hui, Cédric doit s'atteler à une tâche qui nécessite de la concentration: créer un programme pour l'archivage automatique des données qu'il n'est plus nécessaire de consulter quotidiennement sur les écrans. Avant d'écrire ce programme, il réfléchit au langage qu'il va utiliser et à la logique qu'il va adopter. C'est la partie analyse du travail. La programmation, c'est-à-dire l'écriture, ne vient qu'ensuite. Parfois, il ne s'agit pas de création mais d'actualisation. On peut demander à Cédric d'adapter les programmes de l'entreprise pour que les nouveaux produits financiers (de nouveaux prêts) soient intégrés dans le réseau d'ordinateurs. Cédric doit trier les informations contenues dans une base de données selon ces critères. Il crée ensuite un fichier pour que le service commercial puisse consulter le résultat de cette recherche sur ordinateur.

Cédric n'est pas formateur, mais ses collègues lui ont demandé de leur présenter quelques évolutions technologiques. Travailler dans un tel domaine exige de se tenir informé des avancées des logiciels et du matériel informatique. Pendant deux heures, il explique les principes de la navigation sur internet.

Fin de journée. Arrivée prévue à Reims vers 20 h.

a **Trouvez des équivalents aux phrases suivantes dans le texte:**
1 Cédric n'a pas l'habitude d'enseigner ...
2 ...se fait après ...
3 Il y a beaucoup de gens qui travaillent dans le domaine de l'informatique aux alentours de Paris.
4 ... qui demande qu'il pense sans distraction.
5 Dans ce secteur, il faut être au courant de nouveaux développements.

b **Faites une liste de cinq tâches que Cédric remplit dans une journée typique au travail:**

Exemple: Il prend le train; il crée un programme pour l'archivage ...

4 Débat

a **Ecoutez cette discussion au sujet de l'informatique et divisez votre page en deux sections. Notez les idées de ceux et celles qui sont POUR l'informatique et les idées de ceux et celles qui sont CONTRE.**

b **En classe, divisez-vous en deux groupes. Il y aura ceux (et celles) qui sont très enthousiastes pour l'informatique et les autres qui ne la considèrent pas comme nécessaire. Préparez vos arguments à l'avance et puis discutez formellement ce sujet:**
«Le jour n'est pas loin où quelqu'un qui ne sait pas se servir de l'informatique ne pourra pas exister dans le monde moderne.»

Il faut:
Introduire une idée
Présenter ses arguments
Donner des exemples
Opposer
Conclure

Vocabulaire pour parler de l'informatique

Vous connaissez?
- les ordinateurs
- les logiciels
- le courrier électronique
- cliquer
- couper
- coller
- une base de données
- la navigation
- le clavier
- l'écran
- un fichier

Chapitre 6: Liberté, égalité, fraternité

Pages	Thèmes	Grammaire	Compétences
102–106 Départ	La parité entre les hommes et les femmes	Les pronoms relatifs: • qui / que	Faire un sondage Parler en improvisant Mots de la même famille
107–116 Progression	Les associations caritatives: • Le secours catholique • L'étape La violence dans les écoles (les faits, sanction ou prévention)	Les pronoms démonstratifs: • celui, celle, ceux, celles Le plus-que-parfait	Résumer un passage en français Traduire en anglais Participer à un débat Les faux amis
117–118 Révision	Les sans-abris		Préparation à l'examen
119–120 Extra	Extrait des petits enfants du siècle de Christiane Rochefort La vie dans les cités	Le passé simple	Le langage familier

Départ

1 Votre regard sur l'égalité hommes–femmes

Où en est l'égalité des chances entre les garçons et les filles? Voici la question qu'on a posée à des collégiens et à des lycéens.

Ecoutez la cassette et assortissez les déclarations suivantes avec ces jeunes:

Exemple: 1 *Claire*

1 Les garçons ont plus de chances que les filles car ils sont plus libres.
2 Bien qu'il y ait un certain type de métier réservé aux filles, les filles sont en train de se faire une place dans certains domaines.
3 Au point de vue scolaire, les garçons s'intéressent plus aux matières scientifiques.
4 En ce qui concerne les sorties, filles et garçons n'ont pas la même chance.

2 Débat

Voici des questions posées lors d'un débat sur l'égalité entre les femmes et les hommes. Lisez-les et trouvez un titre pour chaque question.

Exemple: 1 b

1 N'y a-t-il pas inégalité lorsqu'un écart de 30% sépare toujours les salaires masculins des salaires féminins?
2 N'y a-t-il pas inégalité lorsque 90% des chefs de famille monoparentales sont des femmes?
3 N'y a-t-il pas inégalité lorsque 53% des chômeurs de longue durée sont des femmes?
4 N'y a-t-il pas inégalité lorsque 83% des actifs à temps partiel sont des femmes?
5 N'y a-t-il pas inégalité lorsque il n'y a que 10% de femmes à l'Assemblée nationale et 6% au Sénat?

a En politique, les femmes ne représentent qu'une partie infime des députés.
b A travail égal, les femmes ne gagnent toujours pas autant que les hommes.
c La plupart des parents qui élèvent leurs enfants seuls sont des femmes.
d La plupart des travailleurs à mi-temps sont des femmes.
e Plus de la moitié des chômeurs de longue durée sont des femmes.

3 Sondage sur l'égalité

a Travaillez à deux. Interviewez votre partenaire à tour de rôle et notez les réponses.

Exemple: 1 d

1 Dans ta classe de français, quelle est la proportion de filles?
   a La moitié des élèves sont des filles.
   b La moitié des élèves sont des garçons.
   c Les garçons représentent la majorité.
   d Les filles représentent la majorité.

2 Chez toi, la plupart du temps, qui met la table?
   a C'est moi qui mets la table.
   b C'est mon père qui met la table.
   c C'est ma mère qui met la table.
   d C'est mon frère qui met la table.

3 Chez toi, qui fait la lessive?
   a C'est ma mère qui fait la lessive.
   b C'est mon frère qui fait la lessive.
   c C'est moi qui fais la lessive.
   d C'est mon père qui fait la lessive.

4 Quand j'étais petit(e),
   a C'est mon père qui me gardait le plus souvent.
   b C'est ma mère qui me gardait le plus souvent.
   c C'est la nourrice qui me gardait le plus souvent.
   d J'allais à la crèche.

b Ecrivez les résultats du sondage que vous venez d'effectuer.

Exemple: *Dans notre classe, ... filles étudient le français.*

Dans notre classe, ... garçons étudient le français.
Dans notre classe, ... filles mettent la table.

4 Vers l'égalité des sexes

a Lisez le texte ci-dessous.

La femme moderne apparaît comme une femme libre ou plutôt libérée. Elle choisit les études qu'elle va faire, elle peut être chef d'entreprise. Elle a le droit de voter et de conduire. Elle prend la pilule si elle ne souhaite pas avoir d'enfants ... Toutes ces choses, elle les a acquises à la suite d'un combat difficile et d'une lente évolution.

1831–1861
Jusqu'au XIXe siècle, la femme n'avait aucun droit. 1831 a vu la création de l'enseignement primaire féminin, 1838 la première école d'institutrices, et en 1861 Julie Daubié a été la première fille à être reçue au bac.

1944–1946
Le statut de la femme se met vraiment à changer après les années 40. En 1944 la femme a le droit de voter et d'être élue pour la première fois. C'est la fin d'un long combat que les suffragettes (militantes pour le droit de voter) avaient commencé à la fin du XIXe siècle. En 1946, le principe d'égalité entre les hommes et les femmes est inscrit dans la nouvelle constitution.

1960
Désormais, la femme va prendre conscience de ses droits et passer de la revendication à la protestation vers la fin des années 1960. C'est le début du Mouvement de Libération des Femmes (MLF) qui naît en France et dans plusieurs autres pays.

1967–aujourd'hui
Les lois suivent l'évolution. En 1967, la femme peut prendre la pilule.

En 1970, elle partage l'autorité parentale.

En 1975, elle peut postuler à n'importe quel métier public et privé, peut divorcer par consentement mutuel et interrompre une grossesse grâce à la légalisation de l'IVG (interruption volontaire de grossesse).

En 1983, la femme devient l'égale de l'homme professionnellement.

En 1992, elle est protégée contre le harcèlement sexuel sur son lieu de travail.

Glossaire

souhaiter	to wish
aucun droit	no right
jusqu'au	until
la grossesse	pregnancy
une entreprise	a firm

b Retrouvez dans le texte les mots ou expressions qui veulent dire:

1 a struggle
2 a place where women learn how to teach
3 which is born
4 to have an abortion

c Remplissez le tableau suivant:

Exemple: libération, libérer, freedom / to free

Noms	Verbes	Traduction
libération		freedom / to free
une entreprise		
	élire	
une évolution		
les études		
	voter	
	interrompre	
	protéger	
le harcèlement		

d Avez-vous bien compris? Après avoir bien étudié le texte, remplissez la grille suivante en anglais.

Exemple: 1838 The first training school for primary-school teachers was created.

Dates	What happened
1838	
1861	
1944	
1960	
1967	
1975	
1992	

5 Que préférez-vous?

a Ecoutez ces jeunes Français.

b Ces phrases sont-elles vraies ou fausses? Corrigez les phrases fausses.

Exemple: 1 vrai

1 Céline n'aime pas les garçons qui ne veulent pas aider à la maison.
2 Jean-Luc aime les filles qui se veulent égales.
3 Adrien veut une fille qui s'occupera bien de lui.
4 Laurence aime les garçons qui sont machos.
5 Rachid préfère les filles qui sont pour l'égalité.
6 Michelle aime les garçons qu'elle voit s'affairer dans la cuisine.

c Remplissez les blancs des phrases suivantes sans écouter la cassette. Puis vérifiez à l'aide de la cassette.

Exemple: 1 qui

Céline: Je déteste les garçons … (1) … refusent d'aider à la maison.

Jean-luc: Pour moi, la fille idéale, c'est une fille … (2) … ne cherchera pas l'égalité à tout prix.

Adrien: Moi, la fille … (3) … je recherche c'est une fille … (4) … prendra bien soin de moi.

Laurence: Moi je fuis les garçons … (5) … je trouve machos.

Rachid: Je n'aime pas beaucoup les filles … (6) … se veulent égales.

Michelle: J'ai un penchant pour les garçons … (7) … je vois travailler dans la cuisine.

Grammaire

The relative pronouns: qui and que

In English, **qui** and **que** mean who, whom, that or which.

1   **Qui** refers to someone or something which is the subject of the verb that follows.

Exemple: I don't like girls who are untidy.
Je n'aime pas les filles qui sont désordonnées.

2   **Que** or **qu'** refers to someone or something which is the object of the verb that follows.

Exemple: She does not like boys she finds chauvinistic.
Elle n'aime pas les garçons qu'elle trouve machos.

Exercice 1

Sujet ou objet? Qui ou que? Lisez les phrases suivantes. Quel pronom relatif emploieriez-vous?

Exemple: 80% of the pupils who took the bac passed.
Answer: qui

1   The girls whom he prefers are tomboys.
2   The girls she mixes with are all feminists.
3   I like boys who help at home.
4   80% of the boys I know are taking A level science.
5   She did not like the attitude of the boys she met.
6   Teachers who teach languages are trying to attract more boys!

Exercice 2

Remplissez les blancs soit avec 'qui' soit avec 'que'.

1   L'article … j'ai lu révèle qu'il y a seulement 11% de femmes au parlement.
2   Les hommes … sont chefs de familles monoparentales sont rares.
3   Il y a encore certains métiers … sont réservés aux hommes.
4   Le garçon … j'épouserai devra partager les tâches ménagères.
5   Les filles … elle fréquente sont toutes des féministes.
6   80% des garçons … je connais passent un bac scientifique.
7   La plupart des filles … sont en terminale sont en série littéraire.

6 La parité

Pour ou contre la parité hommes-femmes?
Le journal *Le Point* a ouvert un débat sur la parité,
c'est à dire l'inscription dans la loi d'un principe
d'égalité entre les femmes et les hommes.

a   **Lisez les deux interviews ci-dessous.**

Véronique Dubois, écrivain:

«A bas les inégalités»

– Pourquoi êtes-vous en faveur de la parité?

– Je suis pour parce qu'à mon avis, c'est le moyen, de parvenir à l'égalité des femmes, notamment dans le domaine politique. Avec 11% de femmes députés, le taux le plus bas en Europe, de même que la Grèce, notre pays est en retard. En France, il y a une telle inégalité entre les hommes et les femmes, surtout en politique, que l'intervention de la loi s'impose. En effet, la loi existe pour corriger les inégalités.

– Pensez-vous que la loi puisse changer les habitudes des Français?

– Oui. Les lois de 1967 sur l'accès à la contraception et de 1975 sur le droit à l'avortement en ont fait preuve. Elles donnaient suite à des revendications et permettaient aux femmes d'être plus libres de leur sexualité. Aujourd'hui, c'est la même chose. Cette inégalité est injuste. Il faut donc y remédier.

– Mais en agissant de cette façon, n'existe-t-il pas un risque de créer un conflit entre les hommes et les femmes?

– Non. Je ne suis pas d'accord. Les femmes ne sont pas une unité. Elles ont leur propre identité: nationale, sociale, etc, ... Parce qu'elles sont différentes, les femmes peuvent amener autre chose en politique. Or elles constituent la moitié de l'humanité et ont un statut de minorité. Et puisqu'il en est ainsi, il faut que nous nous servions de la loi pour améliorer les choses, en tout cas c'est ce que nous espérons.

Frédérique Roualen, journaliste:

– Pourquoi êtes-vous défavorable à la parité?

– Modifier la Constitution ne résoudrait rien. Il n'existe aucun pays dans le monde où la parité est inscrite dans la loi. En France, on veut toujours tout changer! Aucune mesure concrète n'est en place. La carrière politique de certaines privilégiées sera rendue plus facile, mais c'est tout!

– Ne pensez-vous pas que la loi puisse changer les habitudes des Français?

– La loi suit les habitudes. Elle ne les devance pas. La population veut que la parité existe mais les hommes politiques ne le veulent pas. La parité n'existe pas qu'en politique. Ce qui est primordial, c'est la parité chez soi. Comment les femmes peuvent-elles s'engager en politique alors qu'elles ont pour la plupart la responsabilité totale de l'organisation domestique? Qui reste à la maison quand un enfant est malade? Qui repasse et appuie sur le bouton de la machine à laver? Questions sans importance? Ce sont pourtant de vrais débats politiques.

– Alors, que faire?

– C'est la façon de raisonner des gens qu'il faut changer. Il faudrait inciter d'avantage les hommes à s'occuper de leurs enfants et proposer un congé parental rémunéré. C'est aux hommes politiques de donner l'exemple. Comme cela a été récemment le cas en Finlande où le Premier ministre a pris un congé pour s'occuper de sa fille. Ou encore en Irlande, où il y a maintenant une crèche au Parlement!

   Et par dessus-tout, il faut changer les mentalités. Pourquoi les garçons auraient-ils plus accès à l'ordinateur que les filles? Pourquoi les filles desserviraient-elles la table quand les garçons changent les ampoules? L'égalité homme-femme commence d'abord par l'éducation des filles et des garçons.

Glossaire

inscrite	registered
suivre (suit)	to follow
inciter	to urge
desservir la table	to clear the table
une ampoule	a bulb

Glossaire

parvenir à	to reach
s'imposer	to be vital
le taux	rate
corriger	to correct
l'avortement	abortion
une revendication	a claim

b Trouvez dans les textes précédents les mots/expressions qui correspondent à:

Exemple: 1 *c'est un moyen*

1 it is a way
2 in particular
3 they followed up
4 half of mankind
5 in any case
6 to be involved in
7 true political debates
8 a paid leave
9 to look after
10 to have access to

c Vrai ou faux?

Exemple: 1 *vrai*

1 Véronique est pour la parité.
2 Il y a plus de 10% de femmes députés.
3 La loi sur l'avortement remonte à 1967.
4 Les Françaises peuvent prendre la pilule depuis 1975.
5 Une loi s'impose.
6 D'après Frédérique, les gens sont pour la parité.
7 Pour Frédérique, la parité à la maison n'est pas ce qui compte le moins.
8 On devrait donner un congé payé aux pères.
9 Le parlement irlandais ne veut pas construire de crèche.
10 Il faut d'abord éduquer les garçons et les filles.

7 Egaux ou pas égaux?

Maintenant écoutez ces Français parler de la parité et remplissez les blancs de l'exercice suivant.

– Hommes et femmes sont nés … (1) … Malheureusement la femme n'a pas toujours été considérée comme son … (2) … par l'homme.
– Les hommes et les femmes sont deux êtres … (3) … Pourquoi est-ce que les femmes cherchent à tout prix à … (4) … aux hommes? … (5) … n'existera jamais. Même si elle a acquis les mêmes … (6) …, la femme ne peut pas être l'égal de l'homme dans certains domaines.
– Du fait de sa … (7) …, la femme a perdu un certain prestige …
– C'est un peu la faute de la publicité qui nous présente la femme comme un … (8) … érotique ou encore comme une … (9) … idéale. Ce ne sont que des stéréotypes démodés. La femme est aussi capable, responsable et indépendante que l'homme.
– Moi je suis entièrement pour, mais attention! Qu'il s'agisse bien d' … (10) … et non pas d'un changement de … (11) … par les femmes.

8 L'émancipation: réalité ou fiction?

Reportez-vous au travail que vous avez fait précédemment et à la liste ci-dessous et préparez un exposé de trois minutes: L'émancipation de la femme, réalité ou fiction?

Arguments en faveur de la parité
trop d'inégalités hommes–femmes, surtout en politique
autres lois: contraception / avortement: succès
France en retard sur les autres pays
changement nécessaire
les femmes apporteraient quelque chose de nouveau

Arguments contre la parité
différences hommes / femmes
ce qui fait la force de l'homme / de la femme
les faiblesses de l'homme / de la femme
biologiquement, la femme est faite pour donner le jour et s'occuper des enfants

Vocabulaire
l'égalité
les revendications
égal à
élections
la liberté loin d'être totale
il serait désirable que …
les inégalités
il faut / il faudrait + infinitive
je suis tout à fait pour / contre

Stratégie

1 Note down the points you are going to talk about.
2 Try to use the vocabulary that you have come across in this chapter.
3 Improvise rather than write every sentence.
4 Try not to read. This will make you sound more natural.

Le saviez-vous?

Au début de l'année 2000 en France:

- Les femmes gagnent environ 27% de moins que les hommes.
- Elles sont quasiment absentes de la scène politique:
  11% des députés
  6% des maires
  5% des sénateurs.

Progression

1 Les associations caritatives

La pauvreté s'étend en France et il existe de plus en plus d'organisations caritatives.

a Avant de lire le texte suivant, cherchez ces mots dans le dictionnaire si nécessaire.

défavorisés   manège   tel   tout au long   revendicatif   entourer

Lisez maintenant ce manifeste écrit par l'animateur Guy Lux. Guy Lux a longtemps travaillé à la télévision. A l'occasion d'un reportage en banlieue parisienne, il découvre qu'en plein mois de juillet, certains enfants ne partent jamais en vacances. Il décide alors de créer l'organisation «Pas d'enfants sans vacances».

Chers amis,

Ceux et celles de nos enfants qui vont vivre le début du troisième millénaire sont aujourd'hui près de deux millions, presque deux millions qui ne sont pas heureux et qui ne partent jamais en vacances.

Si chaque jour notre monde voit progresser les inventions les plus folles, la situation de milliers d'enfants parmi les plus jeunes régresse.

Tel est le rôle que s'est donné notre modeste association «Pas d'enfants sans vacances»: Venir en aide à ces enfants.

Tout au long de l'année, «Pas d'enfants sans vacances» propose des séjours d'une semaine minimum, à la mer ou à la montagne, à des enfants défavorisés.

Créée en 1994 par Guy Lux, cette association a pour but d'offrir aux enfants qui viennent de familles pauvres le bonheur de passer quelques jours au soleil ou le plaisir de vivre une journée exceptionnelle.

L'organisation organise aussi des journées exceptionnelles «Pas d'enfants sans manèges»: il s'agit de permettre à 1 500 enfants de visiter des parcs de loisirs comme la Foire du Trône ou Eurodisney.

Une association de plus! penseront certains.

Parlons plutôt de millions d'enfants qui ne se sentiront pas oubliés et qui ne deviendront pas revendicatifs et hostiles envers ceux qui les entourent.

Les enfants du prochain siècle sauront se souvenir de ceux qui les auront aidés.

Rejoignez ces mille hommes et femmes de bonne volonté réunis pour le bonheur d'un million et même plus de nos enfants.

Mille fois merci

b Vrai ou faux? Corrigez les phrases qui sont fausses.
1 Il y a deux mille enfants qui ne partent jamais en vacances.
2 La situation s'améliore.
3 Cette association s'occupe exclusivement d'enfants défavorisés.
4 Guy Lux présente le journal télévisé.
5 Il est le fondateur de cette organisation.
6 Il a été touché par le fait que tant d'enfants ne partent pas en vacances.

Grammaire

The demonstrative pronouns

Demonstrative pronouns are used as follows:

Ceux et celles de nos enfants: those of our children
Ceux qui les entourent: those who surround them
Ceux qui les auront aidés: those who will have helped them

Demonstrative pronouns are used instead of a demonstrative adjective (**ce, cette, ces**) *(see p. 45, chapter 3)* + a noun.

masculine singular **ce garçon → celui cet étudiant → celui**
masculine plural **ces jeunes → ceux**
feminine singular **cette fille → celle**
feminine plural **ces femmes → celles**

Exercice 1

Remplissez les blancs avec le pronom qui convient (celui, celle, ceux, celles).

Exemple: Quel stylo? ... que j'ai acheté hier. Answer: *celui*

1 Quelle organisation? ... qui s'occupe d'enfants.
2 Quel animateur? ... qui a créé «Pas d'enfants sans vacances».
3 Quels parents? ... qui ont perdu leur emploi.
4 Quel manifeste? ... que Guy Lux a écrit.
5 Quels enfants? ... qui partent en vacances avec l'organisation.
6 Quelles filles? ... qui ne partent jamais en vacances.
7 Quelles journées? ... qu'elle passe en France tous les étés.

2 Le Secours catholique 🔲

Dans le texte suivant, on parle du Secours catholique. C'est une grande organisation qui vient en aide à des milliers de gens défavorisés grâce à ses aides bénévoles.

a Avant de lire le texte, reliez les expressions de gauche à leur définition de droite.

Exemple: 1   c

1	un bénévole	a	un travail
2	une association caritative	b	à l'heure
3	un salarié	c	quelqu'un qui apporte son aide gratuitement
4	une tâche	d	quelqu'un qui a un travail rémunéré
5	ponctuel	e	une organisation qui se consacre à l'aide des plus défavorisés

b   Maintenant lisez le texte.

La journée nationale du Secours catholique, dimanche, est l'occasion de lancer un appel aux bénévoles. Aussi étonnant que cela puisse paraître, la célèbre organisation caritative a un besoin constant de bonnes volontés. Pourtant, 72 000 personnes, réparties dans 106 délégations départementales, apportent déjà gratuitement leur précieuse aide aux 176 salariés. «Ce sont des maillons essentiels pour accompagner les personnes en difficulté et aussi pour faire fonctionner les structures d'accueil ou administratives» explique Chantal Croisille, responsable du service d'accueil des bénévoles.

Très variées, les tâches proposées vont des visites dans les prisons et les hôpitaux, aux cours d'art-thérapie, en passant par l'organisation de soirées ou d'actions ponctuelles (notamment pour les fêtes de fin d'année), le suivi d'un enfant défavorisé, etc. On peut également travailler pour l'action internationale: ici la pratique des langues étrangères est importante comme des notions de géographie ou la bonne connaissance d'un pays.

Autant de travaux qui nécessitent des compétences et une disponibilité différentes.

«Chacun donne le temps qu'il peut ou qu'il veut», poursuit Chantal Croisille. «Certains viennent une fois par semaine, d'autres quatre! Mais nous insistons beaucoup sur la régularité.» Tolérance, ouverture d'esprit et profonde motivation sont les qualités d'un bon bénévole.

c   Répondez à ces questions à choix multiples.

Exemple: 1   b

1 Le nombre de personnes qui travaillent bénévolement pour le Secours catholique est:
 a 176.
 b 72 000.

2 Pour travailler à l'action internationale il faut:
 a avoir une connaissance des langues étrangères.
 b avoir habité à l'étranger.

3 Les bénévoles doivent venir aider:
 a quatre fois par semaine.
 b autant qu'ils le veulent.

4 Les bénévoles doivent être:
 a tolérants.
 b tolérables.

d   Ecoutez maintenant la cassette et répondez aux questions suivantes en anglais.

Exemple: 1   50 years

Glossaire	
retraités	retired people

1 How old is the Secours catholique?
2 How many voluntary helpers worked for it in 1985?
3 And nowadays?
4 Name three examples of help mentioned on the cassette.
5 What percentage of the Secours catholique unpaid workforce are women?
6 What percentage of the Secours catholique unpaid workforce are retired people?
7 What did Jacques Bolet do for a living?
8 How long has he been working for the Secours catholique?
9 How many days a year do unpaid workers have to work?

3 L'Etape

Ecoutez Madame Amar qui vous parle des associations caritatives et en particulier de celle de sa ville, association nommée l'Etape.

Glossaire

le but	the aim
remplir une fiche	fill in a form
le gardiennage	caretaking
un repère	landmark

a Ces phrases sont-elles vraies ou fausses?
1 Madame Amar est secrétaire de l'association.
2 Les employés travaillent tous gratuitement.
3 Les gens qui s'arrêtent à l'Etape doivent payer cinq francs.
4 Les hommes sont plus nombreux que les femmes.
5 La solution est de supprimer le chômage.

b Résumez l'interview en anglais. Vous écrirez entre 90 et 110 mots et vous mentionnerez les points suivants.
(See p. 26, Chapter 2.)
Ce que dit le journaliste
– la raison de l'interview
Ce que dit Madame Amar
– le but des associations caritatives.
– les gens qui travaillent à l'Etape.
– les gens qui s'y arrêtent.
– le prix et les services.
– les solutions.

4 Alain

Certaines personnes qui se sont arrêtées à l'Etape s'en sont bien sorties et Madame Amar est fière de raconter l'histoire d'Alain. Ecoutez la cassette et remplissez les blancs.

Je ... (1) ... Alain depuis environ douze ans. Dans sa jeunesse c' ... (2) ... un gars qui ... (3) ... des difficultés d'insertion car il ... (4) ... marginal. Il ... (5) ... mal les contraintes de la vie sociale. Son père ... (6) ... et il n' ... (7) ... pas ... (7) ... de modèle. Quand il ... (8) ... chez nous, il ... (9) ... très dépressif car il n' ... (10) ... pas vraiment ... (10) ... de vie familiale et cela lui ... (11) ... On ... (12) ... besoin de lui pour transporter du matériel, faire de la peinture, déplacer du matériel électrique, des ordinateurs. C' ... (13) ... un gars qui ... (14) ... tout faire de ses mains. Il nous ... (15) ... confiance et on ... (16) ... sa famille en quelque sorte. Il ... (17) ... du travail et la suite vous la ... (18) ...

5 Chez nous

Choisissez une organisation caritative anglaise et expliquez ce qu'elle fait et pourquoi vous la soutenez. (200–250 mots)
Servez-vous des idées et de l'encadré suivant.

Questions	Vocabulary
Quelle organisation?	le but
Depuis quand existe-t-elle?	elle existe depuis ... elle a été créée en ...
Est-elle importante?	très / assez / de moyenne importance, nombres
De quoi s'occupe-t-elle?	faire des démarches administratives, fournir un logement, à manger, d'enfants martyrisés, de personnes âgées, des SDF ...
Qui y travaille?	des bénévoles, des salariés ...
Pourquoi la soutenez-vous?	je pense / considère / estime que beaucoup de malheureux, le chômage. Aide aux plus malheureux que soi. Il est important / nécessaire de ...

Grammaire

The pluperfect
The pluperfect is used to express the idea 'had done'.

Exemple: **Son père était parti.**
His father had left.

The pluperfect is formed with the imperfect of **avoir** or **être** + past participle.

j'avais travaillé
je m'étais retrouvé(e)
j'étais arrivé(e)

Exercice 1
Mettez ces verbes au plus-que-parfait.
1 Monsieur Amar ... déjà ... (travailler) à l'Etape.
2 Philippe ... (finir) par faire confiance à l'organisation.
3 Philippe ... (ne jamais rester) dans le même endroit.
4 Dans ma jeunesse, j' ... (entendre) parler de l'Etape.
5 Ils ... (quitter) la région pour trouver du travail.
6 Elles ... (se retrouver) au chômage.
7 J' ... (sortir) quand il est arrivé.

6 Bus incendié dans l'Oise

a Avant de lire le texte suivant, recherchez les mots suivants dans le dictionnaire si nécessaire.

voyous prévoir allumer briser vitres LEP guet-apens

b Lisez maintenant le texte.

Bus incendié dans l'Oise: 2 lycéens ont été arrêtés

Un bus scolaire a été incendié lundi soir dans le centre de Creil par une bande de voyous. Deux élèves de 15 ans en possession d'un liquide inflammable avaient prévu de l'allumer pour faire de la fumée et permettre à leurs camarades de briser les vitres mais il n'avaient pas pensé aux conséquences. En fait, le bus a vite pris feu, chose qu'ils n'avaient pas apparemment prévue. Les 35 jeunes qui étaient montés dans le bus au LEP de Saint-Maximin se dirigeaient vers la gare. Ils ont heureusement pu quitter le véhicule, qui a été totalement détruit. Les policiers, en possession de la liste des passagers, ont rapidement identifié les deux auteurs. D'autre part, trois jeunes de 15 à 17 ans ont été interpellés dans le cadre de l'enquête sur une tentative d'assassinat. Un élève de 20 ans avait été attaqué à la sortie du lycée par plusieurs individus qui lui avaient tendu un guet-apens et lui avaient donné une dizaine de coups de couteau. Un SDF avait été arrêté, mais il vient d'être relâché car la police détient maintenant les vrais coupables.

c Reliez les questions à la bonne réponse.

Exemple: 1 b

1 Qu'est-ce qui a été incendié?
2 Qui y a mis le feu?
3 Qu'est-ce qu'ils avaient prévu?
4 Où étaient-ils montés dans le bus?
5 Qui a été arrêté?
6 Qu'est-ce qu'ils avaient fait?
7 Qui avait été arrêté à leur place?

a Deux jeunes.
b Un bus scolaire.
c Ils y étaient montés au LEP.
d La police s'était trompée et avait ramassé un sans-abri.
e Ils avaient prévu d'allumer un liquide inflammable.
f Ils avaient attaqué un lycéen.
g Trois jeunes ont été interpellés.

d Enregistrez le dialogue avec un(e) partenaire.

7 La peur de ma vie

Ecoutez Rachid, qui parle de ce qui lui est arrivé, et remplissez les blancs avec un des mots de la boîte.

Exemple: 1 ai eu

Moi, mon expérience est différente de celle des personnes du bus. Mais toujours est-il que j' … (1) … très peur. Je m'en souviens bien. C'était un samedi soir. J'avais été … (2) … à une boum et cela … (3) … mal se terminer. La soirée … (4) … bien passée et ma copine m' … (5) … que je pouvais rester chez elle. Mais au dernier moment, j'ai changé d'avis et j'ai décidé de rentrer chez moi. Erreur! Je … (6) … que j' … (7) … J' … (8) … donc le pas, mais j'avais de plus en plus peur. J' … (9) … à destination quand trois types me sont tombés dessus et m'ont roué de coups. Ils n'avaient aucun motif si ce n'est le fait que je suis maghrébin. En tombant je me … (10) … mal aux jambes et j' … (11) … arrêter de travailler. Et bien sûr, quand je ne travaille pas, je ne gagne pas d'argent. Mais heureusement, dans mon quartier, il y a SOS-Racisme. C'est une organisation caritative qui aide les gens à prendre conscience et qui aide les gens comme moi qui … (12) … victimes d'attaques racistes. Je leur suis très reconnaissant car ils m' … (13) …

s'était   sentais   ont beaucoup aidée   ai dû   ai eu
accélérai   suis fait   invité   a failli
étais presqu'arrivé   avait dit   étais suivi   ont été

8 Faits divers

En France comme dans beaucoup de pays industrialisés, les problèmes sociaux sont de plus en plus nombreux.

a Lisez les extraits suivants.

A Ils ont peur. Sans cesse. Peur du lendemain, peur de ne pas pouvoir nourrir leurs enfants, peur de dépenser un petit franc de trop, peur de se retrouver à la rue ... Rien qu'en France les pauvres sont 5,5 millions. Au minimum ... Car les statistiques

ont du mal à prendre en compte les sans-domicile fixe. Il y a dix ans, les Français pauvres étaient souvent des personnes âgées dont la retraite était trop maigre. Actuellement, les jeunes ménages sont à leur tour concernés et aussi les familles monoparentales. La faute au chômage? Sans doute, de plus en plus de pauvres sont chômeurs. Mais aujourd'hui, on peut aussi être pauvre en travaillant. Dans un foyer pauvre sur cinq, le chef de famille a un emploi. Souvent un emploi précaire, intérimaire. Et puis, la pauvreté est une spirale terrible. Né dans une famille pauvre, on court le risque de ne pouvoir échapper à la misère. Moins bien soignés, davantage frappés par l'échec scolaire, les enfants des familles pauvres sont plus que les autres guettés par la délinquance, la toxicomanie ...

B La mort d'un adolescent, dimanche dernier, aux abords du quartier de la Reynerie, à Toulouse, est une nouvelle et terrible illustration de la dégradation de la situation dans les «zones sensibles». Le drame s'est joué entre deux jeunes habitants du

quartier et quatre policiers en patrouille. Habib, 17 ans, venait de voler une 205 GTi. Les policiers ont ouvert le feu sur le jeune homme et le corps de Habib dit «Pipo» n'a été découvert qu'au petit matin. Deux constats s'imposent: d'abord la tension entre policiers et jeunes des quartiers «chauds» ne cesse de croître, et ensuite la violence dans les zones sensibles monte inexorablement. Vendredi soir, une dizaine de jeunes des Mureaux rançonnaient violemment les passagers d'un train, après avoir sectionné l'alimentation électrique. Vendredi encore, une adolescente de 15 ans était blessée à Saint-Denis par des tirs de chevrotine, victime d'un affrontement entre bandes. Mercredi dernier enfin, une petite fille de 5 ans était tuée à Nantes par un jeune chauffard se livrant à un rodéo automobile ...

C Cécile a 28 ans. Elle est mariée et mère de deux enfants. Elle souffre de dépression après cinq mois passés dans un collège d'une zone d'éducation prioritaire (ZEP) de la région grenobloise. «Tous les matins je me demandais ce qui allait

m'arriver», raconte la jeune prof, en congé de maladie depuis trois semaines. Quelques jours après la rentrée, un gamin , furieux d'avoir été exclu du cours, lui a mis son poing sous le menton. Un autre lâche des menaces: «Fais attention le soir: quand tu vas chercher ta fille, on pourrait te faire mal!» La veille des vacances de Noël, Cécile finit par s'effondrer en voyant «ses petits» de sixième se jeter comme des vandales sur les sacs de bonbons qu'elle a apportés pour organiser un goûter de fête.«Je ne leur en veux pas: eux aussi sont des victimes.» Je ne supporte plus cet univers. Je dois prouver en permanence que c'est moi, pas eux, qui détiens l'autorité. Ils contestent sans cesse mes décisions, et refusent d'ouvrir leurs cahiers.

b Que veulent dire ces mots?

Texte A: nourrir, prendre en compte, précaire, échapper, guettés

Texte B: aux abords de, en patrouille, rançonner, tirs de chevrotine, un chauffard

Texte C: un congé de maladie, exclu, supporter, détenir

c Ces phrases sont-elles vraies ou fausses? Relisez le texte A.

Exemple: 1 vrai

1 En France, les pauvres sont plus de 5 millions.
2 Les pauvres sont surtout des personnes âgées.
3 Beaucoup de pauvres sont au chômage.
4 Si on naît pauvre, il est probable qu'on restera pauvre.
5 Il y a plus d'échecs scolaires dans les familles pauvres.

d Dans le texte B, répondez en anglais aux questions suivantes.

Exemple: 1   The police opened fire on a youth.

1   What happened in Toulouse?
2   When did it take place?
3   What crime had Habib committed?
4   What happened on Friday night?
5   What else happened on Friday?
6   What happened on Wednesday?

e Lisez le texte C plusieurs fois et racontez les faits comme si vous étiez Cécile. Utilisez vos propres mots. N'oubliez pas de parler:
– de vous.
– du collège.
– de trois incidents.
– de vos sentiments.

Exemple: Je m'appelle Cécile et j'ai 28 ans …

9 La violence 🔊

a Lisez ce questionnaire sur la violence à l'école et sélectionnez vos réponses.

La violence en questions

Age: ___ ans. ☐ Fille ☐ Garçon

1 As-tu été victime de violence à l'intérieur de l'école ou aux alentours?
☐ Oui
☐ Non
☐ Si oui
☐ J'ai été frappé.
☐ On m'a volé mes affaires.
☐ J'ai été victime de racket.
☐ D'une autre manière.

2 As-tu peur de la violence à l'intérieur de l'école ou aux alentours?
☐ Oui
☐ Non
☐ Si oui
☐ J'ai peur d'être frappé.
☐ J'ai peur qu'on me vole mes affaires.
☐ J'ai peur du racket.
☐ J'ai peur d'une autre sorte de violence.

b Traduisez les expressions suivantes à l'aide du questionnaire précédent.

Exemple: 1   J'ai été frappé.

1   I was hit.
2   Somebody stole my things.
3   I was the victim of racketeering.
4   I am afraid of being hit.

c Ecoutez Romain. Selon vous, quelles ont été ses réponses?

Exemple: garçon.

d Maintenant à vous. Racontez à votre partenaire une expérience, vécue ou imaginaire, similaire à celle de Romain.

Exemple: Ça s'est passé devant le bahut. Je venais de finir mes cours quand deux jeunes que je connais se sont approchés et m'ont demandé de leur donner mes Nike …

Servez-vous des idées et du vocabulaire de l'encadré suivant ainsi que de l'enregistrement.

Ideas	*Vocabulary*
Quand?	le week-end, à la fin des cours …
Où?	à la sortie du lycée, en ville …
Quoi?	mes tennis, mes affaires, mon sweat de marque …
Sentiments?	peur, terrifié, injuste …
Réactions?	me défendre, pas oser: me laisser faire …

Stratégie

Faux amis
Some French words look like English words but have a totally different meaning.
Exemple: **actuellement** (text A p. 111) does not mean 'actually' but 'at present'! Other examples:

assister à	to attend (not to assist)
passer un examen	to sit an exam (not to pass)
la librairie	bookshop (not library)

Exemple
Traduisez ces phrases en anglais.
1   Donnez-moi un bout de pain.
2   J'ai oublié ma salopette.
3   Elle a une très belle dentition.
4   Il a mis sa veste rouge.
5   Il a bon caractère.
6   Nous avons passé la journée à rire.
7   Ces gâteaux sont super bons.

10 Les collèges appellent à l'aide ...

Quelles réponses à la violence? Le nombre de mineurs mis en cause dans des infractions continue à augmenter de façon inquiétante. L'école est également touchée et les enseignants réagissent. Alors faut-il privilégier la prévention ou la répression envers les jeunes délinquants? Le débat est ouvert.

a **Lisez le texte ci-dessous et relevez un mot de la même famille que les mots suivants.**

enseigner suspension gréviste réclamation échouer encadrement agresser canalisation valorisation établir

Exemple: enseigner → enseignant
Les collèges appellent à l'aide

Les enseignants de plusieurs collèges et lycées de la région Ile-de-France ont suspendu leurs cours pendant plusieurs semaines en janvier, comme au collège Louisc-Michel de Clichy-sous-Bois. Ccs grèves sont un appel au secours pour réclamer plus de moyens humains et financiers alors que la violence s'intensifie à l'intérieur des établissements.

Pour Annick Champeau, documentaliste au collège Chevreul de l'Haÿ-les-Roses, «l'augmentation des moyens permettrait de lutter contre l'échec scolaire, qui réprésente une des premières causes de violence». Au collège Louise-Michel, on a surtout besoin de surveillants supplémentaires afin d'encadrer une population importante, 1 200 élèves.

Dans chaque collège, les enseignants soulignent que les auteurs de troubles et de violence sont très peu nombreux, deux ou trois par classe au maximum, et que les délits commis sont généralement mineurs. C'est la répétition quotidienne des agressions verbales et du non-respect des professeurs qui est le plus difficile à gérer. Comme le souligne Christophe Charon, professeur de technologie à Chevreul, «une minorité en situation très difficile entraîne tous les autres, si bien que les élèves prennent le pouvoir». Les enseignants doivent d'abord canaliser la violence et il leur reste beaucoup moins de temps pour enseigner.

Les essais de réponse ne manquent pourtant pas. Brigitte François, professeur de français au collège Louise-Michel, pense qu'il faut valoriser les élèves et leur établissement, construire des projets concrets avec chaque classe, comme des petits livres ou des pièces de théâtre, pour que les élèves prennent conscience de l'utilité de l'école. Elle a décidé de rester optimiste «parce que les élèves aiment l'école».

b **Trouvez l'équivalent de:**
1 to demand
2 to get worse
3 to fight
4 to point out
5 to lead
6 to channel

c **Laquelle de ces phrases s'applique au texte?**

Exemple: La phrase numéro un s'applique au texte.

1 Les professeurs de certains établissements ont décidé de ne plus faire cours.

2 Ces grèves ont duré un trimestre.
3 La violence dans les écoles s'accroît.
4 Les écoles n'ont pas assez d'argent.
5 L'échec scolaire est partout présent.
6 La violence est en partie dû à l'échec scolaire.
7 La majorité des élèves sont violents.
8 Il y a tous les jours un enseignant qui se fait agresser.
9 Les enseignants ne peuvent pas faire leur métier correctement.
10 C'est aux enseignants de faire prendre conscience aux élèves que l'école est utile.

11 Que faire? 🔲

a **Ecoutez les extraits sur la cassette et lisez les opinions ci-dessous. Dans quel ordre entendez-vous ces opinions sur la cassette?**

1 Ce qui est important, c'est de créer une école pour tous, que les gosses se sentent mis en valeur. (enseignante)

2 Il faudrait plus de sanctions. Les mômes font ce qu'ils veulent. Il n'ont plus de respect pour rien. (parent d'élèves)

3 Oui, absolument. Mais ce qui serait bien, c'est d'avoir des sanctions différentes qui pourraient aller d'un avertissement au conseil de discipline selon la gravité du délit. (Hervé, élève de terminale)

4 Non, pas vraiment. Il faudrait qu'elles soient plus cohérentes et aussi plus éducatives. C'est ce que nous nous efforçons de faire dans mon établissement. (chef d'établissement)

5 Moi je donne la préférence à la prévention et à l'éducation. J'estime qu'il y a tout dans la loi actuelle. (ministre de la Justice)

12 Le collège Jacques-Prévert à l'écoute …

Le collège Jacques-Prévert a demandé l'avis de ses élèves. Ils ont voté pour les sanctions à l'unanimité à condition qu'elles soient cohérentes et adaptées à la gravité de la faute. Ces sanctions ont été classées de la moins grave à la plus grave. Remplissez les blancs avec un des mots suivants.

conseil verbale avertissement dégradation punitions
convocation témoin retenue colle exclusion

Exemple: remontrance *verbale*.

Remontrance … et avertissement.
Excuses (avec ou sans … , avec ou sans contrat)
… : travaux écrits divers (conjugaisons, explication de la règle transgressée).
… aux parents.
… pendant les heures d'étude comprises dans l'emploi du temps.
… du cours avec devoir à faire portant sur le cours manqué.
… pendant le temps libre (ex. mercredi après-midi).
… des parents par l'administration.
Exclusion avec travaux de ménage ou d'entretien en cas de … .
… de discipline.

13 Dernière heure

Lisez l'encadré suivant et traduisez-le en anglais.

Le gouvernement contre-attaque et présente son plan de lutte contre la violence à l'école. De nouvelles dispositions prévoient une aggravation des sanctions, et des peines plus lourdes pour des délits commis à l'intérieur ou à proximité des écoles. Un traitement spécial sera réservé aux jeunes coupables d'agressions contre leurs professeurs ou d'autres élèves, qui perturbent gravement la vie de leur établissement.

L'expérience montre que, pour beaucoup d'entre eux, l'exclusion temporaire ne règle rien. Aussi, le plan gouvernemental prévoit de les placer provisoirement dans des établissements spécialisés, sortes de «classes-relais» dépendant du ministère de la Justice. Cette solution, comparée par certains aux «maisons de correction» d'autrefois, est cependant rejetée par certains syndicats d'enseignants, de policiers et de professionnels de la Justice.

Stratégie

When you translate a text into English, you should consider the following points:
1 Do not add anything to the meaning of the text.
2 Good English is very important. Read your translation aloud. If it sounds clumsy or if it does not make sense, rewrite it.
3 Make sure your tenses are correct.

14 Pour ou contre les sanctions

Débattez de ce sujet en vous servant de votre travail de p. 114.

Arguments pour les sanctions
trop de violence → anarchie
mesure de dissuasion
différentes sortes de sanctions

Vocabulaire nécessaire au débat
Il faudrait que ...
J'aimerais que ...
Je pense que / trouve que ...

Arguments contre les sanctions
prévention nécessaire
valoriser les jeunes
changer l'école
donner de l'espoir aux jeunes

Par exemple ... au contraire ...
D'une part ... d'autre part ...
Il est nécessaire de ...
Pour conclure, je dirais que ...
Il est préférable de ...

Stratégie

1 Before you start, divide your page in two.
2 Write arguments for on the left-hand side and arguments against on the right-hand side.
   Don't forget to write one or two examples to support each argument.
3 During the debate, don't forget to ask questions, to express your opinions and to agree or disagree.
4 And finally, always support your arguments with examples.

15 Violence: que se passe-t-il?

Lisez le texte suivant et répondez aux questions qui suivent.

Fin janvier, un élève de quatrième d'un collège de Martigues comparaîtra devant le tribunal pour enfants. Il avait menacé un de ses profs avec un faux pistolet. L'incident s'était produit début décembre dans un établissement réputée sans histoires. L'enseignante s'était simplement approchée du jeune qui dérangeait son cours.

Les coups et blessures volontaires sont en fait assez rares envers le personnel enseignant. Une enquête fait état de 220 agressions de ce genre en 1999. Par contre, dans cette même catégorie d'agressions, il y a eu 990 victimes parmi les élèves, ce qui nous montre que les élèves ne sont pas seulement les principaux fauteurs de troubles mais qu'ils peuvent être aussi les premières victimes.

Des élèves de plus en plus jeunes commettent des actes violents et délictueux, mais il est difficile de connaître la progression de cette violence.

Il faut cependant noter que dans les lycées et collèges, la délinquance (vandalisme, racket, vols, etc.) existe certes mais c'est surtout le respect de l'autre qui disparaît: on appelle cela «l'incivilité». Bousculades, injures, bruit, absentéisme, racisme sont les ingrédients principaux de la tension. Le moindre incident prend alors des proportions inquiétantes et amène un sentiment d'insécurité générale.

Pour les jeunes profs, peu habitués à ce genre de situations, cela peut se transformer en cauchemar.

Certains établissements arrivent bien à éviter la violence, même s'ils sont situés dans des quartiers difficiles. Ces établissements ont une chose en commun: des effectifs convenables mais surtout de bonnes relations entre les adultes.

Pour échapper à la fatalité, il est primordial d'avoir une équipe unie et un chef d'établissement à la hauteur. Ils faut aussi éviter à grouper les élèves qui ont des problèmes dans des classes-ghettos.

Glossaire

comparaître	to appear
coups et blessures	assault
délictueux	criminal
bousculades	jostle
injures	insults
un cauchemar	a nightmare
le moindre	the least
les effectifs	(class) sizes

Répondez à ces questions à choix multiples.

1 Le collège où a eu lieu l'incident
   a se trouvait dans une zone à risques.
   b n'avait pas d'histoires de violence.

2 Le professeur
   a s'était dirigée vers un élève.
   b avait réprimandé l'élève.

3 La violence dans les collèges s'exerce plus
  a sur les enseignants.
  b sur les élèves.

4 Certains établissements (situés en zones difficiles)
  a parviennent malgré tout à échapper à la violence.
  b ne réussissent jamais à éviter la violence.

5 Le succès de certains établissements est dû
  a à de bons rapports entre les adultes.
  b l'environnement.

6 Il vaudrait mieux que
  a les élèves qui ont des problèmes soient exclus.
  b les élèves qui ont des problèmes soient dans les mêmes classes que les autres élèves.

16 Les emplois-jeunes

Le gouvernement a créé des emploi-jeunes et 30 000 jeunes ont été recrutés par l'Education nationale. Ils ont été affectés dans neuf zones expérimentales. Certains de ces jeunes travaillent dans les collèges et les lycées confrontés aux problèmes de violence.

a Ecoutez Bernard Charlot, professeur de sciences de l'éducation à Paris 8-Saint-Denis.

b Corrigez les faits dans le résumé ci-dessous en remplaçant les mots soulignés par un des mots de la boîte.

Exemple: enseignants → jeunes

La présence de ces jeunes dans les lycées et collèges devraient permettre aux enseignants de se plaindre plus facilement. Il y a violence lorsque les élèves ne peuvent pas s'exprimer. Le problème doit être traité par les races. Pour cela, il est nécessaire de former une école spécialisée. Cette dernière a besoin de plus d'emplois-jeunes et de lycées plus grands. Les élèves rejettent certains profs, mais les élèves sont les premières victimes.

malaises réformer personnel adultes dernières
jeunes à la racine élèves petits l'institution
s'exprimer

c Ecoutez maintenant Christianne Tamsson, principal du collège Elsa-Triolet à Hem (académie de Lille).

d **Ces phrases sont-elles vraies ou fausses? Corrigez les phrases fausses.**

Exemple: 1 Faux. Grâce à ce plan, les chefs d'établissement devront trouver une solution.

1 Malgré ce plan, les chefs d'établissement devront trouver des solutions.
2 Les recettes ne peuvent pas s'appliquer dans tous les établissements.
3 Dans ce collège, les élèves ont la parole une fois par mois.
4 Lors de cette «vie de classe», les élèves font part de ce qu'ils ressentent.
5 Cette session est animée par un surveillant.
6 Des élèves de quatrième ont été spécialement formés.
7 Ils devront intervenir auprès des fauteurs de troubles.
8 Les perturbateurs devront apprendre la civilité.

17 Reportage

En vous aidant de votre travail précédent, écrivez un article pour un journal dans lequel vous parlerez de cette initiative.

Article: les emplois-jeunes

Paragraphe 1	Introduction (60 mots) Que sont les emplois-jeunes?	30 000 zones expérimentales établissements scolaires
Paragraphe 2	Développement (80 mots) Présentation des problèmes	beaucoup de violence manque de communication pas assez de moyens
Paragraphe 3	Conclusion (60 mots) Y a-t-il une solution?	La solution serait de Il faudrait … On aurait intérêt à … donner la parole à s'exprimer réformer les écoles plus de personnel établissements moins grands atelier de civilité: apprendre aux perturbateurs la politesse, l'entraide, etc.

infinitive	pronoun	present	past participle	future	imperfect	imperative	subjunctive	past historic
recevoir (to receive)	je	reçois	reçu (with avoir)	recevrai	recevais		reçoive	reçus
	tu	reçois		recevras	recevais	reçois!	reçoives	reçus
	il / elle / on	reçoit		recevra	recevait		reçoive	reçut
	nous	recevons		recevrons	recevions	recevons!	recevions	reçûmes
	vous	recevez		recevrez	receviez	recevez!	receviez	reçûtes
	ils / elles	reçoivent		recevront	recevaient		reçoivent	reçurent
rire (to laugh)	je	ris	ri (with avoir)	rirai	riais		rie	ris
	tu	ris		riras	riais	ris!	ries	ris
	il / elle / on	rit		rira	riait		rie	rit
	nous	rions		rirons	riions	rions!	riions	rîmes
	vous	riez		rirez	riiez	riez!	riiez	rîtes
	ils / elles	rient		riront	riaient		rient	rirent
savoir (to know)	je	sais	su (with avoir)	saurai	savais		sache	sus
	tu	sais		sauras	savais	sais!	saches	sus
	il / elle / on	sait		saura	savait		sache	sut
	nous	savons		saurons	savions	sachons!	sachions	sûmes
	vous	savez		saurez	saviez	sachez!	sachiez	sûtes
	ils / elles	savent		sauront	savaient		sachent	surent
tenir (to hold)	je	tiens	tenu (with avoir)	tiendrai	tenais		tienne	tins
	tu	tiens		tiendras	tenais	tiens!	tiennes	tins
	il / elle / on	tient		tiendra	tenait		tienne	tint
	nous	tenons		tiendrons	tenions	tenons!	tenions	tînmes
	vous	tenez		tiendrez	teniez	tenez!	teniez	tîntes
	ils / elles	tiennent		tiendront	tenaient		tiennent	tinrent
venir (to come)	je	viens	venu (with être)	viendrai	venais		vienne	vins
	tu	viens		viendras	venais	viens!	viennes	vins
	il / elle / on	vient		viendra	venait		vienne	vint
	nous	venons		viendrons	venions	venons!	venions	vînmes
	vous	venez		viendrez	veniez	venez!	veniez	vîntes
	ils / elles	viennent		viendront	venaient		viennent	vinrent
vivre (to live)	je	vis	vécu (with avoir)	vivrai	vivais		vive	vécus
	tu	vis		vivras	vivais	vis!	vives	vécus
	il / elle / on	vit		vivra	vivait		vive	vécut
	nous	vivons		vivrons	vivions	vivons!	vivions	vécûmes
	vous	vivez		vivrez	viviez	vivez!	viviez	vécûtes
	ils / elles	vivent		vivront	vivaient		vivent	vécurent

infinitive	pronoun	present	past participle	future	imperfect	imperative	subjunctive	past historic
voir (to see)	je	vois		verrai	voyais		voie	vis
	tu	vois		verras	voyais	vois!	voies	vis
	il / elle / on	voit	vu (with avoir)	verra	voyait		voie	vit
	nous	voyons		verrons	voyions	voyons!	voyions	vîmes
	vous	voyez		verrez	voyiez	voyez!	voyiez	vîtes
	ils / elles	voient		verront	voyaient		voient	virent
vouloir (to want to)	je	veux		voudrai	voulais		veuille	voulus
	tu	veux		voudras	voulais	veux, veuille!	veuilles	voulus
	il / elle / on	veut	voulu (with avoir)	voudra	voulait		veuille	voulut
	nous	voulons		voudrons	voulions	voulons, veuillons!	voulions	voulûmes
	vous	voulez		voudrez	vouliez	voulez, veuillez!	vouliez	voulûtes
	ils / elles	veulent		voudront	voulaient		veuillent	voulurent

Glossaire

Français–anglais

A

abattre	to shoot down
abêtir	to turn into a moron
l'acceuil	welcome
accrocher	to hook
un accroissement	increase
accroître	to increase
l'actualisation	production
actuellement	at the moment
admettre	to admit
adonner à (s')	to devote to
adulé	admired
affairer (s')	to bustle about
une affiche	poster
affûter	to sharpen
aggraver	to worsen
un aigle	eagle
l'aine	groin
ajouter	to add
les alentours	surroundings / area
allumer	to switch on, to set fire
améliorer	to improve
amoureux (euse)	in love
angoissé	anxious
annuler	to cancel
apercevoir (s')	to notice
appuyer	to press
appuyer sur (s')	to lean on
l'arrière	the back
un ascenceur	lift
un assassin	killer
un assassinat	murder
assister à	to attend
une association caritative	charity organisation
à tout prix	at all costs
atroce	awful
un attrait	attraction
l'aube	dawn
une augmentation	increase
augmenter	to increase
au hasard	at random
au lieu de	instead of
autrement	otherwise
l'avant	the front
avare	mean
avoir lieu	to take place
avoir tort	to be wrong
avouer	to admit

B

un bahut (slang)	secondary school
baigner (se)	to swim / to take a bath
baisser	to lower / decrease
une balade	walk, stroll
balader (se)	to go for a walk
un baladeur	walkman
la banlieue	suburb
bannir	to get rid of / eliminate
un barrage	dam
la base de données	database
un bassin	basin, bowl
battre (se)	to fight / beat
un bénévole	voluntary worker
le besoin de	need of
blessé	injured
une blessure	injury
le bois	wood
une boîte	night club
bon marché	cheap
bondir	to jump
le bonheur	happiness
bouger	to move
un boulot	job
briser	to break
le bulletin	report
un but	aim

C

cacher	to hide
le caddie	shopping trolley
une camionnette	van
canaliser	to channel
la capacité	ability
le CAPES	teaching exam and qualification
un carnage	slaughter
casanier	stay-at-home
un casque	helmet
une casserole	saucepan
cesser	to stop
une chaîne	channel
la chaleur	heat
un chaton	kitten
un chauffard	reckless driver
chausser	to put shoes on
chauve	bald
le chômage	unemployment
une cible	target
un citadin	city-dweller

clore	to close
le cœur	heart
un coffre	boot (of a car)
une coiffure	hair style
un coin	corner
coincé	stuck
une colle	detention
combattre	to fight
un comportement	behaviour
la connaissance	knowledge
conscient	aware
un conseil	advice
conseiller	to advise
un contenu	content
convaincre	to convince
convaincu	convinced
copieux	hearty, generous
une corde	rope
courant	fluent / up to date
courir	to run
le courrier électronique	e-mail
le cours	lesson
croire	believe
une croisière	cruise
cueillir	to pick

D

d'autre part	moreover
le débouché	opportunity
débrouiller (se)	to get by / manage
décapant (fig.)	caustic
décontracté	relaxed / casual
découvrir	to discover
décrocher (drogue)	to come off (drugs)
déçu	disappointed
défavorisé	deprived
défrayer la chronique	to be in the news
dégager (se)	to get free
le dégoût	disgust
délaisser	to abandon
délasser (se)	to relax
démarrer	to start / get going
le déménagement	removal (house)
demeurer	to live
dépasser	to surpass oneself
une dépense	expense
dépressif	depressed
déprimant	depressing
déraper	to skid

dérouler (se)	to happen
désœuvré	idle
un dessin animé	cartoon
détacher de (se)	to let go
détendre (se)	to relax
la détente	relaxation
détruire	to destroy
détruit	destroyed
le DEUG	first two years of university study
diffuser	to broadcast
digne de	worthy of
distraire (se)	to enjoy oneself
distrayant	entertaining
un divertissement	entertainment
le domaine	area / field
le dopage	doping
doper (se)	to take stimulants
un douanier	customs officer
doué	gifted
doux (ce)	soft
un drap	sheet

E

l'ébéniste	cabinet maker
un écart	difference
échapper (s')	to escape
échauffer (s')	to warm up
un échec	failure
écourter	to shorten
un écran	screen
efforcer (s') de	to try hard
élargir	to widen
élever (enfants)	to raise, bring up (children)
élire	to elect
embarquer	to load
un embouteillage	traffic jam
une émission	programme
emprunter	to borrow
enceinte	pregnant
encouru	incured
enfermer (s')	to shut oneself up
enfourcher	to mount
l'engouement	infatuation
l'engrenage (m)	the system
en l'occurence	in this case
une enquête	survey
enregistrer	to record
un enseignant	teacher
l'enseignement (m)	teaching

enseigner	to teach
ensoleillé	sunny
un ensoleillement	hours of sunshine
entourer	to surround
un entraînement	practice
entraîner (s')	to train
entreprendre	to undertake
entretenir	to maintain
envahir	to invade
une épaule	shoulder
une épave	wreck
une épingle	pin
une épreuve	proof / test
épuisé	exhausted
un équilibre	balance
une équipe	team
une ère	era
un esclave	slave
essayer	to try
essouflé	out of breath
une étable	stable
un établissement scolaire	school
étant donné que	given that
une étape	stage
éteindre	to switch off
étendre (s')	to spread
être au courant de	to know about
étudier	to study
un évènement	event
évident	obvious
éviter	to avoid
évoluer	to develop
exacerbé	exaggerated
exclu	excluded
exigeant	demanding
exténuant	challenging

F

la fac (ulté)	university / college
fade	bland / tasteless
faire confiance	to trust
faire la grasse matinée	to have a lie in
faire l'école buissonnière	to play truant
faire le pied de grue	to stand about (waiting)
faire les 400 coups	to get in a lot of trouble
faner (se)	to wither
feuilleter	to browse
un feuilleton	soap
le fichier	file (computer)

la filière	course (of study)
un forfait	ski pass
la formation	education / training
former (se)	to be informed / to educate oneself
la foudre	lightning
fournir	to provide
franchir	to cross / go through
friable	crumbly
froisser (se)	to strain / sprain
un fusil	gun

G

un gagne-pain	job
gagner	to win or to earn
un gars	guy
gaspilleux / gaspilleuse	wasteful
génial	great
les gens	people
la gestion	management
un gilet de sauvetage	life jacket
glisser	to glide
un gosse	kid
le goût	taste
grâce à	thanks to
une grève	strike
grisant	exhilarating
un gros lot	jackpot
guérir	to recover / to cure
guérisseur	healer
un guet-apens	ambush
guetter	to watch out for

H

le harcèlement	harassment
harceler	to harass
haut	high
l'hébergement	accommodation
l'horaire	timetable

I

inattendu	unexpected
incendier	to set fire
un inconvénient	drawback
incroyable	incredible
infime	small
influençable	easily influenced
les informations	news
inopiné	unexpected
inquiéter (s')	to worry

l'inquiétude	worry
inscrire	to note down, to register
inscrire (s')	to join
un instituteur, une institutrice	primary-school teacher
interdire	to forbid
l'interlocuteur	interviewer
interrompre	to stop
inutile	useless
ivrogne	drunk

J

la jeunesse	youth
un jouet	toy
journalier	daily
jucher	to perch
jusqu'à + a noun	until
jusqu'à ce que + subjunctive	until

L

la laine	wool
un landeau	pram
les langues vivantes	modern languages
la plupart de	most of
une larme	tear
lécher	to lick
lent	slow
LEP	lycée d'enseignement professionnel
licencié	permit holder
un lieu	place
un lièvre	hare
le linge	washing
lisible	legible
le logement	accommodation
le logiciel	program / software
la loi	law
lorsque	when
louer	to hire
lourd	heavy
lutter	to fight / struggle

M

un magnétophone	tape recorder
maintenir	to maintain
la maîtresse	primary-school teacher
la maîtrise	mastery / proficiency
les majuscules	capital letters
malgré	in spite of
malsain	unhealthy
manier	to handle

maquiller (se)	to put on make-up
une mare de sang	pool of blood
marrant	funny
marre (en avoir)	(to be) fed up
une mèche	lock of hair
mélanger	to mix
un mélèze	larch
un met	dish
un métier	job
mettre à (se)	to start
mettre en route (se)	to set off
un meurtre	murder
les minuscules	lower-case letters
la mode	fashion
à la mode	fashionable
le moindre	the slightest
un môme	kid
monoparental	single-parent (adj)
le moyen	average (mark)
un mur	wall

N

la naissance	birth
une navette	shuttle
ne … guère	hardly
nettoyer	to clean
névrosé	neurotic
le niveau	level
le non-dit	unspoken
une note	mark
noué	knotted
nourrir	to feed
noyer	to drown
nuisible	harmful
la nuque	nape of the neck

O

obéir	to obey, follow
occuper de (s')	to look after
un orage	storm
un oreiller	pillow
l'orthographe	spelling
un outil	tool

P

une pagaie	paddle
une palissade	fence
paraître	to seem
un parcours	distance

pareil, lle	similar	prendre en compte	to take into account
parfaire	to perfect	prêter	lend
parmi	among	prévenir	to inform
partager	to share	prévoir	to anticipate
partout	everywhere	procurer (se)	to obtain
passionnant	exciting	protéger	to protect
les pâtes	pasta	une prouesse	feat
un patin à roulettes	roller skates	provenir de	to come from
un(e) patineur, euse	skater	prudent	careful
une patinoire	ice rink	une pub	advert
patraque (fam)	not well	une puéricultrice	paediatric nurse
pauvre	poor	puiser	to draw
la pauvreté	poverty		
à peine	barely / only just	**Q**	
la peine	grief	quand même	still
un penchant pour	inclination	quant à	as for
une pente	slope	quasiment	almost
perdre	to lose	quotidien	daily
permettre à quelqu'un de faire	to allow somebody to do something		
la perruque	wig	**R**	
un personnage	character	un rabat-joie	kill-joy
la pertinence	relevance	une racine	root
un perturbateur	trouble maker	raide	steep
perturbé	disturbed / upset	un raisin sec	raisin
perturber	to disrupt	un raisonnement	reasoning
pervertir	to spoil	rançonner	to ransack
peu importe	regardless of	une randonnée	drive, ride, walk
peuplé	crowded	un rang	row, rank
une pierre	stone	rangé	organised / sorted out
la pillule	pill	le rapport	relationship
les pions	school supervisors	un rassemblement	gathering
la piste	track	ravi	delighted
une pitrerie	silly antics	réagir	to react
plaindre (se)	to complain	la rechute	relapse
une plainte	complaint	un récit	story
plaisanter	to joke	reconnaître	to recognise
une planche	board	recruter	to employ
un plombier	plumber	réduire	to reduce
la plongée sous-marine	scuba diving	régaler (se)	to enjoy
une plume d'oie	goose quill	le régime	diet
plusieurs	several	rejoindre (se)	to join, meet
plutôt	rather	une remontée mécanique	ski lift
une pointe de	touch of	rendre à (se)	to go to
un polar	thriller	rendre compte (se)	to realise
une poubelle	bin	renommé	well known
pourri	rotten	renoncer	to give up
poursuivre (se)	to carry on / proceed	renseigner (se)	to inquire
précipiter (se)	to rush	renvoyer	to send back
prendre du recul	to step back	le repassage	ironing

la répétition	rehearsal
le repos	rest
reposer (se)	to rest / relax
les représailles	reprisals
ressembler (se)	to look alike
ressentir	to feel
une retenue	detention
retirer	to withdraw
la retraite	retirement
retranscrire	to rewrite
réussir à	to manage
la réussite	success
revendicatif, ve	of action, protest
un revenu	income
rêver	to dream
le rideau	curtain
rire	to laugh

S

sain	healthy
saisir	to grasp / seize
saisissant	striking
le sang	blood
le saut	jump
le saut en hauteur	high jump
un sauveteur	rescuer
la saveur	flavour
savoureux	tasty
les scellés	seals
un SDF un sans-domicile-fixe	
un sans-abri	homeless person
un sèche-cheveux	hair dryer
le sein	breast / heart
séjourner	to stay
selon	according to
sensible	sensitive
un sentier	path
sentir (se)	to feel
servir (se)	to use
le SIDA	AIDS
un siècle	century
le ski de fond	cross-country skiing
soigner	to treat
un soigneur	trainer
soit … soit	either … or
somme toute	when all's said and done
le son	sound
une sondage	survey
un soudeur	welder

la souffrance	suffering
souhaiter	to wish
une source	spring
un sourire	smile
souvenir (se)	to remember
un stupéfiant	drug
subir	undergo
les sucreries	sweet foods
suivre	to follow
la superficie	surface area
supprimer	to take away
le surf des neiges	snowboarding
un surveillant	supervisor
surveiller	to look after
le survêtement	tracksuit
susciter	to arouse / provoke
suspendu	suspended

T

une tâche	task
tâcher	to try
taire (se)	to be silent
tarder à	to delay
un tarif	price
un tas de	pile of
une télécommande	remote control
tellement	so many, so much
temps partiel	part time
tenter	to tempt
une tisane	herbal tea
tondre	to shear
le tonnerre	thunder
la tournure	tone
tousser	to cough
tout de suite	straight away
le trac	nerves / butterflies
un trajet	distance
transpirer	to perspire, to sweat
traqué	hunted
tricher	to cheat
une tricherie	cheating
trier	to sort out
triste	sad
tromper (se)	to make a mistake
une tromperie	deceit
un trottoir	pavement
un trou	hole
un troupeau	herd, flock
truqué	fixed

tuer	to kill
un tueur	killer

U

urbain	urban
une usine	factory

V

une vague	wave
un vainqueur	winner
les valeurs	values
une valise	suitcase
la veille	eve (day before)
un vélo tout terrain (VTT)	mountain bike
venger (se)	to take revenge
un ventre	belly
veuf / veuve	widower / widow
un viol	rape
vis-à-vis	as regards
une vitre	window pane
vivre	to live
une voix	voice
le vol	flight
une voûte	vault
un voyou	hooligan

Révision

1 Les sans-abris

a   **Lisez le texte: Solidarité avec un grand S.**

Pour faire face à l'hiver, les autorités mettent à la disposition des exclus 45 000 places d'hébergement d'urgence. Les sans-abris qui n'ont pas les moyens de financer un logement sont de plus en plus nombreux et avec un hiver qui s'annonce rigoureux leur détresse s'accentue.

Mais heureusement, les associations et les pouvoirs publics les prennent en charge. Depuis les années 1980, cette prise en charge fonctionne durant toute l'année.

Le résultat en est évident: l'organisation des secours s'est accrue, et d'après le ministre de l'Emploi et de la Solidarité, «Les besoins, pour l'essentiel, sont aujourd'hui couverts.»

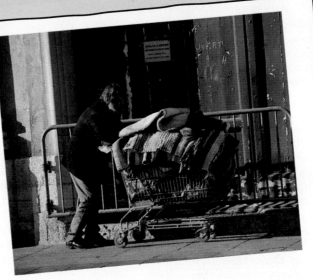

Le nombre de lits mis à la disposition des sans-abris la nuit arrive à 15 000 dont la moitié environ dans la région parisienne. Il faut y ajouter les 30 000 places des centres d'hébergement et de réadaptation sociale (CHRS). Ces derniers sont, en quelque sorte, des foyers d'accueil qui essaient de réintégrer les sans-abris.

Malheureusement, la «maison de Nanterre» (300 lits), le plus gros centre d'accueil de la région parisienne reste un endroit sale et les sans-abris la déteste. D'autre part, les risques d'agressions (entre pensionnaires) et la rudesse du personnel (douches forcées) en font un lieu que les sans-abris haïssent. Ces locaux vont toutefois être rénovés d'ici la fin de l'année.

Dans la France toute entière, on rencontre des médecins, assistantes sociales, psychologues et bénévoles qui sillonnent les rues à pied ou en voiture pour aider les exclus. Ils luttent de tous côtés. Ils essaient d'amadouer les «irréductibles du bitume» (ceux qui préfèrent mourir plutôt que de se faire aider, sans doute par orgueil). Ils tentent de répondre aux appels de détresse et de fournir des lits de convalescence ou d'organiser une hospitalisation.

L'attention et l'aide régulière est primordiale si on veut limiter le nombre de décès causé par le froid. Chacun d'entre nous peut fournir une aide indispensable à ceux qui sont le plus démunis. Si nous ne faisons rien, ces décès ne feront qu'augmenter. Il y a eu 40 morts pendant l'hiver 1995/96, une quinzaine les années précédentes, et plus de cent en 1985, au cours d'un hiver très rigoureux.

b **Trouvez dans le texte l'équivalent exact des expressions ci-dessous.**
1 ceux qui sont marginaux
2 celui qui n'a pas de maison
3 ne peuvent pas assumer financièrement
4 l'autorité qui peut imposer des règles aux citoyens
5 50% des lits
6 parcourt les villes
7 les morts dues au froid
8 ceux qui n'ont pas grand-chose

(8 points)

c **Complétez les phrases ci-dessous en choisissant le mot qui convient dans chaque cas.**
1 Pour faire face à l'hiver, les autorités ont (mis/mises/mit) en place des logements d'urgence.
2 Il est impossible pour certaines personnes de (louant/louent/louer) un logement.
3 Les sans-abris sont de plus en plus (nombreux/nombreus/nombreuses) et le retour du froid (leur/les/en) rend plus vulnérables.
4 Bien que les secours (soient/sont/étant) bien organisés il reste encore du travail à faire.
5 Il y a beaucoup (des/de/de les) lits disponibles la nuit. Plus (de/des/du) 50% sont à Paris.
6 La maison de Nanterre (qu'/que/qui) accueille les sans-abris est un endroit sale.
7 La restauration des bâtiments est malgré tout (prévu/prévus/prévue).
8 Les équipes mobiles veulent que (ceux/celui/celles) qui refusent leur aide (devient/deviennent/devienne) plus dociles.
9 En (aider/aident/aidant) les plus démunis on limitera le nombre de décès.

(12 points)
Total: 20 points

d **En visite chez votre correspondant(e) français(e), vous avez lu l'article précédent dans le journal régional et vous écrivez une lettre (150/200 mots) au rédacteur en chef du journal pour exprimer vos réactions et suggérer des solutions que les autorités pourrait apporter à ce problème. N'oubliez pas de vous baser sur cet article.**

2 Interview avec Jojo

a **Ecoutez l'interview. Voici une liste de faits sur la vie de Jojo. Quels faits sont mentionnés dans l'extrait? Attention! Vous perdrez des points si vous avez plus de huit faits.**
1 Il est SDF depuis longtemps.
2 Les menaces de son père.
3 Il faut être résistant.
4 Durée en fac: moins d'un an.
5 La police leur cherche toujours des histoires.
6 Il a de bons rapports avec la police.
7 Quand il a quitté le domicile familial, il a été hébergé par un pote à Sarcelles.
8 Au début, sa vie de SDF n'a pas été facile.
9 Ce qu'il trouve le plus dur.
10 Ce qu'il trouve le moins dur.
11 Les réactions du public vis-à-vis des SDF.
12 Il voudrait retourner chez ses parents.
13 Les endroits qu'il préfère.
14 Les conseils qu'il donne aux jeunes.
15 S'il pouvait revenir en arrière ce qu'il ferait différemment.

(8 points)

b **Ecoutez de nouveau l'enregistrement et répondez aux questions en français.**
1 Où habite Jojo? (1)
2 Depuis combien de temps est-il SDF? (1)
3 Quelles sont les raisons qui l'ont fait partir de chez lui? (2)
4 Quelle sorte d'éducation a-t-il reçue? (3)
5 Quelle a été la réaction de son père à son départ? (2)
6 Quel est son plus grand réconfort? (1)
7 Pourquoi est-ce que Jojo se tourne vers la boisson de temps en temps? (2)

Compréhension: 12 points
Qualité de la langue: 5 points

Total: 17 points
Total de l'exercice 2: 25 points

3 Interview

Imaginez un dialogue entre deux SDF. Vous vous poserez au moins 10 questions chacun.
Vous parlerez de vous, des raisons qui vous ont poussé à être SDF, de votre journée quotidienne et de votre avenir.

(20 points)

Extra

1 Les Petits Enfants du siècle

Dans *Les Petits Enfants du siècle*, Christiane Rochefort dépeint la vie dans les grands ensembles et la pauvreté qui s'y cache. L'héroïne, Jo de Bagnolet, est née des allocations et d'un jour férié dont la matinée s'étirait, bien heureuse. Elle est l'aînée de 10 enfants et ses seules distractions sont les courses et les devoirs.

a Avant de lire l'extrait du livre, liez les mots de gauche à leur définition de droite.

1	patraque	**a**	la somme d'argent gagnée par un seul des membres du couple
2	l'usine	**b**	donner une gifle
3	le salaire unique	**c**	pas en bonne santé
4	un double landeau	**d**	établissement destiné à la fabrication d'objets
5	en filer une bonne	**e**	voiture pour deux enfants

b Lisez cet extrait tiré du livre.

Stratégie

1 Be careful not to use colloquial French in your essays.

2 You can find some examples in the previous text: **patraque**.

3 In colloquial French, **ne** is often omitted in negatives.

c Répondez à ces questions à choix multiples.

1 La mère
  a n'était pas en très bonne santé.
  b se s'était jamais sentie aussi bien.
  c était en pleine forme pour aller à l'usine.

2 Elle s'arrêta de travailler
  a après sa naissance.
  b à la naissance de Chantal.
  c quand son mari recommença à travailler.

3 Elle n'avait pas intérêt à travailler
  a à cause de sa santé.
  b à cause de ses charges familiales.
  c à cause de la Sécurité sociale.

4 Jo était utile parce qu'elle pouvait
  a faire la lessive.
  b aérer le bloc.
  c s'occuper de ses frères.

«Et vivement que tu grandisses», disait ma mère, «que tu puisses m'aider un peu».

Elle était déjà patraque quand je la connus; elle avait une descente d'organes; elle ne pouvait pas aller à l'usine plus d'une semaine de suite, car elle travaillait debout; après la naissance de Chantal elle s'arrêta complètement, d'ailleurs on n'avait plus avantage, avec le salaire unique, et surtout pour ce qu'elle gagnait, sans parler des complications avec la Sécurité à chaque arrêt de travail, et ce qu'elle allait avoir sur le dos à la maison avec cinq tout petits enfants à s'occuper, ils calculèrent qu'en fin de compte ça ne valait pas la peine, du moins si le bébé vivait.

A ce moment-là je pouvais déjà rendre pas mal de services, aller au pain, pousser les jumeaux dans leur double landau, le long des blocs, pour qu'ils prennent l'air, et avoir l'œil sur Patrick, qui était en avance lui aussi, malheureusement. Il n'avait pas trois ans quand il mit un chaton dans la machine à laver; cette fois-là tout de même papa lui en fila une bonne: la machine n'était même pas finie de payer.

Grammaire

The past historic

The past historic is used instead of the perfect tense in novels, history books and newspaper articles. It is only used for written French. In speech use the perfect tense.

1 'er' verbs:	2 'ir' and 're' verbs:	3 irregular verbs:
jouer	choisir	boire
je jouai	je choisis	je bus
tu jouas	tu choisis	tu bus
il/elle/on joua	il/elle/on choisit	il/elle/on but
nous jouâmes	nous choisîmes	nous bûmes
vous jouâtes	vous choisîtes	vous bûtes
ils/elles jouèrent	ils/elles choisirent	ils/elles burent

1 **Faire, voir** and **mettre** follow model no. 2: **je fis, je vis, je mis.**

2 **Recevoir, vouloir** and **être** follow model no. 3: **je reçus, je voulus, je fus.**

3 **Venir** and **tenir** do not follow any of these: **je vins, je tins** *(see p. 141).*

Exercice 1

Relisez l'extrait tiré des *Petits enfants du siècle* et faites une liste des verbes au passé simple. Mettez-les ensuite à l'infinitif et au passé composé.

Exemple: je connus → (infinitive) connaître, (passé composé) j'ai connu.

2 Sarcelles

🔊

Ecoutez Rachida, qui vous parle de sa vie à Sarcelles, et remplissez les blancs du résumé ci-dessous.

On est arrivé en France dans … (1) … On a quitté … (2) … parce que là-bas, c'était plus possible. Mon père a trouvé un emploi … (3) … Il est soudeur. On habite à Sarcelles dans une … .(4) … Les gens ici nous … (5)… : c'est vrai qu'on a une culture … (6) … Et aussi ils pensent qu'on prend le travail des Français et qu'on est responsable du … (7) … . La vie à la cité, c'est pas … (8) … . Beaucoup de jeunes font l'école buissonnière car ils ne voient pas l'intérêt d'y aller parce qu'ils n'ont … (9) … de trouver du travail. Ils sont … (10) … , alors ils font les 400 coups: ils … (11) … les autres jeunes, ils … (12) … , certains … (13) … des personnes âgées ou encore … (14) … des voitures.

3 Interview

A deux. En vous servant de l'interview précédent, faites l'interview d'un jeune qui habite dans une cité comme celle de Sarcelles, puis enregistrez-vous. N'oubliez pas d'utiliser le vocabulaire que vous connaissez.

Où?	une cité/cité-dortoir/les grands ensembles
Il y a longtemps?	depuis toujours/il y a …
Décris-la.	le béton/pas d'espaces verts/grands bâtiments
Distractions	rien/pas grand-chose à faire jeunes désœuvrés
Crime/chômage?	augmentation: pas d'espoir pour les jeunes
Quelle sorte de crime?	racket/vol/agression/cambriolage …

4 La cité du désespoir

Imaginez que vous habitez dans une de ces cités. Ecrivez une lettre (200/250 mots) aux autorités pour leur décrire votre vie et leur demander de se pencher sur la question des grands ensembles. Vous pouvez leur suggérer des idées!

Utilisez le vocabulaire et les idées de l'exercice précédent. Pour les suggestions, utilisez des mots comme:

* plus d'espaces verts
* plus de distractions pour les jeunes: activités sportives et équipement sportif/club de jeunes/cinéma de quartier …
* des magasins plus interéssants.

Grammaire

Adverbs

An adverb goes with a verb. It tells you when, how or where the action of the verb was done.

Example:

vb	adv	vb	adv
Il conduit	rapidement.	He drives	quickly.

Formation:

To form an adverb in French, you use the feminine form of the adjective and add **-ment** for most adverbs.

Examples:

Adjectif masculin	Adjectif féminin	Adverbe
lent	lente	lentement
premier	première	premièrement

Exceptions:

gentil → gentiment
bon → bien
mauvais → mal
adjectives ending in **-ant**: constant → constamment
adjectives ending in **-ent**: fréquent → fréquemment

Some adverbs are not formed from adjectives: e.g. **enfin** (at last), **bientôt** (soon), **longtemps** (a long time), **souvent** (often) …

Position:

a   **Adverbs are normally placed after the verb:**
Je vais souvent à la piscine.   I often go to the swimming pool.

b   **In compound tenses (avoir or être + past participle) shorter adverbs are placed before the past participle:**
Je n'ai rien entendu.   I did not hear anything.

c   **Most adverbs ending in -ment are placed after the past participle:**
Il a parlé sérieusement.   He spoke seriously.

Comparative

plus + adverb + **que**
plus rapidement que   more quickly than

aussi + adverb + **que**
aussi rapidement que   as quickly as

moins + adverb + **que**
moins rapidement que   less quickly than

Superlative

le plus + adverb
le plus rapidement   the quickest

le moins + adverb
le moins rapidement   the least quickly

Irregular forms	Comparative	Superlative
bien	mieux	le mieux
mal	plus mal	le plus mal

Articles

The definite article (le; la; l'; les)

These words usually translate as 'the' and need to be chosen according to the noun they accompany (m/sing; f/sing; before a vowel sing; plural). However, a definite article is often required in French when 'the' is not needed in English. For example:

1   **Before abstract nouns or when nouns are used to generalise:**
Après le pain, l'éducation est le premier besoin de l'homme.
Les relations humaines sont très compliquées.

2   **Before names of continents, countries, regions and languages:**
L'Angleterre est plus petite que la France.
L'allemand est une langue très importante.
N.B. No definite article with **'parler'** + language:
Nous parlons français.

3 **Before arts, sciences, sports, parts of the body, illnesses; substances; meals and drinks:**
La biologie est plus intéressante que la physique.
Le rugby est un sport collectif.
Le cancer de la peau peut souvent être évité.
Les jambes me font mal.
Levez le bras.
L'essence sans plomb se vend partout maintenant.
A quelle heure est le déjeuner?
Le vin rouge est plus riche en fer que le vin blanc.

4 **Preceding titles or names preceded by adjectives:**
Le Président Clinton
Le Roi Henri V
Le grand Christophe

The indefinite article (un; une; des)

The singular ('un', 'une') means 'a' (or 'an'). The plural version (des) translates as 'some' or 'any'. You do not need an indefinite article in the following circumstances:

1 **With occupations:**
Je voudrais être comptable. Mes parents sont professeurs.

2 **In a list:**
Examens, famille, problèmes d'argent, ce sont les préoccupations des étudiants.

The partitive article (du; de la; de l'; des)

The partitive article means 'some' or 'any' (which are not always used in English) or, in other words, an unspecified quantity:
Je prendrai du vin blanc, s'il vous plaît.
Je demande de la concentration.
Il faut du temps.
Je voudrais des oranges.

N.B. All of the above change to **'de'** in the following situations:

1 **In expressions of quantity:**
Il faut beaucoup de temps.
J'ai bu assez de vin.
Trop de concentration donne mal à la tête.

2 **After 'ne ... pas'; ne ... jamais'; ne ... plus' (also applies to 'un' and 'une'):**
Je ne fume plus de cigarettes.
Je ne mange jamais de viande.
Je n'ai pas de stylo.

3 **With plural nouns preceded by an adjective:**
Il y a de gros problèmes à résoudre.

4 **In various set expressions such as:**

couvert de	covered with
entouré de	surrounded by
plein de	full of
bourré de	stuffed with
rempli de	filled with

The conditional

The conditional is used to describe what would happen if certain conditions were met.
To form the conditional: take the infinitive of the verb (for '-re' verbs cross out the '-e'), and add the imperfect endings (-ais, -ais, -ait, -ions, -iez, -aient) to the infinitive.

The stem of irregular conditionals is the same as for irregular futures:
je serais   I would be

When used with **si** the pattern is the same as in English:

English	*French*
If + imperfect + conditional	Si + imperfect + conditional
If the weather was fine,	S'il faisait beau je ferais une
I would go on an excursion.	excursion.

The conditional perfect

It is made of the conditional tense of 'avoir' or 'être' + the past participle:
elle serait arrivée   she would have arrived

It is used with 'devoir':
Ils auraient dû finir   They should have finished
leur travail.   their work.

It is used with 'pouvoir':
Elle aurait pu le faire.   She could have done it.

The future tense

As in English, the future is used to describe what will happen.

To form the future: you take the infinitive of the verb (for '-re' verbs cross out the '-e'), and you add the future endings (-ai, -as, -a, -ons, -ez, -ont) to the infinitive.

Examples:

je jouerai   je finirai   j'attendrai

Common irregular futures:

être:	je serai	savoir:	je saurai
avoir:	j'aurai	pouvoir:	je pourrai
faire:	je ferai	devoir:	je devrai
aller:	j'irai	voir:	je verrai

Be careful:

English	*French*
When + present + future	**Quand** + future + future
When I am in the Hautes-Alpes	Quand je serai dans les Hautes-Alpes
I will do rock climbing.	je ferai de l'escalade.

Other conjunctions after which the future is used:
lorsque   dès que   aussitôt que

Other ways of expressing the future:
Present tense of **aller** + infinitive:
Je vais faire de l'escalade.   I am going to do rock climbing.
Être sur le point de + infinitive:
Elle est sur le point de réussir. She is about to succeed.

The future perfect tense

It is made of the future tense of avoir or être + the past participle:
j'aurai nagé   I will have swum
tu seras arrivé   you will have arrived
il se sera levé   he will have got up

The future perfect is used after quand, lorsque, dès que … (instead of the perfect tense used in English)
Téléphone-moi dès que   Phone me as soon as
  tu seras arrivé.   you have arrived.

The imperative

The imperative expresses commands or suggestions.

1 To form the imperative when you are referring to someone you call 'tu':
For '-er' verbs, remove the '-s' from the 'tu' form of the present tense and omit 'tu'. For example:

tu manges	you eat	**mange!**	eat!
tu enregistres	you record	**enregistre!**	record!

For other verbs, you simply use the 'tu' form without the 'tu'. For example:

tu prends	you take	**prends!**	take!
tu bois	you drink	**bois!**	drink!

N.B. When there are pronouns (note the hyphens):

tu te lèves	you get up	**lève-toi!**	get up!
tu me montres	you show me	**montre-moi!**	show me!
tu me le donnes	you give it to me	**donne-le-moi!**	give it to me!

2 When you are referring to someone you call 'vous':
Simply use the 'vous' form of the verb, omitting the word 'vous'. For example:

vous portez	you wear	**portez!**	wear!
vous faites	you do	**faites!**	do!

N.B. When there are pronouns (note the hyphens):

vous vous arrêtez	you stop	**arrêtez-vous!**	stop
vous vous amusez	you have fun	**amusez-vous!**	have fun!
vous m'écrivez	you write to me	**écrivez-moi!**	write to me!

There are only three verbs which don't follow the same patterns. *Check the verb tables on p. 137.*
être   avoir   savoir

3 To form a negative imperative:
Place 'ne … pas' around the verb as usual. Any pronouns now come before the verb. For example:

Ne souriez pas!	Don't smile!
N'oubliez pas!	Don't forget!
Ne t'inquiète pas!	Don't worry!
Ne le lui donne pas!	Don't give it to him!
Ne vous déshabillez pas!	Don't get undressed!

4 To suggest 'let's do' something
Take the 'nous' form of the verb in the present tense and omit the word 'nous'.

Examples:

nous parlons	we speak	**parlons(-en)!**	let's speak (about it)
nous allons	we go	**allons(-y)!**	let's go!

The infinitive

The infinitive of a verb is the basic verb form which is found in dictionaries and verb tables.
Examples: to finish, to play …

In French, most infinitives end in '-er', '-ir' or '-re'.
Examples: jouer, finir, vendre.

The infinitive is used:
1 As a noun:
Fumer est mauvais pour la santé. Smoking is bad for your health.

2 After a verb:
Il ne doit pas s'inquiéter.   He must not worry.

3 After a preposition (à, de, sans, pour …):
Elle a commencé à manger.   She started eating.
J'ai décidé de marcher.   I decided to walk.

Verbs are linked together in different ways:
1 Verbs followed by an infinitive:

adorer	to love to
aimer	to like to
avouer	to admit to
compter	to intend to
croire	to think, to believe
désirer	to wish to
détester	to hate
devoir	to have to
espérer	to hope to
faire	to make
falloir (il faut …)	to have to
laisser	to let
oser	to dare
paraître	to appear to
penser	to think

pouvoir	to be able to
préférer	to prefer to
prétendre	to claim
savoir	to be able to (know how to)
sembler	to seem to
souhaiter	to wish to
valoir mieux (il vaut mieux …)	to be better to
vouloir	to want to

Examples:
Je déteste aller à la piscine.   I hate going swimming.
Il espère travailler à l'étranger. He hopes to work abroad.

2 Verbs followed by 'à' and the infinitive:

aider à	to help to
s'amuser à	to enjoy
apprendre à	to learn to
arriver à	to manage to
s'attendre à	to expect
autoriser à	to allow to
avoir à	to have … to
chercher à	to try to
commencer à	to begin to
consister à	to consist in
continuer à	to continue to
se décider à	to make up one's mind
s'habituer à	to get used to
hésiter à	to hesitate to
se mettre à	to start to
obliger à	to oblige to
passer son temps à	to spend one's time in
perdre son temps à	to waste one's time in
se préparer à	to prepare oneself to
renoncer à	to give up
réussir à	to succeed in
servir à	to be used for
songer à	to think of
tenir à	to be keen to

Examples:
Il a continué à pleuvoir.   It continued to rain.
J'ai commencé à courir.   I started to run.

3 Verbs followed by 'de' and the infinitive:

accepter de	to agree to
accuser de	to accuse
arrêter de (s')	to stop
avoir besoin de	to need to
avoir envie de	to feel like
avoir peur de	to be afraid of

cesser de	to stop		
choisir de	to choose to		
décider de	to decide to		
efforcer de (s')	to strive to		
essayer de	to try to		
éviter de	to avoid		
faire semblant de	to pretend to		
finir de	to finish		
oublier de	to forget to		
refuser de	to refuse to		
regretter de	to regret		
risquer de	to risk		
souvenir de (se)	to remember to		
tenter de	to attempt to		
venir de	to have just		

Examples:

Elle avait peur de tomber.   She was afraid to fall.

Il a essayé d'arrêter de fumer. He tried to stop smoking.

4 Verbs followed by 'à' and a person and 'de' and the infinitive:

conseiller à … de	to advise … to
défendre à … de	to forbid
demander à … de	to ask
dire à … de	to tell
interdire à … de	to forbid
offrir à … de	to offer
ordonner à … de	to order
pardonner à … de	to forgive
permettre à … de	to allow
promettre à … de	to promise
proposer à … de	to suggest
reprocher à … de	to reproach
suggérer à … de	to suggest

Examples:

Elle a conseillé à son fils d'être plus prudent.

She advised her son to be more careful.

J'ai dit à ma fille de ne pas s'inquiéter.

I told my daughter not to worry.

Adjectives can also be followed by 'de' or 'à' and the infinitive.

1 Adjectives followed by 'de' and the infinitive.

capable de	able to	heureux de	happy to
certain de	sure to	ravi de	delighted to
content de	happy to	sûr de	sure to

Example:

Il est ravi d'être ici.   He is delighted to be here.

2 Adjectives followed by 'à' and the infinitive:

difficile à	difficult to
enclin à	inclined to
facile à	easy to
impossible à	impossible to
prêt à	ready to
le/la premier(ère) à	the first to
le/la seul(e) à	the only one to

Example:

C'est impossible à comprendre. It is impossible to understand.

Negatives

The negative either changes a positive statement into a negative statement or expresses such ideas as 'never', 'no-one', 'no longer', 'nothing', 'not ever', 'nowhere', etc.

In French, many negatives involve placing 'ne …' and another negative word around a verb.

Look at, for example, ne … pas

Exemple:

Je fume   Je **ne** fume **pas**   I don't smoke (**fume** is the verb)

Negatives	Translation
ne… pas	not
ne… jamais	never
ne… personne	no-one (not anyone)
ne… rien	nothing
ne… plus	no longer (no more)
ne… ni… ni	neither… nor…
ne… que	only
ne… nulle part	nowhere
ne… aucun(e)	no (not any)

Example	Translation
Je **ne** mange **pas** de viande.	I don't eat meat.
Tu **ne** repasses **jamais** tes vêtements.	You never iron your clothes.
Je **ne** connais **personne** en Angleterre.	I know no-one in England.
Tu **ne** fais **rien** pour m'aider.	You do nothing to help me.
Je **ne** fume **plus**.	I no longer smoke.
Je **ne** mange **ni** poisson **ni** viande.	I eat neither fish nor meat.
Je **ne** sors **que** le mercredi.	I only go out on Wednesdays.
Je **ne** vais **nulle part**.	I'm going nowhere.
Je **ne** bois **aucune** boisson alcoolisée.	I drink no alcoholic drinks.

When ne... pas / ne... jamais / ne ... plus are followed by a noun, du / de la / des all become de.

Example:

Je ne mange pas de beurre	I don't eat butter.
Mes parents ne boivent jamais de bierre	My parents never drink beer.
Je ne fume plus de cigarettes	I don't smoke cigarettes any more.

> We may say: I don't eat either fish or meat OR I don't smoke any more OR I don't go out except on Wednesdays, etc., instead of the more formal versions in the chart. The more formal version, however, is more similar to the French so it usually helps to think of it when translating.

More than one negative in a sentence
ne ... jamais rien
ne ... jamais personne
ne ... plus rien
ne ... plus personne

Examples:

Elle ne boit jamais rien.	She never drinks anything.
Je ne vois jamais personne.	I never see anyone.
Je ne lis plus rien.	I never read anything any more.
Il n'y a plus personne à la maison.	There is no longer anyone in the house.

If you're replying to a question with a negative and no verb drop 'ne'.

Examples:

Qui fume ici?	Personne.	Who smokes here?	No-one.
Que fait votre fils?	Rien!	What does your son do?	Nothing.
Vous mangez de la viande?	Jamais.	Do you ever eat meat?	Never.

If your sentence begins with a negative follow this pattern:
Personne ne …
Rien ne …
Aucun… ne…

Examples:

Personne ne fume.	No-one smokes.
Rien ne m'inquiète.	Nothing worries me.
Aucun plat ne manque.	No dish is missing.

Nouns

Gender
Almost all nouns in French are either masculine or feminine. Knowing the gender of a noun is mostly a matter of learning it along with each word. However, there are also a few rules which generally apply, though some rules have notable exceptions.

Masculine nouns

Gender related to meanings
The following nouns are masculine:
    names of males (**garçon**, **homme**, **homme politique**, etc.)
    days
    months
    seasons
    trees
    substances (**liquide**, **fer**, **coton**)
    flowers not ending in '-e'
    most countries not ending in '-e'

Gender related to noun endings
The following endings usually indicate a masculine noun:

-acle	(**obstacle, spectacle**)
-age	(**jardinage, bavardage, courage**)

but not: **cage, plage, page, rage, image**

-al	(**animal, total**)
-ail	(**rail, portail**)
-ème	(**système, problème**)
-er	(**fer, enfer**)

but not: **mer**

-et	(**carnet, billet**)
-isme	(**végétarisme, tabagisme**)
-ment	(**enseignement, gouvernement**)
-oir	(**miroir, sechoir**)

Feminine nouns

Gender related to meanings
The following nouns are feminine:

names of females (**femme, tante, institutrice,** etc.)
continents
most countries and rivers ending in '-e'
most fruits and shrubs ending in '-e'

Gender related to noun endings
The following endings usually indicate a feminine noun:

-ance	(**indépendance**)
-ée	(**journée, année**)

but not: **lycée, musée**

-ence	(**science, conscience**)

but not: **silence**

-esse	(**jeunesse, vieillesse**)
-eur	(when describing abstract concepts: **peur, humeur**)

but not: **bonheur, malheur, honneur**

-ie	(**maladie, philosophie**)

but not: **génie**

-ure	(**nature, structure**)
-sion	(**expression, pression**)
-tié	(**amitié, pitié**)
-tion	(**éducation, formation, protection**)

but not: **bastion**

Feminine equivalents of masculine nouns
The feminine equivalent of masculine nouns is often formed by simply adding an '-e'.

Example:
un étudiant une étudiante

Masculine nouns with the following endings, however, often change to feminine endings as shown below:

ending (m)	ending (f)	example (m)	example (f)
-eur	-euse	coiffeur	coiffeuse
	-rice	directeur	directrice
-ien	-ienne	gardien	gardienne
-er	-ère	boulanger	boulangère
-f	-ve	veuf	veuve
-eau	-elle	jumeau	jumelle
-x	-se	époux	épouse

The passive

Le rugbyman a été accusé par le *News of the World*.
Ce sportif a été piégé par une jeune femme.

These sentences are in the passive.
The passive is formed with:
Etre (in the correct tense) + the past participle of the verb.
Do not forget to make the past participle agree with the subject.
Examples:
Le rugbyman est accusé par le News of the World.
The rugbyman is accused by the News of the World.

Ils ont été arrêtés.	They were arrested.
Ils seront vendus demain.	They will be sold tomorrow.
Ils étaient armés.	They were armed.

If a verb is followed by 'à', the passive cannot be used. Use 'on' + an active verb instead. 'On' is used after such verbs: demander à, dire à, donner à, téléphoner à, envoyer à …

On m'a demandé de partir.   I was asked to leave.
On lui a donné un vélo pour Noël. He was given a bike for Christmas.

The past historic

The past historic is used instead of the perfect in novels, history books, newspaper articles, etc... . It is only used for written French. In speech use the perfect tense.

1 -er verbs	2 -ir and -re verbs	3 irregular verbs like boire
jouer	choisir	boire
je jouai	je choisis	je bus
tu jouas	tu choisis	tu bus
il/elle/on joua	il/elle/on choisit	il/elle/on but
nous jouâmes	nous choisîmes	nous bûmes
vous jouâtes	vous choisîtes	vous bûtes
ils/elles jouèrent	ils/elles choisirent	ils/elles burent

1 **faire**, **voir** and **mettre** follow model no. 2: **je fis**, **je vis**, **je mis**.
2 **recevoir**, **vouloir** and **être** follow model no. 3: **je reçus**, **je voulus**, **je fus**.
3 **Venir** and **tenir** do not follow any of these: **je vins**, **je tins**.

The perfect tense

The perfect tense is a compound tense and it is used to describe a completed action in the past. It is made up of two parts: the present tense of avoir or être + the past participle of the required verb.
The past participle of regular verbs is formed as follows:
−er verbs → é   -ir verbs → i   -re verbs → u

1 **Avoir: The majority of verbs use the present tense of avoir + the past participle:**

progresser	choisir	attendre
j'ai progressé	j'ai choisi	j'ai attendu

With **avoir**, the past participle of the verb does not agree with the subject:
Elles ont attendu le bus.

The past participle agrees with the direct object if the direct object is placed before the verb (preceding direct object):
Elles ont regardé la télé.   Elles l'ont regardée.

2 **Etre: Some verbs use the present tense of être + the past participle. These are:**
Monter, rester, venir, devenir, arriver, naître, sortir, tomber, rentrer, revenir, retourner, aller, mourir, partir, entrer, descendre.

With all these verbs, the past participle of the verb must agree with the subject.
La télévision est devenue très populaire.
La télévision et la radio sont entrées dans les mœurs.

3 **Reflexives:**
Pronouns (**me**, **te**, **se**, **nous**, **vous**, **se**) + present tense of **être** + the past participle:
je me suis lavé(e)

With reflexives, the past participle agrees with the subject.

4 **The perfect tense in the negative**
In the negative **ne** ... **pas** is placed around the auxiliary verb, e.g. the part of **avoir** or **être**. Other negatives (**ne** ... **jamais**, **ne** ... **rien**) follow the same model:
je n'ai pas vu   je n'ai jamais vu   je n'ai rien vu

Be careful: **ne** ... **personne** is not placed around the auxiliary. **Personne** is placed after the past participle:
je n'ai vu personne

5 **Questions: there are three ways of forming questions:**
a Familiar (mainly used in speech and with the 'tu' form): No inversion (the order of the words is the same as in statements): Tu as essayé les sports de glisse?
b Normal conversation (spoken and written)
Use **est-ce que** on the front of statements:
Est-ce que tu as essayé les sports de glisse?
c Formal conversation: (mainly used in writing)
Inversion of the subject/verb:
As-tu essayé les sports de glisse?

The pluperfect tense

1 **The pluperfect is used to express the idea 'had done':**

Son père était parti.   His father had left.

2 **The pluperfect is formed with the imperfect of avoir or être + past participle.**

j'avais travaillé	J'étais arrivé	je m'étais couché
I had worked	I had arrived	I had gone to bed

3 **The pluperfect is used:**

a to describe what had happened before another action in the past:

J'étais sorti quand il est passé me voir.

I had gone out when he called to see me.

b in reported speech:

Elle m'a demandé si j'avais assez mangé.

She asked me if I had eaten enough.

Possessives

Possessive adjectives

Possessive adjectives are used to describe ownership and agree with the noun they qualify, NOT the owner. So 'son frère' can mean either 'his brother' or 'her brother':

Madeleine écrit à son frère.

Henri écrit à son frère.

Henri adore sa sœur.

Madeleine adore sa sœur.

	Masculine singular	Feminine singular	Plural
my	mon	ma	mes
your	ton	ta	tes
his / her / its	son	sa	ses
our	notre	notre	nos
your	votre	votre	vos
their	leur	leur	leurs

Possessive pronouns

Possessive pronouns also express ownership but replace the noun (and its possessive adjective) instead of qualifying it. They can be useful in order to avoid repetition. There is always a definite article (le; la; les). The form is determined by the number and gender of the nouns they replace:

As-tu ta voiture? Je n'ai pas la mienne. (f/s)

Mes parents sont assez strictes. Et les tiens? (m/pl)

	Masculine singular	Feminine singular	Masculine plural	Feminine plural
mine	le mien	la mienne	les miens	les miennes
yours	le tien	la tienne	les tiens	les tiennes
his / hers / its	le sien	la sienne	les siens	les siennes
ours	le nôtre	la nôtre	les nôtres	les nôtres
yours	le vôtre	la vôtre	les vôtres	les vôtres
theirs	le leur	la leur	les leurs	les leurs

The present participle

The present participle (which often corresponds to the English '-ing' on the end of a verb) in French has two main uses:

1 **When used by itself at the beginning of a sentence it conveys the idea of of 'because', 'since', or 'while':**

<u>Pensant</u> à son avenir, il a décidé d'aller à l'université.

Thinking (because he thought) of his future, he decided to go to university.

2 **After the preposition 'en' to express 'in / by / whilst / doing' something:**

Il s'est blessé <u>en faisant</u> de la planche à voile.

He injured himself whilst wind surfing.

J'ai rencontré mon correspondant français <u>en répondant</u> à une annonce.

I met my French pen-friend by replying to an advert.

To form the present participle:
Take the 'nous' form of the present tense, remove '-ons' and add '-ant':

Examples:

travailler	travaill<u>ons</u>	travaill<u>ant</u>
prendre	pren<u>ons</u>	pren<u>ant</u>
finir	finiss<u>ons</u>	finiss<u>ant</u>
faire	fais<u>ons</u>	fais<u>ant</u>

There are three exceptions:

avoir	ayant
être	étant
savoir	sachant

The present subjunctive

The subjunctive is a special form of the verb (known as a mood) which you use in certain circumstances instead of the standard form of the verb (or mood), known as the 'indicative'. It often means the same (and can look the same) as the indicative, but with a slightly different feel or attitude.

How do you form the subjunctive?

a   Regular verbs:
From the stem of the 3rd person plural in the present (e.g. **ils / elles travaillent**. Take off '-ent' and add these endings: **je …-e, tu …-es, il / elle …-e, nous … -ions, vous …iez, ils / elles … -ent**

travailler (travaillent)	choisir (choisissent)	vendre (vendent)
je travaille	je choisisse	je vende
tu travailles	tu choisisses	tu vendes
il / elle travaille	il / elle choisisse	il /elle vende
nous travaillions	nous choisissions	nous vendions
vous travailliez	vous choisissiez	vous vendiez
ils travaillent	ils / elles choisissent	ils / elles vendent

b   Irregular verbs in the subjunctive
Consult the verb tables on p, 137.
Here are some commonly used verbs in the present subjunctive:

	je	tu	il/elle/on	nous	vous	ils/elles
aller	aille	ailles	aille	allions	alliez	aillent
avoir	aie	aies	ait	ayons	ayez	aient
être	sois	sois	soit	soyons	soyez	soient
faire	fasse	fasses	fasse	fassions	fassiez	fassent
prendre	prenne	prennes	prenne	prenions	preniez	prennent
pouvoir	puisse	puisses	puisse	puissions	puissiez	puissent

When do you use the subjunctive?

1   With certain expressions of necessity / possibility / uncertainty:

Examples:
- Il faut que … (Il faut que je fasse mes devoirs)
- Il est nécessaire que … (Il est nécessaire que tu viennes nous voir)
- Il est temps que … (Il est temps qu'il aille voir sa tante)
- Il vaut mieux que … (Il vaut mieux que ton frère prenne les photos)
- Il se peut que … (Il se peut que vous gagniez à la loterie)
- Il est possible que … (Il est possible que j'aie tort)
- Il semble que … (Il semble que le problème soit trop difficile)
- Il n'est pas certain que … (Il n'est pas certain que la réussite scolaire dépende de ces choses)
- Il est peu probable que … (Il est peu probable qu'il sache ce qu'il va faire comme métier)
- Il est impossible que … (Il est impossible qu'ils t'aident à choisir une université)

2   Expressing emotion. When you want / wish / prefer / hope / fear for someone else to do something, i.e. when there is a change of subject.

Examples:
- Vouloir que …
  (Je veux que tu fasses plus d'efforts)
- Préférer que …
  (Vous préférez que nous restions encore une semaine?)
- Souhaiter que …
  (Il souhaite que je sache la vérité)
- Désirer que …
  (Je désire que mes employées sachent taper à la machine)
- Aimer que …
  (Il aime que l'on fasse le ménage ensemble)
- Etre content(e) que …
  (Je suis content que tu sois là)
- Avoir peur que …
  (J'ai peur qu'il ne finisse pas ses études)

3 After certain set expressions

Examples:

bien que	although	Bien qu'il travaille bien, il a beaucoup de difficultés.
quoique	although	Quoique je sois forte en langues, je trouve l'espagnol difficile à prononcer.
à condition que	provided that	A condition que tu fasses tes devoirs, tu pourras sortir.
avant que	before	Avant que nous partions en France, je veux améliorer mon français.
jusqu'à ce que	until	Je reste jusqu'à ce qu'il soit là.
à moins que	unless	Je vais en ville, à moins qu'il ne fasse trop froid.

4 With 'penser' and 'croire' in questions or negative sentences

Examples:
Je ne pense pas que ce soit vrai.
Crois-tu qu'il vienne?
Il ne pense pas qu'ils en fassent assez.
BUT
Je pense que c'est vrai.
Je crois qu'il vient.
Ils pensent qu'ils n'en font pas assez.

5 After certain expressions expressions with 'qui'

Examples:
· Je cherche un emploi qui soit plus intéressant.
· Il cherche un métier qui lui permette de voyager.
· Je rêve d'un avenir qui soit plein de bonheur et de réussite.
· Je voudrais un employé qui sache parler français.
· Je cherche un mari qui fasse le repassage.
· Nous voulons un stage qui nous donne la possibilité de voyager.

The perfect subjunctive

The perfect subjunctive is used according to the same circumstances as the present, but when the event expressed by the verb in the subjunctive is considered to have happened before that of the main verb. This follows what is known as the 'sequence of tenses'.
It is formed by using the present subjunctive of the auxiliary verb (**avoir** or **être**) and the past participle. The normal rules of agreement in the perfect tense apply.

Examples:
J'ai peur qu'ils aient eu un accident.
I'm afraid they've had an accident.
(i.e. they've had an accident (seemingly) *before* the speaker was afraid)

Il semble qu'elle soit arrivée.
She seems to have arrived.

Je ne pense pas qu'il ait fini.
I don't think he has finished.

The present tense

The present tense in French is used when you want to express:
1 What happens usually. (Caroline fait ses devoirs le dimanche.)
2 What's happening at the moment. (Son père est dans le jardin. Il lit le journal.)
3 What will happen in the near future. (Que fais-tu ce soir? Je joue au tennis.)
4 After **depuis** to say how long or since when something has been happening. (J'habite Paris depuis que j'ai dix ans.)

Depuis quand?
· Je <u>suis</u> professeur depuis dix ans. I <u>have been</u> a teacher for 10 years.
· Mon grand-père <u>habite</u> cette maison depuis toujours. My grandad <u>has lived</u> in this house all his life.
· Tu`achètes cette marque depuis combien de temps? How long have you been buying this brand?

The present tense is formed by dropping: '-er', '-ir' or '-re' from the infinitive and adding endings as follows:

-er   jouer   to play
je jou<u>e</u> tu jou<u>es</u> il / elle / on jou<u>e</u> nous jou<u>ons</u> vous jou<u>ez</u>
ils / elles jou<u>ent</u>

-ir   finir   to finish
je fin<u>is</u> tu fin<u>is</u> il / elle / on fin<u>it</u> nous fin<u>issons</u> vous fin<u>issez</u>
ils / elles fin<u>issent</u>

-re   vendre   to sell
je vend<u>s</u> tu vend<u>s</u> il / elle / on ven<u>d</u> nous vend<u>ons</u> vous vend<u>ez</u>
ils / elles vend<u>ent</u>

There are a few minor exceptions to this general rule:
manger   to eat
je mange tu manges il/elle/on mange nous mangeons
vous mangez ils/elles mangent
+ like 'manger'
other verbs which end in '-ger'.
Those which end in '-cer' change to -çons in the 'nous'
form. This is to keep the 'soft ' pronunciation.

acheter   to buy
j'achète tu achètes il/elle/on achète nous achetons
vous achetez ils/elles achètent
+ like 'acheter'
- amener   to bring
- emmener   to take away
- mener   to lead
- se lever   to get up
- peser   to weigh
- se promener   to go for a walk
The 'è' is in all but the 'nous' and 'vous' forms.

appeler   to call
j'appelle tu appelles il/elle/on appelle nous appelons
vous appelez ils/elles appellent
+ like 'appeler'
- jeter   to throw
- rappeler   to remember/call back
The final consonant before the ending becomes double in
all but the 'nous' and 'vous' forms.

espérer   to hope
j'espère tu espères il/elle/on espère nous espérons
vous espérez ils/elles espèrent
+ like 'espérer'
- s'inquiéter   to worry
- préférer   to prefer
- protéger   to protect
- répéter   to repeat

- sécher to dry
'é' becomes 'è' in all but the 'nous' and 'vous' forms.

employer   to use
j'emploie tu emploies il/elle/on emploie nous employons
vous employez ils/elles emploient
+ like 'employer'
- appuyer   to lean/press
- envoyer   to send
- essuyer   to wipe
- nettoyer to clean
- se noyer to drown
- essayer   to try
The 'y' changes to an 'i' in all but the 'nous' and 'vous'
forms.

*For an extensive list of irregular verbs consult the verb
tables on p. 137.*

Reflexive verbs in the present tense

**Reflexive verbs are used to describe actions done to
yourself. They are easy to recognise in French since
there is always a pronoun (me, se, nous, etc.) between
the subject and the verb.**

Examples:
- Je me lève.   I get up.
- Christophe et sa femme se reposent le soir.
  Christophe and his wife rest in the evenings.
- Nous nous habillons dans la salle de bains.
  We get dressed in the bathroom.
- Il s'entraîne régulièrement (note apostrophe before a vowel).
  He trains regularly.

Look at the chart below to help you form reflexive verbs
correctly:

Subject	Reflexive pronoun	Verb	Translation
je	me (m')	lève	I get up
tu	te (t')	laves	You wash
il / elle / on	se (s')	entraîne	He / she / one trains
nous	nous	voyons	We see each other
vous	vous	rencontrez	You meet each other
ils / elles	se (s')	réveillent	They wake up

Venir de ...
'Venir de ...' in the present tense is used to express the
idea of having just done something. It is formed by using

the appropriate form of the verb 'venir' (to come) in the present + 'de' + an infinitive.

Examples:
Je viens de faire mes devoirs.
I have just done my homework.

Nous venons de regarder le match de rugby.
We've just watched the rugby match.

Elles viennent de le discuter avec leur professeur.
They've just been talking about it with their teacher.

Etre en train de …
'Etre en train de …' in the present tense is used to express the idea of being in the process of doing something. It is formed by using the appropriate form of the verb 'être' + 'en train de' + an infinitive.

Examples:
Je ne peux pas. Je suis en train de prendre une douche!
I can't. I'm (in the process of) taking a shower!

Le mécanicien est en train de réparer ma voiture.
The mechanic is (in the process of) fixing my car.

Pronouns

Pronouns are words which replace nouns in a sentence. They are often used to avoid repetition. There are many different types performing different functions.

Demonstrative

Demonstrative pronouns are used as follows:
ceux et celles de nos élèves
those of our children

ceux qui les entourent
those who surround them

ceux qui les auront aidé
those who will have helped them

Demonstrative pronouns are used to replace a demonstrative adjective (**ce, cette, ces**) and a noun.
masculine singular: **ce garçon → celui cet étudiant → celui**
masculine plural: **ces jeunes → ceux**
feminine singular: **cette fille → celle**
feminine plural: **ces femmes → celles**

Direct object pronouns

Direct object pronouns are used when the object you replace immediately follows the verb:

me	me
te	you
le (l')	him / it
la (l')	her / it
nous	us
vous	you
les	them

Examples:
Je mange une pomme. OR Je <u>la</u> mange.
Il voit mon frère et moi tous les week-ends. OR Il <u>nous</u> voit tous les week-ends.
J'ai vu le film. OR Je l'ai vu.
J'aime faire mes devoirs dans ma chambre. OR J'aime <u>les</u> faire dans ma chambre.

N.B. Direct object pronouns go:
– before the verb in the present tense.
– before the auxiliary in the perfect tense.
– immediately before the infinitive in two-verb constructions.

Indirect object pronouns

Indirect object pronouns are generally used when the object you replace follows a <u>verb + à</u>, e.g. téléphoner à; envoyer à; dire à; écrire à. There is often the idea of 'to' in English. They are as follows:

me	(to) me
te	(to) you
lui	(to) him / her / it
nous	(to) us
vous	(to) you
leur	(to) them

Examples:
Je téléphone à ma mère tous les samedis. OR Je lui téléphone tous les samedis.

J'ai envoyé une carte postale à mes amis. OR Je leur ai envoyé une carte postale.

Il vient dire bonjour à mon mari et moi. OR Il vient nous dire bonjour.

N.B. Indirect object pronouns go:
– before the verb in the present tense.
– before the auxiliary in the perfect tense.
– immediately before the infinitive in two-verb constructions.

Y

The pronoun 'y' is used:

1 To replace 'à' or 'en' + a place to mean 'there'. Sometimes it is omitted in English, but it cannot be left out in French.

Example:
J'aime aller en France. J'y vais chaque été.
I go (there) every summer.

Nous avons un très bon restaurant à Guéméné.
J'y mange souvent.
I often eat there.

2 To replace 'à' + noun (but not a person) or 'à' + verb.

Example:
penser à (to think about) ... Je pense à la solution ... J'y pense.
arriver à (to manage to) ... Je suis arrivé à faire mes devoirs ... J'y suis arrivé.

Reflexive pronouns

Reflexive pronouns are used when the subject and object of a verb are the same person. They convey the idea of 'oneself' or 'each other'. *See reflexive verbs, p. 132.*
Reflexive pronouns are as follows:

me	myself
te	yourself
se	himself / herself / oneself
nous	ourselves/ each other
vous	yourselves / each other
se	themselves / each other

Examples:
Je me lave dans la salle de bains.
Vous vous voyez souvent?

En

The pronoun 'en' is used:

1 To replace a noun + 'du' / 'de la' / 'des' or a quantity + 'de'. Can be translated as 'some' or 'any', but may be omitted in English.

Examples:
Des films français? J'en vois de temps en temps.
Je lis beaucoup de livres. J'en ai lu trois la semaine dernière.
Il n'y a pas de solutions. Si, il y en a.

2 After certain verbs + 'de'

Examples:
avoir besoin de ... J'ai besoin de calme ... J'en ai besoin.
se servir de ... Je me sers d'un dictionnaire ... Je m'en sers.
se souvenir de ... Elle se souvient de ses vacances ... Elle s'en souvient.

Order of pronouns

When more than one pronoun is used in a sentence, the sequence is as follows:

me				
te	le	lui		
se	la	leur	y	en
nous	les			
vous				

Examples:
Il ne m'en a jamais donné.
Il faut la lui prendre.

Relative pronouns

In English, 'qui' and 'que' mean who, whom, that or which:

1 'Qui' refers to someone or something which is the subject of the verb that follows. For example:
Je n'aime pas les filles qui sont désordonnées.
I don't like girls who are untidy.

2 'Que' or 'qu' refers to someone or something which is the object of the verb that follows. For example:
Elle n'aime pas les garçons qu'elle trouve machos.
She does not like boys whom she finds chauvinistic.

Qualificative adjectives

Adjectives are used to describe something or someone.

1 Adjectives agree with the noun they describe.
Most adjectives add an '-e' in the feminine:
Example:
Il est épuisé. Elle est épuisée.
Most adjectives add an '-s' in the plural:
Example:
Il est intelligent. Ils sont intelligents.
But note: adjectives ending in '-e' do not add an extra '-e':
Example:
Il est bête. Elle est bête.
Adjectives ending in '-s' or '-x' do not add an extra '-s' in the masculine plural:
Example:
Il est heureux. Ils sont heureux.

Irregular adjective endings:
Feminine
'-s' double the '-s': **gros grosse**
'-on', '-eil', '-en', '-el' double the consonant:
bon bonne pareil pareille ancien ancienne nul nulle
'-er' becomes '-ère': **dernier dernière**
'-x' becomes '-se': **jaloux jalouse**
Apart from:
doux douce faux fausse vieux vieille roux rousse
'-f' becomes '-ve': **sportif sportive**
'-et' becomes 'ette': **muet muette**
Apart from: **complet complète inquiet inquiète**
Adjectives which do not follow the rules above:
blanc blanche public publique grec grecque
sec sèche rêveur rêveuse frais fraîche long longue

Masculine
In front of a masculine word beginning with a vowel or mute '-h', **beau** changes to **bel**, **nouveau** to **nouvel** and **vieux** to **vieil**.
Examples:
un bel immeuble   un nouvel ami   un vieil homme

Masculine plural
'-al' becomes '-aux' **normal normaux**
Apart from: **banal banals final finals fatal fatals**
Adjectives which are invariable (ending does not change):
marron châtain sympa bleu clair bleu foncé

2 Generally speaking, adjectives follow the noun.
Example: une coiffure extravagante
Many common adjectives (usually one or two syllables) come before the noun:

beau, bon, gros, jeune, joli, mauvais, nouveau, petit, vieux
Note: Some adjectives have a different meaning according to their position.

ancien:	un ancien ami: an ex friend	
	une voiture ancienne: an old car	
brave:	un brave homme: a good man	
	un homme brave: a brave man	
cher:	mon cher ami: my dear friend	
	une robe chère: an expensive dress	
grand:	un grand homme: a great man	
	un homme grand: a tall man	
pauvre:	un pauvre homme: an unfortunate man	
	un homme pauvre: a poor man	
propre:	sa propre maison: his own house	
	une maison propre: a clean house	
seul:	un seul salaire: an only salary	
	une femme seule: a woman on her own	
vrai:	un vrai homme: a real man	
	une phrase vraie: a true sentence	

3 The comparative

English	French
more + adjective + than	plus + adjective + que
more intelligent than	plus intelligent que
adjective + er + than	plus + adjective + que
bigger than	plus gros que
less + adjective + than	moins + adjective + que
less simple than	moins simple que
as + adjective + as	aussi + adjective +que
as tiring as	aussi fatigant que

4 The superlative

English	French
the most + adjective	le, la, les plus +adjective
the most tiring	la plus fatigante
adjective + est	le, la, les plus + adjective
the simplest	le plus simple
the least + adjective	le, la, les moins + adjective
the least simple	le moins simple

Be careful! Do not forget to make the adjective agree with the noun.
Example:
la journée la plus fatigante

After a superlative adjective use 'de' to express 'in':
the biggest building in the world   le bâtiment le plus grand du monde

5 Irregular comparative and superlative

	Comparative	Superlative
bon	meilleur	le, la, les meilleur (e/s/es)
mauvais	pire	le, la, les pire(s)

The demonstrative adjectives

'Ce', 'cette', 'ces' are demonstrative adjectives. They are used to point something or someone out.
Demonstrative adjectives agree with the gender and the number of the noun they relate to:
ce → cet (before a vowel or a mute 'h') + masculine singular
cette + feminine singular
ces + masculine or feminine plural

Examples:
ce garçon	this boy
cette fille	this girl
ces hommes	these men
ces femmes	these women
cet homme	this man

Questions

There are four main ways of forming questions (the first three require a 'yes' or 'no' answer; the fourth asks for specific information).

1 Familiar
- Mainly used in speech and with the 'tu' form
- Tone rises at the end
- Word order same as in statements (i.e. no inversion)

Examples:
(present tense)   Tu es sportif?
(perfect tense)   Tu as essayé les sports de glisse?

2 Normal conversation
- Can be spoken or written
- Add 'Est-ce que ...?' to the start of a sentence
- Word order same as in statement (i.e. no inversion)

Examples:
(present tense)   Est-ce que tu es sportif?
(perfect tense)   Est-ce que tu as essayé les sports de glisse?

3 Formal style
- Mainly used in writing
- Change the word order (i.e. inversion of subject and verb)
- Es-tu sportif?

Examples:
(present tense)   As-tu essayé les sports de glisse?
(perfect tense)   Es-tu sportif?

4 With other interrogatives (question words):
Quand?	When?
Comment?	How?
Combien?	How much? How many?
Où?	Where?
Pourquoi?	Why?
Qui?	Who / whom?
Que?	What? ('Que' + 'est-ce que' = 'qu'est-ce que')
Quel?	Which? (**N.B.** quel (m);quelle (f); quels (m/pl) quelles (f/pl))

Exemples:
(present tense)
Où mangez-vous? (Inversion) OR Où est-ce que vous mangez?
Comment préparez-vous une omelette? (Inversion) OR Comment est-ce que vous préparez une omelette?
Qui fait la vaisselle?
Que fais-tu?
Qu'est-ce que tu fais?
Quel est ton stade préféré?
Quelle robe préfères-tu?
Quels sont tes joueurs préférés?
Quel jour sommes-nous?

(perfect tense)
Qu'est-ce que les gens de la montagne ont reproché aux snowboarders?
Quels ont été leurs sentiments?
Combien as-tu payé?

Verb tables

Regular verbs: There are three regular verb groups (-er, -ir, -re), which follow the patterns as shown in the tables below:

infinitive	pronoun	present	past participle	future	imperfect	imperative	subjunctive	past historic
travailler (to work)	je	travaille	travaillé (with avoir)	travaillerai	travaillais		travaille	travaillai
	tu	travailles		travailleras	travaillais	travaille!	travailles	travaillas
	il / elle / on	travaille		travaillera	travaillait		travaille	travailla
	nous	travaillons		travaillerons	travaillions	travaillons!	travaillions	travaillâmes
	vous	travaillez		travaillerez	travailliez	travaillez!	travailliez	travaillâtes
	ils / elles	travaillent		travailleront	travaillaient		travaillent	travaillèrent
choisir (to choose)	je	choisis	choisi (with avoir)	choisirai	choisissais		choisisse	choisis
	tu	choisis		choisiras	choisissais	choisis!	choisisses	choisis
	il / elle / on	choisit		choisira	choisissait		choisisse	choisit
	nous	choisissons		choisirons	choisissions	choisissons!	choisissions	choisîmes
	vous	choisissez		choisirez	choisissiez	choisissez!	choisissiez	choisîtes
	ils / elles	choisissent		choisiront	choisissaient		choisissent	choisirent
entendre (to hear)	j'	entends	entendu (with avoir)	entendrai	entendais		entende	entendis
	tu	entends		entendras	entendais	entends!	entendes	entendis
	il / elle / on	entend		entendra	entendait		entende	entendit
	nous	entendons		entendrons	entendions	entendons!	entendions	entendîmes
	vous	entendez		entendrez	entendiez	entendez!	entendiez	entendîtes
	ils / elles	entendent		entendront	entendaient		entendent	entendirent
avoir (to have)	j'	ai	eu (with avoir)	aurai	avais		aie	eus
	tu	as		auras	avais	aie!	aies	eus
	il / elle / on	a		aura	avait		ait	eut
	nous	avons		aurons	avions	ayons!	ayons	eûmes
	vous	avez		aurez	aviez	ayez!	ayez	eûtes
	ils / elles	ont		auront	avaient		aient	eurent
être (to be)	je	suis	été (with avoir)	serai	étais		sois	fus
	tu	es		seras	étais	sois!	sois	fus
	il / elle / on	est		sera	était		soit	fut
	nous	sommes		serons	étions	soyons!	soyons	fûmes
	vous	êtes		serez	étiez	soyez!	soyez	fûtes
	ils / elles	sont		seront	étaient		soient	furent
aller (to go)	je	vais	allé (with être)	irai	allais		aille	allai
	tu	vas		iras	allais	vas!	ailles	allas
	il / elle / on	va		ira	allait		aille	alla
	nous	allons		irons	allions	allons!	allions	allâmes
	vous	allez		irez	alliez	allez!	alliez	allâtes
	ils / elles	vont		iront	allaient		aillent	allèrent

infinitive	pronoun	present	past participle	future	imperfect	imperative	subjunctive	past historic
boire (to drink)	je	bois	bu (with avoir)	boirai	buvais		boive	bus
	tu	bois		boiras	buvais	bois!	boives	bus
	il / elle / on	boit		boira	buvait		boive	but
	nous	buvons		boirons	buvions	buvons!	buvions	bûmes
	vous	buvez		boirez	buviez	buvez!	buviez	bûtes
	ils / elles	boivent		boiront	buvaient		boivent	burent
conduire (to drive)	je	conduis	conduit (with avoir)	conduirai	conduisais		conduise	conduisis
	tu	conduis		conduiras	conduisais	conduis!	conduises	conduisis
	il / elle / on	conduit		conduira	conduisait		conduise	conduisit
	nous	conduisons		conduirons	conduisions	conduisons!	conduisions	conduisîmes
	vous	conduisez		conduirez	conduisiez	conduisez!	conduisiez	conduisîtes
	ils / elles	conduisent		conduiront	conduisaient		conduisent	conduisirent
connaître (to know)	je	connais	connu (with avoir)	connaîtrai	connaissais		connaisse	connus
	tu	connais		connaîtras	connaissais	connais!	connaisses	connus
	il / elle / on	connaît		connaîtra	connaissait		connaisse	connut
	nous	connaissons		connaîtrons	connaissions	connaissons!	connaissions	connûmes
	vous	connaissez		connaîtrez	connaissiez	connaissez!	connaissiez	connûtes
	ils / elles	connaissent		connaîtront	connaissaient		connaissent	connurent
courir (to run)	je	cours	couru (with avoir)	courrai	courais		coure	courus
	tu	cours		courras	courais	cours!	coures	courus
	il / elle / on	court		courra	courait		coure	courut
	nous	courons		courrons	courions	courons!	courions	courûmes
	vous	courez		courrez	couriez	courez!	couriez	courûtes
	ils / elles	courent		courront	couraient		courent	coururent
craindre (to fear)	je	crains	craint (with avoir)	craindrai	craignais		craigne	craignis
	tu	crains		craindras	craignais	crains!	craignes	craignis
	il / elle / on	craint		craindra	craignait		craigne	craignit
	nous	craignons		craindrons	craignions	craignons!	craignions	craignîmes
	vous	craignez		craindrez	craigniez	craignez!	craigniez	craignîtes
	ils / elles	craignent		craindront	craignaient		craignent	craignirent
croire (to believe)	je	crois	cru (with avoir)	croirai	croyais		croie	crus
	tu	crois		croiras	croyais	crois!	croies	crus
	il / elle / on	croit		croira	croyait		croie	crut
	nous	croyons		croirons	croyions	croyons!	croyions	crûmes
	vous	croyez		croirez	croyiez	croyez!	croyiez	crûtes
	ils / elles	croient		croiront	croyaient		croient	crurent

infinitive	pronoun	present	past participle	future	imperfect	imperative	subjunctive	past historic
devoir (must / to have to)	je	dois	dû (with avoir)	devrai	devais		doive	dus
	tu	dois		devras	devais	dois!	doives	dus
	il / elle / on	doit		devra	devait		doive	dut
	nous	devons		devrons	devions	devons!	devions	dûmes
	vous	devez		devrez	deviez	devez!	deviez	dûtes
	ils / elles	doivent		devront	devaient		doivent	durent
dire (to say)	je	dis	dit (with avoir)	dirai	disais		dise	dis
	tu	dis		diras	disais	dis!	dises	dis
	il / elle / on	dit		dira	disait		dise	dit
	nous	disons		dirons	disions	disons!	disions	dîmes
	vous	dites		direz	disiez	dites!	disiez	dîtes
	ils / elles	disent		diront	disaient		disent	dirent
écrire (to write)	j'	écris	écrit (with avoir)	écrirai	écrivais		écrive	écrivis
	tu	écris		écriras	écrivais	écris!	écrives	écrivis
	il / elle / on	écrit		écrira	écrivait		écrive	écrivit
	nous	écrivons		écrirons	écrivions	écrivons!	écrivions	écrivîmes
	vous	écrivez		écrirez	écriviez	écrivez!	écriviez	écrivîtes
	ils / elles	écrivent		écriront	écrivaient		écrivent	écrivirent
faire (to do)	je	fais	fait (with avoir)	ferai	faisais		fasse	fis
	tu	fais		feras	faisais	fais!	fasses	fis
	il / elle / on	fait		fera	faisait		fasse	fit
	nous	faisons		ferons	faisions	faisons!	fassions	fîmes
	vous	faites		ferez	faisiez	faites!	fassiez	fîtes
	ils / elles	font		feront	faisaient		fassent	firent
lire (to read)	je	lis	lu (with avoir)	lirai	lisais		lise	lus
	tu	lis		liras	lisais	lis!	lises	lus
	il / elle / on	lit		lira	lisait		lise	lut
	nous	lisons		lirons	lisions	lisons!	lisions	lûmes
	vous	lisez		lirez	lisiez	lisez!	lisiez	lûtes
	ils / elles	lisent		liront	lisaient		lisent	lurent
mettre (to put)	je	mets	mis (with avoir)	mettrai	mettais		mette	mis
	tu	mets		mettras	mettais	mets!	mettes	mis
	il / elle / on	met		mettra	mettait		mette	mit
	nous	mettons		mettrons	mettions	mettons!	mettions	mîmes
	vous	mettez		mettrez	mettiez	mettez!	mettiez	mîtes
	ils / elles	mettent		mettront	mettaient		mettent	mirent

Verb tables

infinitive	pronoun	present	past participle	future	imperfect	imperative	subjunctive	past historic
mourir (to die)	je	meurs	mort (with être)	mourrai	mourais		meure	mourus
	tu	meurs		mourras	mourais	meurs!	meures	mourus
	il / elle / on	meurt		mourra	mourait		meure	mourut
	nous	mourons		mourrons	mourions	mourons!	mourions	mourûmes
	vous	mourez		mourrez	mouriez	mourez!	mouriez	mourûtes
	ils / elles	meurent		mourront	mouraient		meurent	moururent
naître (to be born)	je	nais	né (with être)	naîtrai	naissais		naisse	naquis
	tu	nais		naîtras	naissais	nais!	naisses	naquis
	il / elle / on	naît		naîtra	naissait		naisse	naquit
	nous	naissons		naîtrons	naissions	naissons!	naissions	naquîmes
	vous	naissez		naîtrez	naissiez	naissez!	naissiez	naquîtes
	ils / elles	naissent		naîtront	naissaient		naissent	naquirent
ouvrir (to open)	j'	ouvre	ouvert (with avoir)	ouvrirai	ouvrais		ouvre	ouvris
	tu	ouvres		ouvriras	ouvrais	ouvre!	ouvres	ouvris
	il / elle / on	ouvre		ouvrira	ouvrait		ouvre	ouvrit
	nous	ouvrons		ouvrirons	ouvrions	ouvrons!	ouvrions	ouvrîmes
	vous	ouvrez		ouvrirez	ouvriez	ouvrez!	ouvriez	ouvrîtes
	ils / elles	ouvrent		ouvriront	ouvraient		ouvrent	ouvrirent
partir (to leave)	je	pars	parti (with être)	partirai	partais		parte	partis
	tu	pars		partiras	partais	pars!	partes	partis
	il / elle / on	part		partira	partait		parte	partit
	nous	partons		partirons	partions	partons!	partions	partîmes
	vous	partez		partirez	partiez	partez!	partiez	partîtes
	ils / elles	partent		partiront	partaient		partent	partirent
pouvoir (to be able to/ can)	je	peux	pu (with avoir)	pourrai	pouvais		puisse	pus
	tu	peux		pourras	pouvais		puisses	pus
	il / elle / on	peut		pourra	pouvait		puisse	put
	nous	pouvons		pourrons	pouvions		puissions	pûmes
	vous	pouvez		pourrez	pouviez		puissiez	pûtes
	ils / elles	peuvent		pourront	pouvaient		puissent	purent
prendre (to take)	je	prends	pris (with avoir)	prendrai	prenais		prenne	pris
	tu	prends		prendras	prenais	prends!	prennes	pris
	il / elle / on	prend		prendra	prenait		prenne	prit
	nous	prenons		prendrons	prenions	prenons!	prenions	prîmes
	vous	prenez		prendrez	preniez	prenez!	preniez	prîtes
	ils / elles	prennent		prendront	prenaient		prennent	prirent